本著作为2023年辽宁省教育厅项目
"辽西融入京津冀协同发展的旅游目的地研究"的结项成果

走廊线性文化遗产文旅融合开发

——理论探索与实践

吕俊芳◎著

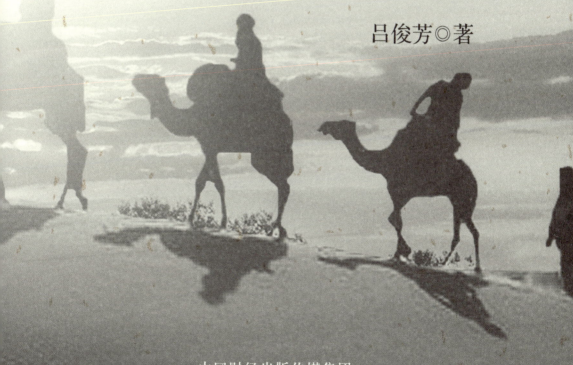

中国财经出版传媒集团

经济科学出版社
Economic Science Press

图书在版编目（CIP）数据

走廊线性文化遗产文旅融合开发：理论探索与实践／
吕俊芳著． -- 北京：经济科学出版社，2023.6
ISBN 978 - 7 - 5218 - 4865 - 6

Ⅰ.①走… Ⅱ.①吕… Ⅲ.①文化遗产 - 旅游资源开
发 - 研究 - 中国 Ⅳ.①F592

中国国家版本馆 CIP 数据核字（2023）第 114817 号

责任编辑：朱明静
责任校对：靳玉环
责任印制：邱　天

走廊线性文化遗产文旅融合开发
——理论探索与实践
ZOULANG XIANXING WENHUA YICHAN WENLÜ RONGHE KAIFA
——LILUN TANSUO YU SHIJIAN

吕俊芳　著
经济科学出版社出版、发行　新华书店经销
社址：北京市海淀区阜成路甲 28 号　邮编：100142
总编部电话：010 - 88191217　发行部电话：010 - 88191522
网址：www. esp. com. cn
电子邮箱：esp@ esp. com. cn
天猫网店：经济科学出版社旗舰店
网址：http://jjkxcbs. tmall. com
固安华明印业有限公司印装
710×1000　16 开　14.75 印张　230000 字
2023 年 7 月第 1 版　2023 年 7 月第 1 次印刷
ISBN 978 - 7 - 5218 - 4865 - 6　定价：69.00 元
（图书出现印装问题，本社负责调换。电话：010 - 88191545）
（版权所有　侵权必究　打击盗版　举报热线：010 - 88191661
QQ：2242791300　营销中心电话：010 - 88191537
电子邮箱：dbts@ esp. com. cn）

前　言

　　走廊线性空间廊道是人类文明交流传播、融合扩散的重要场域，更是人类交往、交流、交融的线性文化遗产，其在传承中华民族优秀基因、彰显中华文明价值内涵上作用显著。东北民族走廊沉淀了多彩厚重的文化遗迹、遗痕、遗存、遗风、遗俗等物质与非物质文化遗产，如今多成为重要的文化旅游资源，在国家文化公园和文化生态保护区建设的时代背景下，发挥走廊线性文化遗产的作用，对其进行有效的文旅融合开发利用意义重大。

　　本书以走廊线性文化遗产为研究对象，梳理线性文化遗产的理论渊源、机理，探源东北走廊线性文化遗产及其开发利用研究，总结旅游开发利用理论、文旅融合开发机理，提出东北民族走廊线性文化遗产文旅融合开发建议，为跨区域、大尺度的走廊线性文化遗产的文旅融合开发指明方向；以辽西走廊、长城国家文化公园、红色旅游融合发展等线性文化遗产为例探研文旅资源、产品、项目和产业的全域全产业融合开发利用范式，以期为走廊线性文化遗产的文旅融合开发提供适度借鉴。

　　为更好地管窥线性文化遗产文旅融合开发的全貌，笔者组织研究团队长期跟踪研究，先后把研究成果应用于局部实践中，形成成果并通过本书进行分享。这必然不能完全代表所有线性文化遗产的文旅融合开发情况，但是至少反映了本团队深耕东北民族走廊线性文化遗产文旅融合开发的些许成就。

书稿经历了选题上数次打破、重构，内容持续更新、完善，行文反复斟酌、修改，才最终呈现出来。衷心感谢张嘉辰（参与第一章）、鲁浚（参与第三章）、赵明成（参与第四章）、翟孝娜（参与第七章）、徐丽杰（参与第三章）、董彦池（参与第三章）等同学在书稿写作过程中的辛苦付出，是他们不遗余力地收集资料、参与部分文稿才成就了本成果，在此一并表示感谢。

囿于实践发展的瞬息万变、文化遗产保护开发的复杂性和文旅融合的综合性等限制，本书在实证案例的选择上并未完全覆盖国内外线性文化遗产。受理论水平和实践条件所限，书中的不足和纰漏之处在所难免，敬请读者不吝赐教，以便在未来的研究中进一步完善。

吕俊芳

2023 年 2 月 19 日于渤海大学

目　　录

第一章

线性文化遗产理论溯源

　　随着经济、科技与社会的发展，居民生活水平的日渐提高，休假制度的不断完善，旅游逐渐从一种享受型消费活动融入居民日常生活。与此同时，文化要素在旅游中的重要性日趋凸显，这不仅体现在 2018 年初我国文化和旅游部的行政组合上，也体现在居民旅游出行时对文化遗产的日渐偏爱上。但随之而来的问题是，由于我国现存区域性文化遗产的行政分治政策，许多体量较大、横跨多个行政区划的中大型文化遗产无法得到统一管理，限制了文化遗产进一步保护与开发。幸而，国内外专家学者在实践需要下提出了线性文化遗产、文化线路、遗产廊道等线状文化遗产概念，能为大型遗产保护与开发提供新思路、新方法。本书通过对以上三者的研究文献进行辐射式溯源，对线性文化遗产的概念、特性、研究现状进行厘清，为大体量线性文化遗产的进一步开发管理提供指导依据。

第一节　线性文化遗产概念辨析

　　1993 年，西班牙桑地亚哥·得·卡姆波斯特拉朝圣之路、阿根廷的科布拉达·德·胡迈海卡山谷、法国南运河、日本纪伊朝圣之路，以及中国丝绸之路和京杭大运河等多处线状遗产均被列入《世界遗产名录》，与之相伴出现的"线性文化遗产（lineal cultural heritages）""文化线路（cultural routes）""遗产廊道（heritage canal）"等理论在实践中不断得到发展。学者们借鉴国外相关遗产经验，试图根据国内大型线性文化遗产特质，探索出一条遗产保护、开发与管理的可循路径。

孙华（2016）曾以"线状遗产"命名"遗迹本身呈现连绵线条形态"的文化遗产，并认为这一类型属于点、线、面的空间形态分类标准之下。本书所说之线状文化遗产，是指在空间中呈线状或带状区域分布的具有主题性、历史性等特性的物质与非物质遗产族群，相较于"线性文化遗产""文化线路""遗产廊道"等近些年兴起的概念而言，是一种更为广义的文化遗产类型，是具有历史沿革性的形态上呈线（带）状分布的文化遗产统称。但"线状文化遗产"或"线状遗产"仅作为遗产形态上的类别泛指，并无学界广泛认同的统一定义或概念。

1994年，马德里文化线路世界遗产专家会议上形成的《专家报告》指出，较之单纯呈线状分布的文化遗产，文化线路具有动态性、交流性、系统性（连续性、整体性、多维性）等特性（IIC, 1994）。2003年世界遗产委员会《行动指南》修订计划讨论稿提出，"文化线路是一种陆地道路、水道或者混合类型的通道，其形态特征的定型和形成基于它自身具体的和历史的动态发展和功能演变；它代表了人们的迁徙和流动，代表了一定时间内国家和地区内部或国家和地区之间人们的交往，代表了多维度的商品、思想、知识和价值的互惠和持续不断的交流；并代表了因此产生的文化在时间和空间上的交流与相互滋养，这些滋养长期以来通过物质和非物质遗产不断地得到体现"（CIIC, 2003）。李伟、俞孔坚（2005）在此定义基础上，从本质、尺度、价值构成上认为文化线路具有与历史相连的交往迁移性、尺度多样性、价值多元性、价值多层次性等特征。王影雪等（2022）通过对研究文献的梳理，发现国际上线性遗产研究以欧洲文化线路和美国遗产廊道为主，兼有绿道、风景道、历史路径、文化廊道研究，文化线路以历史文化挖掘和保护为核心，遗产廊道打造景观和游憩功能。国内借鉴国际研究对文化线路、遗产廊道、绿道、风景道等进行本土化研究，主要聚焦遗产价值评估、廊道构建和旅游开发等方面，国家文化公园是线性遗产研究新兴领域，尚无明确的概念定义和完整的理论框架体系，具有较大的研究空间与潜力。

遗产廊道的概念在美国有较广应用，它是指具有特殊文化资源聚集的线性景观，一般带有鲜明的经济中心、积极发展的旅游产业、古建筑遗迹的合理利用以及娱乐和环境的改善（Searns，1995）。国内学者在价值标准与本体构成上为遗产廊道提供了特性描述：王志芳、孙鹏（2001）认为，遗产廊道的评选需遵循历史重要性、建筑或工程上的重要性、自然对文化资源的重要性、经济重要性四重标准；乔大山等（2007）认为，遗产廊道形态特征上既可以是具有文化性的线性实体或区域，也可以是连接多个遗产点的绿色通道，尺度上大小皆可；就构成要素而言，文化、自然资源、建筑等软硬件要素均应具备。

在对文化线路与遗产廊道等概念的借鉴与吸收上，国内学者提出了线性文化遗产这一概念。单霁翔（2006）认为，线性文化遗产是在拥有特殊文化资源集合的线形或带状区域内的物质和非物质文化遗产族群中，出于人类的特定目的而形成的一条重要的纽带。强调空间、时间、文化因素，强调遗产各个节点构成的对社会、经济等方面的整体性、长远性影响，具有主题性、文化性、结合性、连续性、动态性等诸多特性。顾江（2009）从时间、空间、文化三个角度出发，对线性文化遗产尺度、演进过程、文化层级等特性进行归纳。

由于上述概念在定义、特性中具有较多相似之处，许多学者也就此三者进行辨析：李伟、俞孔坚（2005）对文化线路与遗产廊道进行比较，认为二者具有历史性、路线依托性、社区参与性、跨区域性、动态性、多维度性等共同特性，但文化线路更强调线路在文化交流与传播上的影响，而遗产廊道则更倾向于经济角度，具有"草根特征"，强调通过设立廊道进行景观整理，使之"重新获得价值"。单霁翔（2006）认为，文化线路、遗产廊道、线性文化遗产三者都强调空间、时间和文化因素，强调线路上各个遗产节点共同构成的文化功能和价值以及至今对人类社会、经济可持续发展产生的影响。崔卫华、胡玉坤（2015）从文献分析视角出发，对此三者以及文化廊道、廊道遗产、遗产地群近似概念进行辨析，将线性文化遗产视为文化线路的衍生物，将它与遗产线路、遗产运河、历史边界一同划入文化线路的概念范畴内，文化线路与遗产廊道处于同一层级，二者共同构成大型线状文化遗产这一概念。孙华（2016）认为，链条形态的线状遗产是线形排列的线性遗产的构成基础，在满足物质与非物质遗产集中于一个与其历史和文化遗产相关的动态系统，且均能反映出长时期人类不同族群间多维、持续、互惠等条件的基础上，线性遗产可成为文化线路。王辉等（2017）从遗产廊道、文化线路等概念的内核入手，认为文化线路的基本内涵在于线性空间与特定历史文化事件或活动，廊道遗产在此基础上还要注重廊道本身的丰富，这一概念基于景观生态学层面，强调廊道是遗产景观中与相邻两侧环境不同的线状或带状要素集群，突出体现遗产在特定历史地理单元中的完整性和空间集聚特征。

第二节　线性文化遗产研究溯源

一、理论引介与编述

我国线状文化遗产研究是 21 世纪初从理论引介与编述中开始的，截至 2023 年 1 月底，以线性文化遗产研究为主题，在中国知网（CNKI）共搜索到 178 篇研究成果，研究热点集中于遗产保护、文化遗产、工业遗产和旅游开发等方面。

王志芳、孙鹏（2001）对美国遗产廊道这一概念及其内涵、美国遗产廊道的保障和管理体系、保护规划的重点理论进行介绍，并认为在当时我国国内风景名胜区的评定实践、交通要道等既有景观赋存等条件下，可将遗产廊道这一理念引入我国文化遗产的保护与开发中。彼时恰逢我国酝酿将京杭大运河申报成为世界文化遗产，遗产廊道这一遗产保护理念的引入恰逢其时。

李伟等（2004）提出，重视遗产廊道的保护可以为包括大运河在内的我国的遗产保护提供新的思路，他们以京杭大运河为例论述我国建设遗产廊道的必要性，并为其规划了价值认识、整体保护问题分析与研究的理论框架，框架中理论方面各研究内容与其技术路线对其后的线状文化遗产在价值认知、整体规划等方面具有较大影响。李伟、俞孔坚（2005）对当时世界遗产保护领域出现的新动向——"文化线路"进行了介绍，将其与美国遗产廊道进行比较，同时提出遗产廊道、文化线路等整体性、区域性保护理念对我国遗产保护工作具有重要意义。

姚雅欣、李小青（2006）结合国内外案例对文化线路在"物质与非物质""线性与非线性""文物史迹网的大与小"三个维度进行了内涵探究，为我们提供了多角度看待与认识文化线路的视角。吕舟（2006）以世界文化遗产文化线路申报地为例，介绍了文化线路与重大文化事件相关、线性特点与涵盖范围广泛的基本特征，并认为这一类别的出现有助于缓解世界遗产类型、分布地区、保护水平不平衡的问题。此外，他还提出"除长城和大运河之外，丝绸之路、茶马古道、蜀道、长征之路……中国的文化线路遗产资源比比皆是"，并将上述线路绘入《中国文化线路略图》。

王建波、阮仪三（2009）对《文化线路宪章》进行解读，分析了文化线路的内涵与定义、要素与内容，认为文化线路由交通线路本身、功能相关有形要素、见证性无形要素、环境背景与线路城镇几部分构成，并对文化线路的真实性与整体性进行解释辨析。

除以上对各线状文化遗产概念的引介与辨析外，一些学者试图对国外线状文化遗产研究及实践进行借鉴，以此指导我国线状文化遗产的保护与开发。刘小方（2007）介绍了外文文献中涉及文化线路概念、评价标准、背景等主要研究方向的内容，并认为当时研究中存在着尚未涉及文化线路遗产地位辨析、同一文化线路国际合作研究平台尚未搭建的问题。刘庆余（2013）对国外线性文化遗产研究与发展历程进行简要归纳，将其划分为初级（1993年以前）、逐步完善（1994~2007年）、相对成熟（2008年至今）三个阶段，并认为我们可借鉴国外线性文化遗产开发与管理经验，采用循序渐进构建，分工明确、权责统一的管理体制；编制科学严谨、操作性强、注重评议与公示的遗产保护与管理规划；构建合作与参与机制，统筹多方利益关系；确保遗产资源公益性，并注重遗产综合价值；构建完善遗产法规体系等方法措施，确保遗产资源的合理利用。崔卫华、胡玉坤（2015）对核心期刊中153 篇文献进行统计，认为国内线状文化遗产研究历经起步阶段（2001～2005 年）、发展阶段（2006～2012 年），发展至如今以理论发展与创新为突破口的转型阶段（2013 年至今），并利用布拉德福核心区数量计算法得出国内相关研究的核心区，对线状文化遗产的学科背景、研究主题、研究内容、研究对象进行量化统计分析。这一文献计量方法在线状文化遗产相关内容研究的应用尚属首次。陶犁、王立国（2013）对国外线性文化遗产（主要为遗产廊道）理念的形成与发展、美国遗产廊道实践、国外遗产廊道主要研究内容进行整理辨析，并就文化线路与遗产廊道概念的差异进行区分，认为我国可"借鉴文化线路和保护理念及方法"，在遗产节点上从"孤立"走向"活态"，在保护方式上从"静态"走向"动态"，同时借鉴遗产廊道实践经验，构建符合我国国情的线性遗产区域保护开发体系。于海燕（2015）对国内外遗产廊道与文化线路相关研究进展进行评述，认为遗产廊道国内研究集中在旅游价值评价、区域旅游合作、旅游开发模式几个方面，并总结了廊道遗产、线性旅游空间、文化廊道等国内学者的理念创新。张定青等（2016）从专项研究、应用研究、研究方法等方面对我国遗产廊道相关研究内容进行厘清，为我国遗产廊道相关研究成果提供了系统化、脉络化的内容纵览。

二、线性文化遗产本体研究溯源

对线性文化遗产本体的认识决定着其保护与开发方向。不同于点状遗产，线状文化遗产是一个复杂"网络"，它的形成与发展时间跨度较长、遗产体量庞大、元素类型众多，种种特性使得研究者在认识、挖掘、修复、升华其内涵时较难入手。针对这一问题，各学者提出了不同的切入点。

许多学者在进行线状文化遗产本体研究时以遗产价值作为最终呈现形式。遗产价值评价是一种基于线状文化遗产本体的各构成要素及其相互关系的综合分析方法。价值评价体系多采用定量研究方法构建，利用层次分析法与德尔菲法等方法进行研究。吕龙、黄震方（2007），朱尖、姜维公（2013）综合运用层次分析法与德尔菲法对京杭大运河江苏段、黄河故道等线状文化遗产构建了多层次旅游价值评价体系，在此基础上确定遗产区域开发时序及资源配置等问题，为后人在此基础上对线性文化遗产进行评估提供了体系与方法指导。王金伟、韩宾娜（2008）在以上方法的基础上结合熵技术以减少误差，并以丝绸之路、京杭大运河、长城为对象进行实证研究，以此验证评价指标体系的科学性和可信度。王景钊（2015）以梅里雪山转经线路为研究对象，利用以上两种方法结合管理者、当地居民、游客等多个利益相关群体对遗产价值的认识，对遗产价值进行评价。霍雨佳（2013）对天津、北京等16个节点城市运河旅游发展水平构建了评价指标体系，体系内含旅游发展、旅游社区、遗产廊道状况、遗产廊道保护四个构架层及若干准则层与具体指标层，并在因子分析的基础上运用聚类分析方法将各城市运河旅游发展水平分为四等，最后通过个体研究与比较分析对天津运河发展进行问题剖析与对策提出。屠一帆（2016）以大运河为例，利用文献分析法对运河类线性文化遗产的构成进行拆解分析，将其分为运河水利工程遗产、运河航运工程遗产、运河聚落遗产、运河其他物质文化遗产、运河沿线的非物质文化遗产五大类别、二十种类型，结合文献分析与专家打分，对浙东段运河中物质类别下遗产运用层次分析法进行定量评价，对非物质类别下遗产进行定性评价，并在此基础上对该段运河进行旅游价值评价与开发策略思考。该文献对运河类遗产的组成划分与定量定性结合的价值分析方式值得借鉴。任唤麟、刘梅（2016），任唤麟（2017）采用定性与定量研究结合的方式分析评价丝绸之路长安—天山段路网遗产资源特征与资源文化价值，并提出整体形象塑造与分段开发相结合、重点建设文化品牌、加强内部联动与外部联合开发等开发策略。

质性研究方法在遗产本体价值认识中也有较为广泛的应用，李伟、俞孔坚（2005）对文化线路在物质形态及社区参与等方面的真实性、文化线路的界定与登记等进行了讨论。俞孔坚、奚雪松（2010）从发生学视角出发，将大运河的产生与发展视为动态建构过程，通过构建历史模型阐述不同时期下自然系统、遗产系统、支持系统及它们在演变过程中的作用功能与相互关系，为完整时空观下对大运河功能与价值的认识提供了新视角，有利于线状文化遗产各系统间生态平衡模式的构建与开发。王丽萍（2012）从兼顾"自然、经济、历史文化"多重目标体系的遗产廊道视阈出发，兼顾当下时代与社会背景及其面临的威胁，对茶马古道的文化、教育、生态价值进行了质性考察，并提出保护战略。詹嘉（2014）对景德镇陶瓷遗产廊道的历史文化、建筑工程、自然生态进行考察评价，并根据《旅游资源分类调查与评价》对其进行评价赋分，认为该处旅游资源处于三级到四级之间的中上水平。霍艳虹（2017）借鉴生物学中基因、基因表达、系统发生学、系统发生分析等概念与方法，以"文化基因"为切入视角，对沿线地域文化进行挖掘梳理，构建京杭大运河水文化发生树模型，并在理论研究的基础上对运河遗产保护与利用提出建议。

随着学界对文化遗产概念理解的深入与遗产保护意识的加强，线状文化遗产保护与开发理念的应用范围与区域逐渐扩展。张定青等（2016）对大西安区域内渭河水系遗产廊道系统进行构建研究，对范围内自石器时代起至明清的181处文化遗产进行价值评析，并对该遗产廊道系统内各河流流域进行范围及主题确定、空间构成设计、保护层次架构。在海上丝绸之路建设战略背景下，柯彬彬、张镱（2016）提出对台湾海峡西岸福建、广东、江西、浙江四省二十个地级市构建海峡西岸遗产廊道设想。李泽新等（2016）对国内外线状文化遗产研究及实践进行总结，并将线性文化遗产理念应用至川陕渝蜀道保护中。

近年来，线状文化遗产的研究已渐从数量众多的河流类、道路类等遗产本体类别上向外扩展，欧阳杰（2018）以抗战时期中苏开通的哈密—阿拉木图航空线为线状遗产本体，对其航空站节点建设、航站楼等建筑建设进行简要介绍，并分析了其价值构成，这一视野的调整使得线状文化遗产理念可适用范围大大拓宽，并主张重视近代航空类文化遗迹保护的立法与体制编制。

三、线状文化遗产开发保护研究溯源

国内外学者对文化遗产保护与开发进行了多角度的研究，20 世纪 90 年代以来，国际范围内主要以遗产保护为主，其理念经历了从以物为本的本体保护到以人为本的社区、居民及遗产生存环境的整体保护的转变。

遗产廊道适宜性分析由俞孔坚等（2005）在借鉴绿色通道适宜性分析的基础上，提出他们所持的基本思路为利用"阻力"与活动开展适宜度成反比这一前提，将遗产和生态休闲活动视为一种空间水平过程，基于土地利用属性和遗产廊道元素的阻力系数，根据其不同阻力分布模拟空间扩张情况。景观元素本身的评价、各元素间可连接的程度都可看作是遗产休闲活动对阻力克服的过程，因此阻力最小处最适宜建立遗产休闲廊道。詹庆明、郭华贵（2015）以 GIS、RS 技术为支撑，以漳州古驿道为对象，对单一累积阻力模型测算遗产廊道适宜性的方法进行改进，采用确定遗产源、选取阻力因素构建成本栅格、模拟构建综合景观阻力面、遗产适宜性分区等一系列较为详尽的实现步骤，为其他遗产廊道适宜性分析的具体实施提供可行参考。除以上地理学科技术方法外，问卷调查法也可被应用在遗产廊道适应性分析上。崔俊涛（2014）对汉江遗产廊道乡村旅游适宜性拟定评价体系，并向襄阳市民、旅游者等群体发放问卷，利用主成分分析法对所得结果进行处理，认为其适宜性主要受廊道资源条件、区域社会条件、廊道生境条件、旅游保障条件及发展潜力四个因素影响。

许多学者利用线状文化遗产理念，将研究视野投在线状或遗产网络构建开发上。王肖宇（2009）以"清文化"为主题，利用层次分析法为京沈构建满族崛起及清军入关、清帝东巡、清前期满汉交融等主题遗产廊道及相应节点与地理范围。乔大山等（2007）以桂林漓江为例，分析了构建遗产廊道的可行性及方法策略等内容，并结合国外遗产廊道开发经验，在宏观上进行范围划定、解说节点整体构建；微观上进行单个或群体遗产保护设计导则，并针对已建成节点、未建成区域分别进行针对性设计等具体措施。李飞

（2008）在生态博物馆模式的基础上提出"遗产大舞台"与"景观嘉年华"模式，以分别对应廊道遗产的原真性、舞台化、体验性等要素，并将三者组合成完整的廊道遗产旅游资源保护模式体系，从供需两方面促进廊道遗产的可持续发展。施然（2009）分析了遗产廊道开发的空间模式、时间模式与倒"S"形曲线的时空模式。在时空模式中，他以时间序列和空间发展为坐标横纵两轴，在其上绘制先开发地区经济增长曲线、后开发地区经济增长曲线与两者差距曲线，并为其拟制函数表达式，认为先后开发的两地的经济差距会经历由扩大到缩小的过程。沙迪（2012）对遗产廊道中遗产点、绿色廊道、游览路线、解说系统四要素的构建，分别拟定了构建原则与具体方法，并对醴陵渌江及周边廊道进行规划构建。冯子木（2016）利用 GIS 技术对川藏"茶马古道"文化线路进行保护系统设计，并在此基础上运用集成数据库、空间数据引擎、三维虚拟可视化等技术构建川藏茶马古道保护地理信息系统技术框架，为文化线路遗产保护规划编制、修复展示与检测阶段提供综合性信息服务支持。

部分学者试图从国外线状文化遗产实践管理经验中寻求借鉴之道。龚道德等（2016）对美国运河国家遗产廊道的管理运作机理进行剖析，对其管理框架、管理目标、行动策略、保障机制进行了详尽的分析，认为该模式的技术层面、组织管理层面、精神与理念层面均有我国线性文化遗产可借鉴之处。

我国线状文化遗产研究自 21 世纪初始，至今相关理论研究与实践进行仅仅 20 多年。但线状文化类遗产在我国分布广泛，数量众多。它们之中既有如京杭大运河、长城、黄河故道等体量巨大、分布广泛、横跨区划众多、知名度较高的线状文化遗产，亦有辽西走廊、剑门蜀道、渭河水系、梅里雪山转经线、哈阿航线等逐渐被人们认识到其独特价值的线状文化遗产，各处遗产都亟待得到合理保护与利用开发。线状文化遗产是一个概念群，其下遗产廊道理念所涉实证性研究较多，这些研究涵盖遗产价值评测、适宜性分析、开发管理框架构建等各个方面，这些技术方法对线状或点状文化遗产开发均有借鉴价值；文化线路是交流传播的文化类线状遗迹概念滥觞，本书所研究的线性文化遗产概念被认为脱胎于此，较之遗产廊道这类线状遗产文化性更为突出，时代性、主题性更趋于统一。

当前我国国内线状文化遗产的研究主要集中在理论引介或编述、线状文化遗产本体研究、线状文化遗产开发保护几大方面，层次分析法、因子分析、聚类分析等量化研究方法，德尔菲法、问卷调查法、文献分析法等质性研究方法均在这些主题研究中有广泛应用，研究内容更加贴近于各遗产本体特殊性与开发管理中的实践类问题。在涉及学科方面，地理学、历史学、旅游学等技术方法在本类研究中应用较多，后续研究中也可能会融入管理学、经济学、文化学、民族学、人类学、社会学、艺术学、国别学等更多学科视角，以丰富我们对于遗产本体与开发方面的认识。

第二章

东北民族走廊线性文化遗产机理

第一节　东北民族走廊线性文化遗产
特征的时空透视

　　线性文化遗产主要是指在拥有特殊文化资源集合的线形或带状区域内的物质和非物质的文化遗产族群，运河、道路以及铁路等都是重要表现形式。

　　线性文化遗产是特定人群于特定时间在线性空间创造、承袭并留存的文化遗产。不同地域人群在其特定的生存空间中代代承袭逐步形成特色独具的生产和生活方式，孕育出风格明显的文化遗产，奠定了文化遗产的空间特征；相同地域的人群为适应生存空间的变化，或者因为自身文化基因的运动变化，在特定时间创造出各具特色的文化遗产，呈现出文化遗产与景观的时间特征。线性文化遗产的形成、发展，既离不开线性空间，也离不开时间，线性文化遗产不可避免地存在时空烙印，对其时空透视是研究的基本出发点和重要维度。

　　东北民族走廊长期活动的各类人群历经 5000 多年不间断的演进，累积了鲜明的时间特征；数以万计平方千米的广阔空间为灿烂辉煌的文化遗产的产生与发展，提供了辽阔的线性空间背景；东北民族走廊地域范围内产生若干种不同功能的线性文化遗产类别，不同类型线性文化遗产相互联系、相互作用，交互构成东北民族走廊总的线性文化遗产群落。人群与时空交互作用，造就了东北民族走廊这一特定空间中各种类别的线性文化遗产，彰显着独特的地域与时间二维个性，为整个人类的发展书写着鲜明的文化功绩，值得深入研究。

一、时间特征透视

时间是人类用以描述物质运动过程或事件发生过程的一个参数，确定时间，是靠不受外界影响的物质周期变化的规律，例如月球绕地球周期、地球绕太阳周期、地球自转周期、原子振荡周期等。爱因斯坦说时间和空间是人们认知的一种错觉。大爆炸理论认为，宇宙从一个起点开始，这也是时间的起点。

文化遗产的时间性分析根源于文化的时间性，即文化本身的起源、演化、变迁的发展过程；同时，文化也有累积、革命和淘汰，使得文化在时间上表现为一个进化与分化、积累与沉淀、层次与统一、目的性与自然决定性的复杂过程。对文化遗产特征的把握，取决于对文化遗产产生、发展、演变、传承规律及其结构、功能和性质的全方位认识。文化遗产的产生与发展虽为典型地域空间现象，但却是时间梯次演进的结果，文化遗产的时间维度解析不可或缺，且尤为基础。

(一) 历史性特征

从时间维度看文化遗产具有历史性特征。文化遗产是人类历史特定阶段的产物，是人类文化在特定时间的沉积，是人类智慧在特定时间的结晶。倘若探幽索远，文化遗产同人类历史文化的发展几乎同步，与人类文化史一样悠远。自从地球上有了人类，也就开始有了与之相应的生活生产模式和物质与精神创造，无论落后与先进，都或多或少会留存有物质与精神结晶，这便是文化遗产；换句话文化遗产是人类物质文明与精神文明在特定时间的具体表现，彰显着特定时代的痕迹，这种文化遗产在时间上或特定时代里显示出的特征便是历史性。

东北民族走廊这一线性区域的文化遗产都是在特定历史发展阶段中形成的，彰显着特定时代的印记。以承载建筑文化的古塔为例，隋唐以前，东北民族走廊这一线性区域的塔状建筑遗产多为楼阁式，辽金时期盛行密檐式佛塔，清朝时期流行覆钵式白塔，这便显示出上千年来塔类文化遗产的历史特征。彰显线性特征的辽西古廊道、海上丝绸之路、冰上丝绸之路、草原丝绸之路、虾夷锦之路等文化遗产都带有特定的历史印记，都从特定的层面彰显着历史性。东北民族走廊的各级各类文化遗产不仅显示出了各个历史阶段的特点，更反映出历史的变化这一时间痕迹。

（二）传承性特征

从时间维度看文化遗产具有传承性特征。文化遗产的传承性是指文化遗产在时间上传衍的连续性。任何文化遗产都经由人类文化长期演变而累积形成，文化遗产的出现都不能脱离其所处的国情与民情，而国情与民情又都与历史传统有割不断的联系。马克思说："人们自己创造自己的历史，但他们并不是随心所欲地创造，并不是在他们自己选定的条件下创造，而是在直接碰到的、既定的、从过去继承下来的条件下创造。"① 文化遗产也是通过此种承继才出现的，文化遗产通过承继形成按时间序列叠置的"历史文化沉积组合"，不同历史时期分层文化遗产都反映着当时各种文化要素所联结起来的平面分布特征。因此只有从历史的观点研究文化在一定时间、空间的嗣续，才能看出文化的各种层面的形态及其结构、特征，看出文化由简到繁，由不稳定到稳定，集聚以致发展为不同文化类型、文化模式的自然史一般的历史进程（司马云杰，1986）。

东北民族走廊的各类文化遗产组成了其特有的文化层，如表 2-1 所示。

---

① 马克思，恩格斯. 马克思恩格斯选集 [M]. 中共中央马克思恩格斯列宁斯大林著作编译局编. 北京：人民出版社，1972.

通过解析文化层结构可以帮助我们更好地研究各民族、各地区文化嗣继谱系。

表 2 – 1　　　　　　　东北民族走廊文化事象演进层位

时代	起止年限	典型的文化事象	举例
旧石器时代	距今 300 万~1 万年	打制石器、用火、渔猎采集、穴居、群居等	金牛山遗址、庙后山遗址、鸽子洞遗址等
新石器时代	公元前 8000~2000 年	磨制石器、陶器、玉器、农业聚落、畜牧、渔业、穴居、厨房、陶煮、石炊、烧烤、黍、稷、粟、驯化的家畜、原始艺术品、历法、原始宗教、祭祀、三皇五帝等	查海遗址的聚落玉龙、玉器、陶器，牛河梁红山文化遗址女神庙、祭坛、积石冢，新乐遗址木雕鸟、煤精制品，颛顼故墟，老铁山出土红陶鬶
夏、商、西周	公元前 2000~771 年	王权统治的奴隶制国家、青铜器、九州划分、井田制、分封制、五行、周礼等	幽州营州，竹侯、弭侯，喀左出土的商大鼎、亚微罍、燕侯盂，周王封医巫闾山，燕国，朝鲜侯国，幽州的鱼盐辽东之煮等
春秋战国	公元前 770~222 年	争夺土地，设郡置守，筑城，修长城，冬葱戎菽入中原并传入日本、朝鲜、远东等	设上谷郡、渔阳郡、右北平郡、辽东郡、辽西郡、山戎屠何城、北票出土的燕王职之戈（青铜戈权杖）、老马识途典故、荆轲刺秦及衍水改称太子河、秦开却胡事迹等
秦	公元前 221~207 年	封建帝国形成、行政区划体系建立、修长城、构交通网、筑行宫、通神求仙等	秦统一建郡县、修长城及孟姜女哭长城传说、筑碣石宫谒海求仙现秦皇岛、宽甸出土秦代铜戈等
汉	公元前 206~公元 219 年	增玄菟郡、乐浪郡、真番郡，设辽东属国地，修长城达辽东、筑城池、佛教传入北方、"三世四主"封建割据政权等	巨无霸驱训虎豹、赵苞喋血守辽西、李广射虎传说、曹操大败乌桓临碣石作赋、公孙度辽东属国、辽阳壁画墓、西丰县出土匈奴铜饰牌等
魏晋南北朝	公元 220~589 年	南北民族融合、边民移入中原、割据政权、佛教由西北传入东北等	三燕古都龙城、鲜卑放牧大青山、慕容立国都于棘城、前燕改革效汉制、北魏万佛堂石窟、东胡系游牧民族、森林系肃慎民族、"红食""北食""白食"、北票出土北燕金印与鸭嘴型玻璃器等
隋	公元 589~618 年	凿运河等	隋东征军驻辽西泸河、怀远镇，隋文帝禅封医巫闾山为北镇等

时代	起止年限	典型的文化事象	举例
唐	公元 618～907 年	行政上广设州府县、设安东都护府、"兼包藩汉一视同仁"民族政策、人口南迁、安史之乱、唐诗等	唐东征封广宁、薛仁贵麻雀破敌民间传说、渤海政权与旅顺鸿胪井、骆宾王与娘娘宫的传说等
五代十国	公元 907～960 年	北方政权更迭频繁，契丹国、东丹国建立并广设州县等	契丹俘虏设锦州、儿皇帝石敬瑭割幽云十六州于契丹等
宋元	公元 960～1368 年	宋辽大战及澶渊之盟、辽统一北方并"一国两制"发展经济、辽瓷、金灭辽、北宋定绍兴和议、金移民政策、辽金文学、辽金佛道并重、元行省制建立及道教兴盛等	辽显州奉先县、宜州、懿州和兴中府等，西瓜从西北传入，耶律钟情医巫闾，以及显陵乾陵、奉国寺、辽阳白塔、崇兴寺双塔、朝阳三塔、锦州古塔、辽金元佛教圣地觉华岛、金北镇庙、北票出土辽瓷，法库叶茂台辽墓及绢画、元青花瓷、张三丰故里等
明清	公元 1368～1911 年	计划性人口迁移、修长城、筑城、建皇陵等、设书院边市、人口增长、屯垦活动加剧、明清征战、关外封禁与柳条边、道教受限衰微、八大菜系东进、明清文化、京奉铁路开通、八景十胜等	明在关外设都司卫所九边，建盛京城故宫，关外三陵，开原丝关，抚顺广宁清河瑷阳宽甸马市，努尔哈赤皇太极战宁远，萨尔浒之战，宁锦大捷，清帝东巡，洪承畴、祖大寿、李成梁、袁崇焕名将事迹，锦州重镇，辽河八景，甲午日俄战争遗迹，铁岭银冈书院等
民国	公元 1912～1949 年	推翻封建制、奉系军阀征战、东北易帜、九一八事变后抗日、辽沈战役、闯关东、产业近代化、办新式教育、建军港等	营口开埠、辽菜形成、笔架天桥建石阁、葫芦岛建军港、九门口长城及其上发生一片石大战、东北大学创办、旅顺遗存众多近代遗迹，东北出现沈阳、抚顺、鞍山、哈尔滨、齐齐哈尔等一批矿业城市、营口等港口城市

资料来源：笔者根据室内文献调研和室外现场考察归纳总结得出。

上述文化事象演进层位中，东北民族走廊因特殊的地理区位，身处多源文化交汇融合历史氛围中，因此也留存有承前启后的数量可观的灿烂文化遗产，成为今天文旅开发利用的宝贵财富。

文化事象叠置有序的时间文化层形成取决于文化的延续性。文化是一种有生命力的质的东西，其一旦形成，就会在特定人群中凭借自己的生命活力世代相传延续。迫于生存繁衍的需要，上一代总会把自己积累的生产、生活经验传授于下一代。而新的一代在接受家庭社会熏陶和学校教育过程中，从先辈那里不仅继承了有形的物质成就，更是承袭了传统的价值观念、情感模式、思维习惯和行为规范，经过耳濡目染、潜移默化的内化过程将其沉淀于显意识和潜意识中，文化因此得以保存并流传下去。时间文化层的形成来源于两大途径：一是文化承受者自身的社会经济大变革引起新文化层的产生和形成，新的文化层在旧文化层基础上产生，但却不是简单地更替，而是累积和融合，旧文化层中仍然具有功用的文化元素被保存下来，而失去功用的一些文化元素则被自然淘汰，新旧两层文化之间互相渗透，互相交融，逐渐凝结成一个文化整体；二是旧文化大量地采用他族文化，形成与原文化不同的新文化层，这种现象出现有两种情形：一为由于战争，被征服者被迫接受征服者的文化，二为长期受相邻先进的民族文化影响，自然地采用他族文化，然而本民族原文化并不会骤然消失，众多有生命力之文化元素依旧长期被保留，如此，吸收的他族文化自然而成新的文化层，本族原文化则成为底层文化（何星亮，1992）。

　　基于传承性，东北民族走廊文化以包容开发、和而不同的汉文化为主流方式延续着，从上古时代以来就绵延不绝，虽然其间历经时盛时衰的曲折过程，但无论遇到何种危机与挑战，都一直以波浪式形式向前发展，尽管有起伏，但绝无中断。在漫长的历史进程中，无论朝代更替还是不同文明的冲撞，东北民族走廊的文化始终以坚忍不拔的毅力延续着。其面临过巨大威胁，有统治者为巩固统治而进行文化摧残，例如清朝的"文字狱"；也有因游牧民族入侵而导致的文化衰微，然而这一切并没有阻止东北民族走廊文化绵延发展的历史进程，文化凭借着自己强大的生命力生生不息地存在着，并凭借自我融合力和文化优势，完成中华文化对其他文化的融合和吸纳；同时还兼收并蓄地吸收同化不同文明，从而在历史进程中延续。红山文化遗址出土的玉猪龙和沿线各地二月二祭祀猪头的习俗沿袭至今关联紧密，自从猪在新石器时代最早被驯养成功后便成为这里人们享用肉食的主要方式，满族的"吃肉大典"，风靡东北的猪肉酸菜炖粉条、白肉血肠、杀猪菜、猪肉酸菜馅大饺子等都是传承性的明证。

二、空间特征透视

空间是运动的存在和表现形式。空间是具体事物的组成部分，是运动的表现形式，是人们从具体事物中分解和抽象出来的认识对象，是绝对抽象事物和相对抽象事物、元本体和元实体组成的对立统一体，是存在于世界大集体中的，不可被人感到，但可以被人知道的普通个体成员。眼睛可以看到、手可以触到的具体事物，都是处在一定空间位置中的具体事物，都具有空间的具体规定，没有空间具体规定的事物是根本不存在的。空间与时间是对立统一体；空间有宇宙空间、网络空间、思想空间、数学上的空间等，都属于空间范畴，都有其内在的特定含义。

时间和空间是人们对生命存在的最基本经验，也是对生命存在的最基本把握。就时间角度来讲人类生灭有序，其创造的文化及文化遗产却变化无常，研究文化遗产受文化载体生灭过程的影响，以时间为主线展开有利于学说的条理化。但以时间为主线的研究只是一维的、线性的研究，无法涵盖人类创造的所有文化与遗产。某一文化或文化遗产的形成、演变过程，不完全是按照时间排序的，时间仅表现了文化或遗产的流变方式，却不能完整地反映文化或遗产的组合形式。文化及文化遗产既赋予现实以意义，又需要现实的载体，而现实是一种动态的存在，是"变"与"不变"的复合体，"变"的表征是时间的流逝，"不变"的表征是空间的凝固。时间为文化遗产提供变化的可能，空间却上升到了主导地位，成为文化遗产存在的根据，只有在时空二维的构造中，才能够全方位认识文化及文化遗产。

（一）区域性

文化及文化遗产的区域性，是指文化及文化遗产随空间区域的不同而形成了不同的层次、类型，乃至个性独具的文化结构，从而形成文化及文化遗产的空间分异现象，即区域性（地区性）。为清楚地理解文化及文化遗产的区域性，有必要解析下"区域"和"区域文化"的含义，"区域"从属于地理学范畴，是从文化地理学视角来看的，是以"地理学"为中心来进行研究的，这里的"区域（district）"概念具有极强的地理学意义，它疆域明确，系统稳定。"区域文化"则是从"历史地理学"视角来看的，此处的"区域（region）"概念通常是古代沿袭或俗称的历史区域，它在产生之初当然是精确的，但由于漫长的历史演变逐渐泯灭了它们的地理学意义，变得疆域模糊，景物易貌，民人迁移，只剩下大致的所在地区了，例如齐鲁指山东，关东泛指东北。按此理解"东北民族走廊文化"是一个"历史地理学"概念，而非"文化地理学"概念。

《汉书·地理志》中明确提出了"域分"（即按不同历史区域划分民风民俗）的概念："凡民函五常之性，而其刚柔缓急，音声不同，系水土之风气，故谓之风；好恶取舍，动静之常，随君上之情欲，故谓之俗。"它把人的行为和观念归因于两个因素，即水土的构成和王侯的引导。这一观点对我们研究东北民族走廊文化及文化遗产具有指导意义。就现实而言，东北民族走廊文化及文化遗产的区域性来自两种主要因素：一是自然环境；二是社会结构。

东北民族走廊地理属性的差异极其明显，这里既有广阔的丘陵山地，又有广袤的黑土平原，兼具一望无际的苍茫大海和广袤无垠的茂密森林，近百万平方千米的辽阔地域孕育了大气磅礴的文化特质，这里的文化遗产从物质到非物质无一不是豪放热烈；由于地处华夏遥远的北疆，地理上与中原的阻隔和历史发展过程的差异，造成文化的质朴淳厚，文化遗产以朴素的原生态见长；大廊道复合多种小廊道的通透空间结构，使得文化来去自如、丰富多变，文化遗产更是琳琅满目、无所不包；地形高低悬殊、海陆兼备造成气候复杂多变、四季更迭明显，涵养出节奏明快的文化气质，文化遗产彰显着明朗直爽。

东北民族走廊社会结构复杂，虽然人口不多，但是成分繁多，历来汉族与少数民族交融，既有以狩猎为主的鄂伦春和达斡尔族，又有以农耕为主的汉族和朝鲜族，还有曾经以游牧为主后来转变为农耕和半农耕的满族和蒙古族，更有渔猎民族赫哲族等。游牧渔猎等粗放的生产方式使得文化表现出热烈粗犷的一面，文化遗产更是浸透着豪迈奔放的气息；数千年来多民族杂居，多元经济共存，使得文化兼收并蓄，包容大度，文化遗产因此彰显多元兼容的特性。

文化和文化遗产对自然环境和社会环境具有很强的选择和适应性，东北民族走廊特殊的地理环境和多元兼容的社会结构影响着文化和文化遗产的基因与格调，对其开发利用需要仔细研究区域特性。

（二）文化遗产的相对稳定性

文化遗产的相对稳定性，是指文化遗产一旦形成，就会伴随着特定的空间环境长期固定下来。因为文化遗产凭借特定的政治、经济、社会等基础而形成，只要特定空间中这些基础不发生剧烈变革，文化遗产就会表现出较强的稳定性。同时文化遗产在空间上的稳定性还受制于文化在时间上的传承性，文化的传承受传统观念的影响与制约，社会变革如果不与思想观念的变革相结合，文化也不会失去传承的思想基础。当然这种稳定性只是相对的，并不是绝对不变的，一旦其赖以存在的基础发生变革，文化也会相应变革，文化遗产在纵向的传承中也会打折扣，并催生新环境中的新事象，这种自发的变化是文化机能在特定空间环境的自我调适，这种渐进变异是文化遗产得以保存和发展的内在动力。

东北民族走廊的文化遗产依托特有的自然环境和社会环境产生发展，历史上自然环境相对稳定，几乎没有变化，人文环境有不定时的局部变化，但没有大的震荡，所以文化遗产的生存环境相对稳定；文化遗产的缔造者是大杂居小聚居的各族人民，其观念思想、审美好恶、行为模式相对稳定，从缔造主体的心理机制和行为偏好来讲也相对稳定，因此东北民族走廊的文化及其文化遗产相对稳定地传承发展着。例如，东北民族走廊辽阔的空间背景为文化遗产的形成和发展提供了充分的空间，留存有"一朝发祥地，两代帝王城"的沈阳盛京古城，东北最古老的城市辽阳东京古城，满族发祥地新宾兴京古城，冰城哈尔滨，中国最大的边境城市丹东，中国唯一的一段水上长城——九门口长城、国界长城——虎山长城等丰富多彩的物质文化遗产；更相对稳定地遗存有活化石之称的各族民风民俗等非物质文化遗产，这些物质与非物质文化遗产共同奠定了东北民族走廊的文化基因，使之在世界纷繁复杂的文化之林中鹤立鸡群。

第二节　东北民族走廊文化遗产的基础

文化是特定人群在特定空间创造的物质与精神文明，文化遗产依赖于其所处的地理与社会空间，这是文化遗产形成的根源与土壤。文化遗产本身就是典型的文化，从辽河流域远古的红山文化遗址到遍布东北的近代红色革命遗产，从阜新海棠山的摩崖造像到本溪九顶铁刹山的洞刻摩崖，从曲艺评书到风靡全国的小品相声，从零零星星的草原、沙漠到星罗棋布的海岛、山城，从大小兴安岭的茂密林海到冬季北国茫茫雪原，从苇海鹤乡红海滩到海上天桥笔架山，从草原蒙古包到冰上狗拉爬犁，从充满神奇色彩的人参到古代暖和数代东北人的乌拉草，等等，都是沿着大大小小的带形廊道出现的文化遗产。为了探求遗产背后的文化机理，必须到形成文化遗产的自然环境和人类社会文化大土壤中去探寻解析它的基础，主要基础有自然地理基础、文化基础等。

一、文化遗产形成的地理基础

地球是人类的故乡、文化的载体；自然界虽非人类创造的文化事象，但它却是地球上一切生命的母体，自然世界一旦进入人类的文明视野，便成为人类文化不可分割的组成部分并世代传承。

宏观来看地理因素从多方面影响和作用于文化遗产，即地理区位、地表形态类型、水文、土壤、气候、生物资源等。

自然界即自然环境是指地球表层的岩石、水体、土壤、大气、生物等自然物质与来自地球内部的热能和地球外部的太阳能互相作用而形成的复合的自然地理大系统。自然界提供人类生存的各种必须能量，是人类生命生存、延续、发展必不可少的基本条件，因此人类一旦产生就必然要与自然界产生密切的联系和交互作用，人地关系也是人类最需要处理好的关系，它关乎人类的生存与发展，文化和文化遗产是人类协调处理人地关系的直接和间接产物。自然界由地质地貌、水体、生物、气候等要素组成，由于地表自然要素的地域差异，各地区多种自然要素的不同组合便构成了千变万化的自然环境，更关乎赖于其存在的文化和文化遗产。

（一）文化遗产与地质地貌关系

地质是指地壳的物质组成及其结构，地貌是地球表面的面貌又叫地形，地质直接影响地貌的形成与发展。地貌是由于地质作用形成的，漫长地球演化过程中，地壳从未停歇地变化着。沧海会不断填充泥沙进而变成桑田，山地不断被剥蚀后夷为平地，坚硬的岩石不断被风化破裂成颗粒，松散的泥沙又会不断沉积成新的岩石，形成地壳的物质和地表形态始终处于不断变化之中，这种引起地壳物质组成、地质构造和地表形态不断变化的作用即为地质作用。地质作用是由地质营力引起的，力是能的表现，按照能的来源不同，地质作用可分为外营力作用和内营力作用；外营力作用又称为外力作用，它是地球以外的能，其中主要的是太阳辐射热能所引起的，太阳热能在地球表面各处的差异，引起寒暑变化，刮风下雨，河水流动，并使地表各种物不断破碎、分解、移动，使地表形态变化，外营力作用主要包括风化作用、剥蚀作用、搬运作用、沉积作用和成岩作用；内营力又称内力作用，是由来自地球内部能的影响而形成的，其中主要作用是由地球自转产生的旋转能和地球内部放射性元素蜕变产生的热能所引起的作用，内营力作用表现为地壳运动、岩浆活动、变质作用和地震等（甘枝茂、马耀峰，2000）。内营力和外营力作用并不是孤立的，而是相互联系、共同作用于地球表面的。地貌是在地球内外营力共同作用下以及地表物质的影响下形成和不断发展变化的，内营力主要表现为地壳的水平运动、垂直升降运动、岩浆活动和地震等，内营力运动可以形成规模巨大的隆起和凹陷，增加地表的高差起伏，成为地球表面的基本面貌；外营力通常有侵蚀、剥蚀、搬运、沉积、成岩等，它们共同作用对高起的地表侵蚀、剥蚀，进行破坏，并把破坏下来的碎屑物质进行搬运，之后到另一个相对低的地区进行堆积，形成新的地表形态，总之外营力对地表趋势起到削高填低作用，使地表和缓。由于内外营力在不同地区及不同的时间内组合、作用强度、表现形式不同，各地区的岩性不同，因而形成千差万别的地貌形态。

首先，地质地貌影响某地的大环境，由于构造沉降及外营力的沉积作用形成了平原地貌，为城市及其基础设施的发展提供了方便，使得众多城市密集分布于平原，例如辽河平原密集地分布着辽宁2/3的城市；在山区，复杂多样的地质地貌条件，为文化遗产的诞生提供了适度条件，一定范围内高低错落、起伏变化的地表形态有利于寺观、园林的布局与建设，例如东北民族走廊园林的布局常常会因地制宜地利用适度的山区地形和山脉的走势；广阔的海滩为滨海城市及码头的诞生提供了场所，特定的地貌为文化遗产的诞生创造了充足的条件，反过来文化遗产又人化和文化了自然环境。

其次，地质地貌环境中产生特色的文化景观，地质地貌往往成为文化景观赖以存在的环境背景，也成为一地具有标志意义的景观，例如闻名遐迩的吉林雾凇，松花江畔相对封闭狭窄的河谷空间和丰满水电站发电后温热的江水顺流而下，使得松花湖水汽无法及时疏散，从而洒落在冰冷的湖畔树木上，得以成全了吉林雾凇"一江寒水清，两岸琼花凝"美景的霸主地位。仪态万千、独具风韵的雾凇虽为自然奇观，但却是东北民族走廊极具天人合一意义的林海雪乡文化名景。

最后，地质地貌烘托陪衬文化事象，我国明代以后各地官方热衷于推出的"八景十胜"文化景观，成为一地的典型文化基因，其中"八景十胜"文化景观无一例外地依托本地的山川地貌，例如铁岭老"八景"最初是明代大学士陈循结合中原文化创意提出的：八景中有五景都是辽北山体地貌陪衬烘托的：山郭朝烟（清晨站在龙首山上看铁岭城郭宛如仙境）、帽峰云树（帽峰山绿树白云相间）、龙首寻秋（龙首山秋日探寻红叶满山）、白塔横云（居龙首山上夏天雨后观赏水汽飘荡、云横白塔景象）、红崖积雪（冬天雪后观赏辽河西边红崖上白色积雪），山川地貌以其强烈的立体形象感染力，激发特定的寓意和情趣，创造出文化事象并传承光大。

地质地貌条件不仅是自然环境的重要组成部分，影响其他自然要素的形成，更对文化及文化遗产的形成有一定的影响，它与文化遗产关系密切。

（二）文化遗产与水的关系

水是自然界分布最广的物质，是保证人类生产生活的最基础物质，也是自然界唯一一种固体、液体、气体三态并存的物质，有液态水：海洋、河流、瀑布、湖泊、水库、涌泉等；有固态水：冰体、积雪等；有气态水：云、雾等，和水有关的文化遗产不胜枚举。遍布东北民族走廊的海港、灯塔、渔村，海神妈祖信仰等海水文化遗产；水库、堤坝等人工湖文化遗产；渡河、渔船、码头、桥梁、堰坝等江河文化遗产。温泉、矿泉、海水、湖泊均有疗养价值与功能，此类水体中含有多种化学成分，通过对人体的药理和化学生物作用，使得其具有治病健身的功效，利用温泉治病在我国已有悠久的历史和丰富经验。明代李时珍在医学名著《本草纲目》中曾论及不同温泉的医疗作用，"温泉主治诸风湿、筋骨挛缩及肌肉顽痹、手足不遂、无眉秃发、疥癣诸痢"。此类文化遗产书写了源远流长的水文化诗篇。

东北民族走廊与水有关的直接和间接文化遗产数量众多，直接的水文化遗产还以铁岭"老八景"为例，剩下的三景都和水体有关：柴河晚渡（傍晚柴河上马车带舟过河时灯盏摇曳）、蓬渡风帆（远望马蓬沟，辽河如带、风帆点点）、鸳湖泛月（弄月高歌荡舟五角湖，今莲花湖湿地），"八景"集成了铁岭城市独特的山川河流（龙首山、帽峰山、辽河、柴河等）。东北民族走廊的滑雪、冰嬉、冬泳、泉理疗等与水相关的非遗民俗是重要的文化遗产，冰雪民俗尤以吉林查干湖冬捕为最，泉理疗当属温泉理疗最突出。东北民族走廊与水间接相关的文化遗产有炼丹、佳酿及酒文化遗产，例如满族宫廷宴酒道光廿五酒原名凌川白酒（取水凌河而得名）。文化遗产与水密不可分，水直接或间接形成丰富的文化遗产。

（三）文化遗产与气候、气象、天象的关系

气候，是指一地多年天气的综合表现，即气候是某地区多年常见和特有天气状况的综合，包括该地区多年经常出现的正常天气情况和特殊年份出现的极端天气情况。气象，是指某地大气中的冷、热、干、湿、风、云、雨、雪、霜、雾、光、雷电等各种现象和过程的总称。表示上述各现象、过程的要素：气压、风、云、雾、降水、温度、湿度、能见度等要素，通常是通过气象站点的观测而获得的。天象，即天体现象。气候、气象、天象与人类生活、生产紧密相关，同样也直接或间接地影响文化遗产的形成与变化。

全球各地区的气候、气象与天象，因其纬度位置、水陆位置、地形高差及位置地形等条件的不同，而存在较大的差异，这种差异也以不同的方式反映在一地文化遗产上。这类文化遗产往往具有地域性、季节性、辅助性等特征。

气候气象天象类文化遗产具有典型的空间地域性特征。这类文化遗产的形成与所在地域的地理位置、大气环流、地表下垫面的性质等因素密切关联、相互作用，由于纬度位置和海拔高度的影响形成气候的水平地带性分布规律和垂直地带性规律，东北民族走廊所处维度较高所以气候相对寒冷，冬季冰雪常见并且较多，文化事象和文化遗产通常与寒冷气候相适应，例如，"口袋房、万字炕，烟囱坐在山墙上"的东北民居；由于水陆分布的不同影响，使得近水地带与陆域内部气候有明显分异，同处东北民族走廊，三面环海的辽东半岛是冬暖夏凉的海洋气候，例如，大连是东北地区冬季温度最高、夏季温度最低的地区，而北疆内陆的黑龙江省则是典型的大陆性季风气候终年长冬无夏，两者的物产和饮食习俗却大相径庭，大连以海产品和温带物产为主，黑龙江则以林间产品和亚寒带物产为主。另外，地表下垫面也在一定程度上影响文化遗产的分布，城市大量建筑、众多人口及工厂，常常产生"热岛效应"，形成和周围乡村完全不同的气候和文化景观；大片的森林、沙漠、水域等不同下垫面都会对太阳辐射产生不同影响，形成不同的地方小气候，进而引起文化和文化遗产的不同。

气候气象天象类文化遗产具有季节性特征。气候存在季节性变化，主要原因是某些气候影响因素在一年内存在着有规律的变化所致，一般某一地区夏季接受的太阳辐射热量较多，因而气温较高，冬季接受太阳热量较少，气温较低。气温周期性变化又导致气压、风的周期性变化，进而带来云、雾、雨、雪、干、湿等气象要素的季节性变化，例如，东北民族走廊冬季气温严寒，千里冰封，万里雪飘，银装素裹，导致一系列文学作品的留存；夏季气候温和，无炎热酷暑，与避暑型气候相应，出现了诸如承德避暑山庄等文化遗产。

气候气象天象类文化遗产具有辅助性特征。风景气象、舒适气候虽然可以欣赏美景和体验舒适来带给人类以愉悦效用，但它通常不具有具体形象（一般无稳定的实体），所以往往不会独立成物质文化遗产，只能以非物质的形式辅助存在于其他文化事象中，从辽北城市铁岭八景山郭朝烟、柴河晚渡、蓬渡风帆、帽峰云树、龙首寻秋、鸳湖泛月、白塔横云、红崖积雪来看，它们是北纬42度独特的时令天象气候（朝烟、云雾、白雪、明月）等自然景观与生产生活场景（马车带舟、黄昏灯盏、风帆、白塔）组合搭配形成的文化事象，气候气象天象在八景文化遗产中起到了配景的辅助作用。

（四）文化遗产与生物的关系

生物由动物、植物和微生物组成，而肉眼所见的主要是动物与植物，动物和植物是自然环境的重要组成部分。生物是人类赖以生存的重要物质基础，不仅为人类提供了各种各样的饮食和生产原料，同时营造了多种多样的生存环境。生物在长期的适应发展过程中和不同的环境条件下形成不同类型的植物和动物群落，多种多样的生物群落形成地球表面千姿百态的景观和事物。

生物除了本身可以成为文化遗产外，还可以间接影响到人们的生产生活并产生特殊的文化遗产。东北民族走廊生物种群多样，与之相关的经济文化生活独具特色。生物本身虽为自然物，但在中国传统文化和审美中，"生物人化"的现象颇为明显，人们通常把爱恨等情感寄托于动植物身上，如东北民族走廊的满族因为本民族发展历史而崇拜植物中的柳和动物中的狗和乌鸦。东北三宝——人参、貂皮、鹿茸角（或乌拉草），如今成为当地引以为傲的文化符号象征。另外，东北民族走廊各地基本都有市花、市树等，这往往都是本地精神气质的最佳写照，彰显了生物与本地精神的高度契合。

东北民族走廊多种自然要素共同作用，构成了本地区文化的特殊环境，成为文化遗产产生与发展的重要地理基础。但地理基础对文化遗产得以存在的文化因子的作用则不同，对于距地表较近、与自然环境关系直接的物质文化（例如人口多寡、人口迁移）的作用较大，对于距离地表较远的精神文化（例如政治）的影响较小（赵世瑜、周尚意，1991）。

二、文化遗产形成的文化基础

文化含义深刻，内容广泛，其涵盖面和影响极为广阔，内容庞杂，包罗万象。文化遗产众多：礼教、家风、古训等精神文化遗产；牌坊、钟鼓楼、四合院、胡同等建筑文化遗产；酒肆、茶馆、戏院、书斋等功能性文化遗产；瓷器、笔墨纸砚文房四宝、玉器等器物性文化遗产；菜系流派、风味小吃等饮食文化遗产；塔、石窟、寺庙、镇山镇庙等门类众多的遗产有深刻的文化基础。依据资源条件有了农业、牧业、渔业、盐业之分，并逐步形成农耕文化、游牧文化、渔猎文化、制盐冶铁等手工业文化；以此为基础又进一步依据资源能源、物产交通等因素，出现了城乡之别，进而有了城市文化与乡村文化的差异。

纷繁复杂的众多文化要素互相影响、互相制约，形成富有秩序、层析分明的文化系统，这一系统是有特定结构与功能的，而文化系统的结构是保证整体性，并具有巨大功能的内在根据，因此为准确了解文化遗产，必须从解析文化遗产背后的文化结构开始。文化结构具体可以解构为四个层次：物质文化、制度文化、行为文化和精神文化，物质文化处于结构的表层，制度文化和行为文化处于结构的中层，精神文化处于结构的里层。

（一）文化遗产的文化表层基础——物质文化

物质文化是由自然创造、人类加工的各种器物（物化的知识力量）所构成的文化，它是人的物质生产活动方式和产品的总和，是可触知的具有物质实体的文化事物，构成整个文化创造中坚实的物质基础；物质文化所反映的是人与自然的物质变换关系，这种关系表现为一定的社会生产力发展水平，它对物质的文化各个方面起着制约作用（沈祖祥，1989）。文化遗产受制于其产生的物质文化基础，东北民族走廊的这类文化遗产主要有各民族在特定空间创造的历史遗迹、特色建筑、各种器物等。

历史遗迹和特色建筑是最直观的不可移动的系列文化遗产，它是一地长期文明的结晶，也是本地区文化区别于他地区的具体表现。例如牛河梁红山文化人类遗址中的祭坛、女神庙、积石冢，此类物质文化代表新石器时代的西辽河流域文明的真实水平，这一燕山以北西辽河流域的新石器时代古人类农业文化遗址雄辩地证明辽河流域是当时地球上最为先进的地区之一，把人类文明的脚步从长江黄河流域扩展到辽河流域，人类文明的时间从四千年前延伸到五千年前；万佛堂石窟作为中国最北部的石窟群，代表了东北民族走廊北魏时期的佛教、艺术、建筑等水平；义县奉国寺的大雄宝殿是目前留存下来的辽代最大的单体木结构建筑，它面阔九间进深五间、五脊单檐庑殿顶等规制都是建筑中的最高级别；遍布东北民族走廊的历史时期留下的古塔，大多为辽金时期盛行的八角十三层密檐式古塔，证明辽金时期东北民族走廊佛教兴盛、建塔技术精湛；阜新地区的海州煤矿是中华人民共和国成立后矿藏开采留下的矿洞、矿坑，它从不同层面反映了新中国工业发展的真实水平。

各种器物是独具特色的生活用具或产物、生产用具或产物、土特产品或文玩珍宝、工艺品等可移动系列的文化遗产，它是千百年来各民族精心创造、细心呵护而留存下来的物质文化遗产，成为一地重要的文化基因。东北民族走廊不同时代遗存于世的文物不计其数，早的有8000年前的原始查海遗址，60余件我国已知时代最早的玉器，是世界上最早使用真玉的实例，说明当时对玉的认识、专业加工及其专用等方面已具相当水平；新乐遗址出土了我国最早的煤精工艺品，是迄今我国煤雕工艺史上的最早记录，出土的木雕工艺品是沈阳先民的民族图腾，以它为原型制作了"太阳鸟"作为沈阳的象征曾经耸立于市府广场上。其后有陶器（例如老铁山下出土的红陶鬶）、青铜器（例如喀左坤都营子出土的商代早期大鼎）、瓷器（例如北票水泉辽墓出土的鸡冠壶、沈阳上蒲河墓葬发现的元代青花八棱罐、釉里红花卉大盖罐）、绢画（例如沈阳法库叶茂台辽墓出土的辽代绢画《山奕待约图》《竹雀双兔图》）、宫廷器物（例如藏于沈阳故宫的努尔哈赤时期报警的"云板"、努尔哈赤使用过的宝剑、皇太极肖像画、康熙御书梅花诗扇等）。还有近现代文物，如辽沈战役纪念馆珍藏的各类战时文物、抗美援朝纪念馆陈列的馆藏珍品等。物质文化是文化遗产的文化表层基础，各代文物从特定的时代彰显着东北民族走廊的多元文化，同时也见证着走廊的发展，值得保护与传承。

（二）文化遗产的文化中层基础——制度文化、行为文化

1. 制度文化基础

制度文化是人们在参与社会活动的过程中，为了调节人与人之间的各种关系，逐渐形成的一系列要求所有社会成员必须共同遵守的办事规程或行为准则，它由人类社会实践中形成的各种行为规范、准则以及各种组织形式所构成（王影雪等，2022）。制度可以说是凝固化的社会关系，它具有稳定性、普遍性、共守性特征，制度并不是完全一成不变的，人们在遵守制度的同时，也会改变制度本身，这即所谓的制度创新，究其根源为制度文化既受物质生产水平的制约，又受人们文化心理素质的制约。

纵观漫长的历史发展过程，东北民族走廊不乏此类文化遗产，例如，决定满族统一和基业开创的八旗制度，就是优秀的制度文化遗产。八旗制度又称牛录固山制度，八旗制度是一种兵农合一的制度，战时为军队编制，平时为民间编制，最初是女真族在行军或出猎时创立的牛录制度，在此基础上每300 人编为一牛录，首领为牛录额真；每五牛录为一甲喇，首领为甲喇额真；每五个甲喇构成一固山，首领为固山额真，每固山有兵 7500 人，八固山一

共 6 万人，一固山有一种旗色，八固山设正黄、正白、正红、正蓝、镶黄、镶白、镶红、镶蓝八种旗色，这即是初建制时规定的编制，后逐步用旗帜指代队伍本身，即八旗制度。通过八旗制度的设置，就把各地分散的人口统一编制起来，并规定每牛录必须出 10 个劳动力和 4 头牛，耕种土地；战时获得战利品按"八份均分"，战时军需向八旗成员分摊，八旗成员"出则为兵，入则为民，耕战二事，未尝偏废"，八旗制度成为后金政权的坚实制度基础，不仅统一了女真各部而且最后开创了前清基业，成为满族功不可没的制度文化基础。

2. 行为文化基础

行为文化是人类活动本身构成的文化，它既区别于动物本身，又区别于其他文化。有研究者提出公式：人的行为 = 动物行为（生理行为）+ 行为文化（超生理性行为）（韩民青，2006）。一般来讲，人的行为除受到来自外界的种种有形的、物质的、他律的、带有强制性或暴力特点的规范（正式制度）的制约外，还要受到种种无形的、非物质的、自律的和不带任何强制性的内在良知（道德观念、价值观念、审美观念等）的制约。而行为文化的各种规范，主要是指非正式制度所形成的习惯、风俗、行为定式和行为活动方式。

首先，行为文化这一社会规范具有强烈的时代色彩，随着时代的变迁及思想观念的变化，人们的行为规范必然发生相应的变化。东北民族走廊不同时代的经济文化发展并不相同，农耕经济、游牧经济、渔猎经济交融并行，不同经济的各族人民历来在饮食上喜爱肉食，尤其是满族在明末清初从东北勃兴后其饮食更是风靡中华，从原始的"天火肉"（白山黑水先民曾经驰骋在崇山峻岭之中打围狩猎，在江河湖海网罟捕捞，捕猎毕，在头领带领下，选肥美大野牲谢天，并点燃篝火，燔烤野牲，此烤肉即为天火肉）衍生出烧烤和名目繁多的满族火锅；到唐宋时期东北民族走廊受辽金饮食影响偏爱羊肉；到元代食羊之风尤盛；明末清初满族重新兴盛于历史舞台，其饮食再次流行于东北民族走廊各地，满族的烧烤、锅类烹法、蜜饯、甜点粥品等随时代传承演变，在清中叶发展为中国饮食文化巅峰的满汉全席，给东北乃至全国人民的食谱打下坚实的基础，在民间每逢宴席会，常设"三套碗""八中碗""海参席""四大件""八大件"及"通天燕翅全席"等，丰盛异常；民国初年，沿东北走廊的人们博采群芳并熔京、鲁菜于一炉，再结合东北地区的传统口味特色，磨砺研精分流而生，逐渐形成一整套完整菜系——奉派菜，即具有独特烹调技法并擅长蒸、煮、焖、炖、熘、炒、烧、炸、扒、烩、氽，选料、刀工、勺功、火候、调味讲究，名贯东北、自成一派的辽菜；到今天不断吸收全国各大菜系之长，涌现出名师新秀，研创出新品名菜，饮食菜系跻身于中华烹饪的百花园中，受到海内外的青睐。从东北民族走廊的饮食文化行为可以发现：时代的进步虽淘汰了旧的行为活动方式，但人们的怀旧情结又始终割不断对古老行为的某种向往，因此在行为文化中世代传承、绵延不断。

其次，行为文化具有多样性。一方面，同一行为方式在不同的民族文化中具有不同的内容；另一方面，相同的内容在不同的地域文化中具有不同的行为表现，例如，同样是吃蔬菜，在东北民族走廊人们喜欢蘸酱生吃，如大葱蘸酱、茄子蘸酱、豆腐蘸酱，这与其他地域食用蔬菜的行为截然不同。

（三）文化遗产的文化里层基础——精神文化

精神文化由人类在社会实践和意识活动中孕育出来的价值观念、审美情趣、道德情操、宗教感情、民族性格、思维方式等因素综合形成，它是文化整体的核心部分；精神文化即心态文化、社会意识，它反映的是人与自身的关系，即人的内心世界（赵世瑜、周尚意，1991）。我们平时提到的文化大多是指精神文化，它是人们对世界最本质的看法，极大地影响其他层次的文化。其中社会意识分为社会心理和社会意识形态。

社会心理指人们日常的精神状态和道德风貌，是尚未经过理论加工和艺术升华的大众心态，例如人们的要求、愿望、情绪、风尚等。我国古代朝廷通常设置专门的机构来"采风""观俗"，用以观察掌握社会心理，以便"移风易俗"。它比较直观地受到物质文化和制度文化的影响与制约，东北民族走廊区域内人们的社会心理较多受到游牧渔猎农耕交织的多元物质文化的影响，包容大度、兼收并蓄的社会心理较多受到多元交融的物质与制度文化制约，较多表现在民居建筑、服饰装饰、游娱节俗等方面。另外，在东北民族走廊长期生活的先民都比较崇拜自然、祖先、英雄、图腾，对待万事万物的心理比较真诚，表现在行为上很少矫揉造作。

社会意识形态指经过系统的理论整理和艺术加工的升华而形成的社会心理，其曲折而深刻地反映社会存在，同时以书籍、绘画、雕塑等物化的形态固定下来，横向播布、纵向传承。社会意识形态分为高层意识形态和基层意识形态。社会基层意识形态是指政治理论、法权观念、伦理学说等经济基础的集中体现，它的产生和发展离不开社会心理；制度文化作为正式的规范准则和组织首先必须体现一个国家或民族的基层意识形态；作为行为文化的风俗习惯等无处不受深层次精神文化的影响。高层意识形态是指包括科学、文艺、宗教、美学、哲学等的具有相对独立性和远离物质经济基础的意识形态。高层社会意识形态存在的根源仍是社会物质存在，尤其是社会物质经济基础，虽然高层社会意识形态与其本身的物质存在条件联系不太明显，但联系却是存在的，只不过物质存在对其的作用是通过社会心理和基层意识形态这些中介来实现的。作为高层次意识形态的科学、文艺、宗教、美学、哲学，其本身就能创造审美效果，并因其独特的魅力而引起人们的无限向往。慷慨悲壮、火爆热烈的精神文化基因在东北民族走廊区域表现明显，在工艺美术、文学艺术、音乐舞蹈方面都有深刻体现。

东北民族走廊的古代文化遗产形成的文化基础，既有表层的物质文化基础，其显著特点，就是与其多元交叉的农耕、游牧、渔猎等的经济生产生活方式相联系；又有深层的制度文化、行为文化、精神文化的基础，其是隐藏于深层次的基础，东北民族走廊滨海半封闭的自然环境和多条交通通道造就了敢于冒险、外向探求的社会文化思想；广泛流行于古代中国的儒家文化思想对明朝以前的东北民族走廊的影响却远远小于中原地区，直到清末以后，随着关内移民的迁入而产生大范围影响。

东北民族走廊线性文化遗产与形成其的地理环境——条带状、半封闭的大陆—海洋型地理基础；多元物质文化环境——半农业、半游牧渔猎并结合家庭手工业的经济文化基础；社会文化环境——家国同构的宗法—专制的社会组织基础等多种因素综合作用密切关联。

第三节　东北民族走廊人口流动与文化扩散辐射

文化遗产的形成与演变，通常是在一定的自然和社会环境中由人类群体的实践活动产生的结果，即文化遗产是人类群体与自然环境不断发生交互作用的产物。文化遗产的出现与演变受到自然环境对人类活动的影响，更受制于人类对自然环境的能动作用。文化遗产的形成机理不仅需要探讨孕育、滋养其的自然社会基础，更需要探讨形成文化遗产的主体——人类群体，不同人群的生存、发展、迁移运动等都对文化遗产产生深远影响。文化传播是通过信息的扩散得以实现的，古代，人类文化的传播扩散主渠道是人类本身，尤其是人类的群体迁徙更是有举足轻重的影响，在当时传播媒介和扩散手段极为有限的情况下，人类的迁徙几乎成为文化传播扩散的唯一途径。

人口有意识和无意识迁移对文化遗产的形成有十分明显的影响。四川盆地从南蛮之地变成天府之国，长江中下游地区从地广人稀之地变为我国的经济文化重心，岭南从蛮荒之地成为经济尤为发达之地，东北平原由清代的封禁之地演化为新中国城市化水平较高之地，无不是来自人口大规模的移动。

一、东北民族走廊人口迁徙的阻力

（一）文化思想阻力

我国历来有"安土重迁"的传统思想，其对人类思想的影响比较深刻。《礼记》中曰："父母全而生之，子全而归之，可谓孝矣；不亏其体，不辱其身，可谓全矣。故君子……一举足而不敢忘父母……道而不径，舟而不游，不敢以先父母之遗体行殆。"《论语》中曰："父母在，不远游。"《孝经》中曰："孝子不登高，不履危。"传统文化思想不利于人类的迁徙，大大限制了人口迁移的频率，一定程度上降低了文化传播扩散的频度；加之东北地域土地沃衍、宜于农耕、人各自给、安于井里、竞争较少，故人类极少主动迁徙，历史上倒是多有迁入者。

（二）政治制度阻力

封建社会历代统治者对非官方发动的人口迁徙都持反对态度，并以法律、行政等手段限制人口来来往往的迁徙，为确保对人民的人身控制，维持社会的"安居乐业"局面，规定了从中央到地方的严格的"户籍制度"，把人们牢牢地控制于户籍所在地。例如明初的洪武十四年（公元 1381 年），政府在人口普查的基础上编制了人口黄册，详尽记载各地居民人数和拥有的产业情况，对有变化的每年还要登记核定；明洪武二十年（公元 1387 年），明朝政府官方普遍丈量了土地并编制鱼鳞册，详尽记载了每家每户田地的亩数和周围四至，同时绘制了地图。政府依据黄册和鱼鳞册，进行赋税征收；官方对人民的迁入迁出进行了严格管制。在普查基础上于全国范围建立关津制和里甲制，关津制是指在全国"冲要去处"分设巡检司，盘查行人，没有政府颁发的路引不得放行，越渡者以逃民论处；里甲制即以一百一十户为一里，一里分为十甲，分设里长和甲长，里甲内的人民都要互相知保，不得隐藏户口，亦不得任意流徙（孟昭华、王明寰，1986）。上述政治制度把人民死死束缚在出生土地上，对当时人民安居乐业的农业文化心理和观念意识的形成和巩固起了极大的作用，但也在一定程度上阻碍了人类来来往往的迁徙移居。

二、东北民族走廊人口迁徙的表现和原因

虽然人口迁移障碍重重，但历史上战争和灾害频繁，都促使人类做出长距离、大规模的迁徙。从长时期来看，在人类历史上总体人口多处于凝滞状态，短时期内偶有明显的突变，大体原因分为政治军事原因和经济原因（吴必虎、刘筱娟，2004）。

（一）政治军事因素导致的被动强制移民

历史上出现的大规模被动强制移民多因为战争或戍边等因素，其中"战争移民"作用的时间都不太长，但作用强度却极其大，影响到的社会阶层也十分广泛，此类人口迁徙每次出现都会对整个社会造成巨大震动，对各地文化遗产也产生了明显影响。随着长达 400 年之久的封建国家的分裂，东北地区也进入民族分裂时期，这一时期东北的各民族不断来来往往地"迁徙"，西汉大败匈奴后，采取"以夷治夷"政策，把当时的乌桓族迁到右北平、辽西、辽东等地，还设立了"护乌桓校尉"一官，加强对当地的管理；东汉末年公孙氏在辽东建立长达 50 年之久，历三世四主的封建割据地方政权，采取了安抚为主、友好相处的政策，形成东北各民族友好往来的氛围，当时许多中原人民为逃避战乱，纷纷迁来东北，对东北的开发起到了重要作用，遗留有诸如曹操东临碣石留遗篇、辽阳壁画墓等诸多遗产。

历史上还有大量的戍边移民，为加强边疆地区防务，历代中央政府采取"屯垦戍边"的政策，除了在边疆战略要地驻扎军队、参加屯田之外，还由内地向边疆地区移民，并在武装保卫下开垦耕种，以便就地提供军粮。据学者统计，我国从西汉至清末比较大规模的移民垦荒多达千次以上。向东北边疆实施开发性移民自秦代已有先例，秦时起政府已将人口迁往燕山、辽东一带，汉代以后由于东北游牧民族政权的强盛及与中央政权的对峙，移民长期没有向前推进，有时还有明显后退。清王朝为了维护满洲贵族的特权地位，以及保障八旗士兵的生活和军事装备的需要，占领辽阳后疯狂掠夺土地，于1621 年实行"计丁授田"，对满、蒙、汉军八旗按人丁多少分给一定土地，而大量山泽林薮、膏田沃壤却被贵族富豪强占，结合汉族地区的庄田制，实行八旗的封建庄头制，凡满、蒙、汉三种旗人所种之地称为"旗地"、所居之处称为"旗屯"。17 世纪中叶清朝入关以后，大批满族人自东北迁往京畿地区，本来人口就不多的东北地区，人口更为减少，其中大部分是汉人，并多居住于辽河流域。由于明末清初战争使得东北农业生产创伤严重，统治者不得不采取一些奖励生产、开放土地、招民耕垦的政策，于是直隶、山东等地破产农民，源源不断进入东北，从顺治末年到康熙中期的 20 年间，东北人口和田亩都增加数倍，从关外迁来的汉人称为"民人"，其所种之地称为"民地"，所居之地称为"民屯"。清代中叶以后向东北移民得以增加，成为我国近一个世纪以来人口移动的主流，随着涌入关外人口的增多，引起清统治者的恐慌，为保证他们独占东北特产的特权和利益，借口东北是清朝"龙兴之地"，于 1668 年废除东北招垦令，禁止汉人再进入东北，同时筑柳条边加以封禁，因此在东北留有国内禁区标志的"柳条边"。

19 世纪中叶后，关内动乱，大量华北民众逃往东北，与此同时，清政府为充实边防，在 1860 年后开放哈尔滨以北和吉林西部平原地区，大部分集中于南部，其中以汉人居多。1911 年，清朝覆亡，大批满人迁回东北，华北地区的汉族也因为军阀混战，大批人口东迁，史称"闯关东"，其中山东移民居多，东北人口大量增加。近代华北向东北大规模的人口迁移，不仅使东北地区从 20 世纪初的未开发地区，在短短半个世纪内变为高度工业化和城市化地区，与当地本土文化相结合，经过不到百年的历史整合，使东北文化成为中华文化的重要分布区，并形成颇具东北特色的关东文化。

（二）经济因素导致的自发流亡移民

受自然灾害等经济因素影响，历史上多次出现过"自发流亡移民"。当某地的生产力因为受到自然灾害打击，一时难以恢复之时，大量灾民便被迫向非灾区流亡，此情况在我国黄河流域和淮河流域最为常见。一般灾情缓解后，不少人陆续重返故土，也有于新地区滞留不归的，例如山东、河南是我国最早开发之地，人口稠密，灾害频繁，人口对土地的压力极大，加之地处中原，在历次大规模战乱中均首当其冲，居民被迫不断迁居他乡，形成对居住地的"离心运动"，向四周扩散，在多数地区有"波浪式"逐渐向前推进的特点，在秦、汉、魏晋南北朝都有迁往东北的移民，此过程在元、明、清乃至民国不断加强，18 世纪时，由于华北大旱等自然灾害，不少灾民移居出山海关之外，东北地区已被移民所覆盖。19 世纪末 20 世纪初，日、俄在东北竞相发展势力，修筑铁路，开发矿山，需要大批劳动力从而使移民人数剧增，很显然，上述人口的迁移对东北文化遗产的形成产生了重要影响，流入东北的汉人不断增多，使得东北的农业、矿业、手工业和商业都有了较大发展，东北也因此留存有大量的文化遗产。近代随着东北人口的增加，工业化发展加速，出现了大量新兴城市，光基础区域政治中心的县城就增至120多座，出现一大批新兴工矿业城市和港口城市，如沈阳、大连、鞍山、抚顺、齐齐哈尔、哈尔滨等，奠定了东北在新中国工业发展中的重要地位。

三、东北民族走廊文化扩散与辐射

（一）东北民族走廊的文化扩散

文化扩散是文化的人际或区际的交流过程，人口的流动导致了文化的扩散。文化的扩散是来自空间维度的概念，文化的扩散指文化通过人类的交往（迁移、商业、战争等）从一地播布至另一地的过程。譬如，中华文化较长时期内均以中原为核心向周围播布，源自中原的观念、服饰、建筑、信仰、思想逐步扩散到四周。

文化无法通过遗传获得，必须通过学习获得，学习即是扩散传播的过程，文化发源地人们通过学习获得文化自信。文化是一种有势能的信息载体，其一旦形成就开始沿着空间播布扩散，通常会在与自身能量相当的空间范围内，把自身的能量全部发挥出去，外地人可以通过旅游获得源头文化，逐步积得文化他信。文化扩散是不可忽视的历史运动，其与文化的时序积累和发展互为前提，彼此交织成文化遗产的经纬线，文化的时序进化和空间扩散共同构成文化发展的经纬网。

从空间上来看文化存在核心区与边缘区之分，由于核心区与边缘区文化在势能上的位差，使得文化信息存在从核心区向边缘区扩散播布的行为。在历代王朝或区域割据势力政治权力所能及的范围内，文化常常是从当时的政治、文化中心向四周播布扩散。文化信息在扩散传播过程中，存在某些阻碍因素，主要有自然阻碍和人为阻碍，并且两类因素交织在一起产生文化传播的阻力。

在人类文化复合体形成之前，自然阻碍力表现得极强，超过人为的阻碍因素；随着人类征服自然能力的逐步加强，自然阻碍力作用渐渐减弱，人为阻碍因素逐步增加，包括民族、语言、宗教信仰、政治信仰、国家、聚落、阶级阶层、风俗习惯、心理特征、文化传统等，都成为阻碍文化扩散的因素。人为阻碍因素即文化距离，它是一种超越物理距离的空间文化关系，通常用两地之间文化相互作用的强度来衡量；当两种文化间的相似性越大，其间的联系越密切，相互交流越多，则文化距离越小，文化扩散的强度越大；反之，文化距离越大，文化扩散强度越小（乔大山等，2007）。

东北民族走廊活动的人类群体从民族上分为汉族和少数民族，文化扩散也往往发生在汉族与少数民族间、不同少数民族间，从文化距离来看，汉族与少数民族间的文化扩散强度远远小于不同少数民族间的文化扩散强度。例如，古代满族信奉萨满教，周边的各少数民族随着与满族的频繁交往逐步也都信奉萨满教，但汉族与满族的交往密度也很大，却始终未被影响，相反汉族信奉的道教和佛教却在包括满族在内的各少数民族中传播扩散。

（二）东北民族走廊的文化辐射

当文化超越边界扩散时被称为文化辐射。在漫长的历史进程中，中华文化一直在世界范围内占据重要位置。在版图之外，中华文化曾在相当长时间内进行扩散影响，并形成汉文化圈，汉文化圈尤以汉字为显著特征（汪德迈，1993）。历史上，汉文化不仅传播到国内各地，更远播到朝鲜、日本、老挝、柬埔寨、马来西亚、新加坡等国，其以较先进的文化形态对周边国家产生过一定的影响。

早在公元前4~3世纪，汉字便传入朝鲜半岛和日本列岛（武安隆，1993）。在秦汉时期，朝鲜半岛和日本列岛尚未完成国家建构，当时只有中华文化的对外输出，同时也缺少他国受容中华文化的有机能动性。公元8世纪前后是东亚各国相对统一的时代，朝鲜半岛和日本列岛先后形成强大的封建中央集权国家，其社会文化系统需要中华文化，当时正是大唐帝国极盛之时，中华文化输出能级极强，中华文化以空前的速率向外辐射。在 19 世纪西方资本主义势力进入东亚地区之前，东亚世界在地理上以中国本土文化为轴心，形成包括中国、日本、朝鲜、越南在内的中华文化圈，与西方基督教文化圈、东正教文化圈、伊斯兰教文化圈、印度文化圈并称为世界五大文化圈（冯天瑜等，1990）。

中华文化通过东北亚陆上、海上、冰上、草原等多条廊道辐射到各国并生根发芽，经过东北亚各国人民的反复咀嚼、消化和再创造，并通过东北民族走廊回输中国，此现象被称为"文化反弹"，例如，中国的造纸术传入日本、朝鲜后，经过两国工匠的再创造，制造出超过中国水平的纸张；围棋传入日本后，大受欢迎，发展成为具有很高水平的棋艺，并反过来影响中国围棋（吴必虎、刘筱娟，2004）。如今风味食品"关东煮"风靡全国，究其名称来源，有多种版本，其中一种版本为：源于中国东北的"火锅子"，后传到日本关东地区，在日本关东地区得以发扬。

第四节　东北民族走廊文化整合

文化遗产是人类群体不断适应自然与社会文化环境的产物，人类群体社会并不排斥文化的分异，恰恰相反，正是人类群体对不同自然与社会文化环境的逐步适应，才产生了各式各样的地域性的、民族性的乃至时间性的文化。不同地域、不同民族往往具有不同的文化，同一空间不同文化互相交融、互相影响并世代传承，同时随着文化创造和文化交流发生分化变异，这种动态性的文化系统保证了文化的新陈代谢，并使其不断延续。东北民族走廊丰富多彩的文化遗产，正是由于朝代更迭、民族进化、生产力提高、文化系统不断演化的结果，整合和分化，构成了文化结构形成与演变的重要机制。

一、东北民族走廊文化形成

东北在民族迁徙和融合上起着非常重要的作用，这里民族众多，分属肃慎、秽貊、东胡和华夏四大族系，还存在多个跨境民族，比如蒙古族、朝鲜族、鄂伦春族、鄂温克族、赫哲族等民族。历史上这些民族沿东北的廊道频繁迁徙流动、交流、融合，使不同民族在文化认同上交集越来越多，文化冲突越来越小，从而形成文化的交融，最终在民族心理上由原来的"非吾族类，其心必异"达成"车书一家"，不同时期的东北共同织就了丰富多彩的民族文化廊道。

东北民族文化廊道这一线性文化遗产，目前主要体现为满族及其文化、蒙古族及其文化、朝鲜族及其文化、锡伯族及其文化、赫哲族及其文化、鄂温克族及其氏族制度等。少数民族是中华文化形成过程中不可或缺的力量之一，其文化力量不断从边地反射到内地，成为汇聚到中华文化巨流中的涓涓细流，中华民族之所以能够长期保持文化生命力，实有赖于各民族新血统之混入（林语堂，1990）。汉族本身，是多民族融合而成的，来自东北的主要有肃慎、秽貊、东胡等，这些北方民族以游牧渔猎为主要特征，文化上与汉族农耕文明差别较大，因而向中原汉文化的渗透力就比较强劲，形成了东北广大范围内的边疆走廊文化，与内地汉文化的交流形式较为激烈，并且这种交流碰撞从未停止，除了内地汉文化扩散至东北外，也反向对东北少数民族文化进行吸收。

（一）汉族及其融合发展

上古时期，中原及邻近地区生活着九黎、三苗、炎帝氏、皇帝氏等人群共同体，其周边则生活着肃慎、山戎、荤粥、氐、羌、巴、蜀、乌夷、淮夷等人群。夏商时代少数民族占据之地叫"方"，甲骨文中"方"以百计。西周时分别将周边的少数民族称为"蛮、夷、戎、狄"等，中原民族自称"华夏"。实际上，周人所谓的华夏，自身以外也包括虞、夏、商三代的遗裔在内，甚至有传说中黄帝、帝尧的遗裔在内，然而虞、夏、商、周的祖先都不是华夏。《孟子·离娄下》中提到："舜……东夷之人也；文王……西夷之人也。"通过朝代更迭，民族通婚、迁徙，上述虞、夏、商、周四族融合成为华夏。春秋战国时期，边地也有华夏，中原也有蛮、夷、戎、狄等，当时的"尊王攘夷"成为霸主事业的主要任务，正是"攘夷"加速了夷狄的华夏化。上述诸多部族人群，都逐渐融合到华夏族之中，从血缘上讲，华夏族中，蛮、夷、戎、狄血统一应俱全，这也是汉族第一次大规模融合。

东汉以来，迁居内地的北方和西北地区的少数民族匈奴、鲜卑、氐、羌等逐步融合入内地居民，因此汉族在魏晋南北朝时期完成了第二次民族融合。

契丹族、女真族、蒙古族等民族相继入住中原，宋、辽、金、元时期结束时，除少数成员退居其原住地外，大部分都定居中原内地。此时，以华夏族为主的统一的多民族国家版图逐步扩展壮大，对于版图中新纳入的地区，中央政权通常有两类处理方式：一种是以当地占多数的民族为主，实行隶属于中央政府的民族自治；另一种是迁当地居民到内地去，使其与汉族交错杂居，弱其故地，或迁内地汉族实边，分其地为郡县（梁钊韬等，1985）。上述措施或多或少地使少数民族部分或全部融入华夏族，从而扩大了汉族人口的数量和分布区域，经过宋、辽、金、元的发展，汉族完成了第三次民族融合。

（二）东北各族及其融合发展

在东北生活的民族，除了主要居住在南部的汉族外，少数民族分为三大族系：一是肃慎族系，早期居住于北部之东，后来的挹娄、勿吉、靺鞨等，是女真族、满族的祖先；二是秽貊族系，居于北部之中；三是东胡族系，居于北部之西。

1. 肃慎族系

肃慎是东北土生土长的民族，也是东北地区的主体民族之一，属"东北夷"，其历经近三千年的发展演变，肃慎人的后裔先后以挹娄、勿吉、靺鞨、女真、满洲、满族的名称出现。早在先秦时代，肃慎人即见之于史载，以向中原进贡"楛矢石砮"而彪炳史册；到汉代肃慎改称挹娄；南北朝时期又改称勿吉；隋唐始称靺鞨；辽宋金元时期称为女真；明末清初改称满洲族；辛亥革命后被称为满族。

由于肃慎族以农业为生产方式之一，曾不断分化出先进的部族，并建立过政权。例如唐朝靺鞨人建立的渤海国，建都上京龙泉府（今黑龙江省宁安市）；宋朝女真人建立的金政权，建都会宁（今黑龙江阿城南白城），曾统治过中国北方达百年之久；明末女真人建立后金政权，即后来满洲族改称的清政权，建都赫图阿拉城（今辽宁抚顺新宾县），后取代明朝统治全中国。公元10世纪初，渤海国为契丹辽政权所灭，其遗民大部分迁至辽河流域，与各地汉族人、契丹人杂居，后逐步被同化。其遗裔女真在12世纪初建立了金政权，灭掉契丹人建立的辽政权，继而灭汉政权北宋，此时大部分女真人随之入居中原，到金后期这些女真人已与汉族融合，金在中国北方百余年的统治，无疑对中华文化的发展产生了不可忽视的影响。相对于满洲人建立的清政权，金对东北文化的影响则不足称道，清统治中国达260年之久，其对中华文化尤其是东北文化的影响，得到诸多保留，留存诸多文化遗产，小到人们的衣食住行，大到国家的制度规章，至今仍有明显反映。

2. 秽貊族系

秽貊族的主体分为秽和貊两个族群。秽族主要居于松辽平原地区，以农业为主，渔业为辅，公元前3世纪以前，秽族人建立了秽国，都城设在今吉林农安附近；貊族是商周时期吉林地区的重要民族，居住在松辽平原和松嫩平原一带，与秽人毗邻而居；到了汉代，秽貊人经过迁徙与融合，又先后形成东扶余、卒本扶余、南扶余等新的民族实体，扶余自汉武帝时期即臣属于汉朝，长期受玄菟郡管辖；汉献帝时应扶余王之请，始改属辽东郡管辖；三国时，扶余势力最为强大；晋时，受平州刺史护东夷校尉管辖；后势力日衰，先后臣属前燕、前秦，北魏太和十八年（公元494年）被勿吉所灭；秽貊族系先后建立过扶余国等中国东北古代少数民族地方政权，唐朝在辽东地区设安东都护府。

3. 东胡族系

早在唐虞之时，东胡即与中原交往，西周时东胡与周王朝建立了隶属关系，尊周天子为天下共主，按时朝贡黄熊，东胡在战国之际崛起，历史上曾和燕、赵、匈奴等争雄，被燕所败北走，燕在其地设上谷、渔阳、右北平等五郡，并修筑长城，以防东胡。东胡后来发展成乌桓、鲜卑等部族，也是中国北方影响较大的少数民族部落。从西汉武帝时到东汉初，乌桓人多次大批内徙入塞，分布于辽东、辽西、右北平、渔阳等地，还移居大漠南北，尽占匈奴之地。魏晋南北朝之时，鲜卑包含了慕容氏、宇文氏、段氏、乞伏氏、拓跋氏等众多分支，先后建立过前燕、后燕、西燕、南燕、西秦、南凉、北魏、西魏、北周等诸多政权，其中北魏曾经统一了中国北方。到隋唐以后，鲜卑人已逐步融合于汉族和其他民族中，以新的族名见称于世。宋朝时契丹族曾建立大辽国；宋朝灭亡后，蒙兀室韦建立了横跨欧亚大陆的蒙古帝国。古代的东胡系各民族与中原王朝交往密切，加速了中原文化与东北文化的交流，促进了华夏族与东北古代少数民族的融合。

东北虽为少数民族聚居之地，但仍以汉族人居多，由汉族、满族、锡伯族、蒙古族、回族、达斡尔族、鄂伦春族、朝鲜族、鄂温克族、赫哲族等多民族共同生活，东北民族走廊文化是多民族共同缔造而成的。东北各少数民族在空间分布上具有集中、分散与交错分布的特点，各民族都有自己独特的发展历程，形成丰富多彩的民族文化，共同构成了恢宏灿烂的中华文化诗篇。

二、东北民族走廊文化整合

（一）汉文化之多民族化整合

一种伟大文化的形成，除自身各要素的发展完善外，也离不开与其他文化的交流与整合。正如孔子所言："夷狄入中国，则中国之。"中华文化对异质文化的吸纳和消解能力是无与伦比的，中国版图内，各民族间的整合，文化乃最好的溶解剂；世界范围内文化，中华文化多采取礼之、师之、纳之、化之。任何一个民族或文化的形成都离不开整合的作用，没有整合就没有传统，没有传统也就没有整合能力，因此也就缺乏生存的能力（李星星等，1989）。中华文化的发展，是在中原文化和周边少数民族文化以及外域文化的不断交融、挤压、碰撞和汇合的过程中，形成的你中有我、我中有你的文化形态。

文化整合是文化传播过程中必然出现的现象，当某种外来文化进入一地之后，势必会引起本土文化不同程度的抵制，当两种文化经过激烈的冲突与斗争后，双方文化都会不同程度地发生结构改变，只是各自变化程度不同而已，最终在原文化和外来文化间就形成一个边界模糊、交叉渗透的文化锋面，经由全社会有意识和无意识的调整，一种非此非彼、亦此亦彼的新文化即被整合出来（乔大山等，2007）。

从整合双方中一方对另一方影响的程度大小来看，文化整合有三种不同的类型，即对抗、同化和涵化。抗拒是一方对另一方的强硬对抗；同化是一方对另一方的融合过程，既可以是甲文化对乙文化的融合、兼并，也可以是乙文化对甲文化的全盘吸收；涵化是指两方文化都较温和地对彼此的文化加以吸收和融合，在此过程中并无文化的冲突与对抗（张猛等，1987）。

中华文化整体是根植于农耕文明的，它自始至终都围绕某一核心运转，长期以来各种不同的文化因子始终对以儒家文化为核心、包容多种思想观念的文化传统采取认同的态度，一直处于相互整合的过程之中，并且这种整合过程在中国历史上从来没有停止过；在汉文化的传播扩散过程中，同时存在着一些少数民族文化向汉文化和其他少数民族文化的扩散，以及中外文化的互为扩散等过程，扩散之时亦即融汇、整合之时；现代丰富多彩的中华文化，正是中国农业文化主体与各种内、外异质文化互相分化、整合的结果，正是这种整合保证了中华文化的高度凝聚力（陈琳国，1994）。

前述中提到汉民族的三次大融合，在其过程中，汉文化在同化其他民族文化的同时，其本身也自觉或不自觉地吸纳融合了其他民族的某些文化因素。例如，宋朝时汉地受东北民族契丹、女真的影响，不少汉人穿其服饰、留其发式、吃其饮食；元朝和清朝时，作为大一统王朝的统治者本身是少数民族，其在统治中必然或多或少地以其特有的民族文化来发号施令，其至高无上的地位所造成的影响不可能仅仅是以汉化胡，使落后文化归并于先进文化，从汉族人的衣食住行来看，今天某些汉族人习以为常的生活习惯，例如喝牛奶、穿旗袍、吃火锅原本并不是起源于汉族，而是胡化汉的结果。

历史上汉胡互化的实例不在少数，就服饰来看战国时赵武灵王的"胡服骑射"成就了赵国，也使胡服成为"中国式"服装。

汉族农耕文明的诸多饮食文化进步与周边少数民族的交流密不可分：秦汉以前中原农作物只有黍和麦，后来高粱才从西南被引入，从高粱又名"蜀黍""狄梁""蜀秫"可窥一斑；从上古至秦汉，汉族先民都把五谷用来烧饭，而今天我们用"吃饭"来包括一切膳食的说法，正是源于秦汉以前的用餐习惯，儒家经典中也从未见"面"字，今天北方人面食中的糕饼类食物来源于西北的少数民族；还有《齐民要术》中记载有胡饼、胡饭、胡羹、胡椒、羌煮等诸多食品，显然是来自少数民族地区。

从居家和礼仪来看，现在家家户户都有桌椅，但在唐朝以前汉族人是不用的，人们通常是席地而坐，古代汉族人所行的跪拜之礼，也是在席地而坐的基础上形成的，但在唐代以后，席地而坐的方式在中原内地逐渐消失；古人之坐，今人称为"跪"，在平地上两腿随便前伸的坐法，古人称之为"箕踞"，通常被认为是不礼貌的；今天最常见的两腿下垂的坐法，古人称之为"胡坐"，这种起居方式是和少数民族的家具——胡床一起传入中原内地的，开始尚被人讥笑，而如今这种坐法则成为一种常态。

从意识形态等精神领域看，胡文化对汉文化也产生了不小的影响。《魏书·崔浩传》中提到："漠北醇朴之人，南入中地，变风易俗，化洽四海。"汉人受胡人影响，文化上亦大有胡气。蛮野而充满活力的北族精神，给高雅温文却因受制于严格传统而僵硬冷淡的中原文化带来了新鲜空气。唐末五代，北方游牧民族继魏晋之后再次对中原农耕文明发起了空前的冲击，这一撞击不仅促使宋朝文化系统内产生忧患意识，促成了风格迥异的文学、哲学和政治变革，而且将充满异族情调的文化基因注入宋朝文化系统中。两宋虽然在政治军事上与辽、金、夏等国敌对，但是文化上，契丹、女真的民间音乐却被宋人所喜爱，辽金的绘画作品也流入宋人的文化界，例如擅长描绘游牧民族生活的辽人耶律倍深得宋人喜欢。

随着越来越多的少数民族融合入汉族，汉文化胡化的进程也不断加速，整合后的文化能量在唐朝得以彻底释放，呈现出辉煌灿烂的盛唐文化。元朝入主中原后，内地从姓氏、语言、服饰、发型、饮食、社会风情等都有了大大的变化，此种变化，在蒙古人退出中原若干年后的明朝，依然延续了近百年。清朝满族人入关后更是在全国掀起了女穿旗袍、梳旗头，男穿马褂、坎肩，佩玉佩、荷包，扎辫子的热潮，满族点心豌豆黄、驴打滚至今被人们喜爱。

汉文化在被整合时表现得比较温和，通常是以同化、涵化形式达成。中华汉文化是以汉族为主体核心，并不断融合了各民族文化精髓的多元文化，是中华全国各族人民共同缔造、传承、创新的结晶，是每一位华人的文化根系，无论其身处何方。

（二）东北少数民族文化之汉化整合

通常少数民族在被汉化整合之时，表现得比较激烈，通常是对抗整合，随着时间推移，态度才逐步温和，同化、涵化的形式也慢慢出现。对于少数民族来说，在面临需要适应陌生的农业文明之时，表现得自然十分不情愿，形式只能是对抗。就像《魏书·元宏传》说："雅爱本风不达新式。至于变俗迁洛，改官制服，禁绝旧言，皆所不愿。"随着汉文化包围圈的不断渗透，少数民族文化最终走上了与汉文化融化整合之路。

少数民族文化汉化有自上而下和自下而上两条途径，自上而下的途径是被动的，常常是统治者以强制手段，在少数民族中推行汉族统治制度、推广儒学礼学，从而使少数民族文化发生质的改变。公元 5 世纪初，统一北方的鲜卑拓跋魏走的就是这条路，魏道武帝时期，拓跋魏通过征聘、使用汉族士大夫，与儒家政治疏通了通道，到魏明帝拓跋嗣与魏显祖拓跋弘时期，拓跋族上层统治集团的汉化已达相当水平，通过儒化，大大改变了拓跋统治集团的保守作风, 到孝文帝元宏时, 更是把汉化进程推向了高潮, 甚至迁都洛阳, 加速了对汉文化的吸收; 同时在经济基础与政治制度方面进行封建化改革, 飞速达成了社会体制与思想观念的汉化。契丹民族的辽政权为推进汉化, 也采用了此条道路, 耶律阿保机作为辽国的可汗, 极力推进契丹社会变革和汉化过程, 他任用汉人知识分子做政治顾问, 创制文字, 制定典章制度, 采用一种胡汉分治的"一国两制"的政治制度, 即所谓"以国制治契丹, 以汉制待汉人", 具体办法是在管制上分北面官和南面官两个系统 (北面官设在皇帝牙帐的北面, 统治契丹人和汉族以外的其他族人, 由契丹人充任; 南面官设在皇帝牙帐的南面, 统治汉人和渤海人, 管理州县租赋军马等事, 由汉人和契丹人充任); 辽政权在一定程度上接受汉族的封建制生产方式, 不再把汉人俘虏当奴隶, 而是按唐制设州县、建城郭, 把汉俘安置在城郭从事农业和手工业生产, 一定程度上改变了其游牧渔猎的生产方式, 契丹人在汉人的影响下, 逐步学会种田、冶铁和其他生产技术; 由于少数民族的汉化是政治驱动型的, 而非自身经济发展驱动, 因此常常以统治集团的汉化为前提, 这是草原游牧文化与中原农耕文化的整合运动中一条普遍性法则(吴必虎、刘筱娟, 2004)。

少数民族汉化的另一条自下而上的途径, 是少数民族主动汉化的道路, 采用这条途径的汉化整合, 通常发生在迁入内地的少数民族群体中, 他们迁入后"与华民错居""语习中原""多知中国", 在不知不觉中潜移默化地汉化着, 最终的结果就是政治制度封建化、经济制度农业化、观念意识儒学化。《荀子·儒效》中说: "居楚而楚, 居越而越, 居夏而夏。是非天性也, 积靡使然也。"这其实说明文化生态对改变文化面貌的有效性, 在特定文化生态下必然形成与之相适应的文化现象与遗产。两宋时, 东北的契丹、女真以及其后的蒙古人, 都一度以剽悍的草原游牧民族气质入主中原汉地, 但在与汉族政治军事、文化思想、经济生产方式冲突的表面现象背后, 常常存在着深刻的文化交汇整合。辽朝统治北方后, 政治上实行南北面官的双轨制, 文化上全盘吸收采纳中原汉文化, 以儒家学说和儒家经典作为辽政治文化上的主导思想。女真人灭辽建金亦采用了汉文化为主干的文化结构, 汉族知识分子大规模进入金人社会各个层面，奠定了金代以汉文化为核心的文化结构。满洲族入主中原后，满汉民族文化之间的对抗、同化、涵化不可避免，初期两种文化的冲突异常激烈，顺治年间实行文化专制，试图削弱汉文化的影响，尽管冲突对抗是事实，但是双方文化的融合、交汇、整合也是事实，一方面，满族文化以锐不可当的态势在汉化道路上前进；另一方面，汉文化也不断吸收满文化的精髓而愈加丰满。当时满族的汉化借助了三种形式：一是翻译汉文化典籍，为珍藏《四库全书》，乾隆年间，仿照宁波的天一阁，在全国修建了包括沈阳故宫文溯阁在内的北四阁、南三阁共七阁，今天成为非常重要的文化遗产；二是汉人儒士、士大夫大量入仕清朝廷，例如三朝元老张廷玉、手握实权的李鸿章等；三是满族与汉族杂处中潜移默化地改变本民族的文化旧俗，从而顺应汉民族的文化习俗，从清朝的国祭（堂子祭）的祭祀对象可见一斑，堂子是清朝爱新觉罗家族祭祀萨满的场所，堂子祭由皇帝主祭、王公大臣陪祭，第一天首先要立神杆，然后进行朝祭和夕祭，朝祭的神有三位：释迦牟尼、观世音、关帝圣君，从祭祀对象可以看出满族的宗教信仰显然深受中原汉文化的影响。

（三）东北少数民族间的文化整合

长期以来，东北都是多民族活动之地，除了汉文化和少数民族文化的互相影响之外，各少数民族文化之间的交流融合从未停止过。原始时期，东北的各少数民族普遍信奉多神崇拜的萨满教，明显有萨满信仰遗留的有满族、锡伯族、赫哲族、鄂伦春族、达斡尔族、鄂温克族、蒙古族、朝鲜族等，这一自发的民间信仰的普及正是各民族交流融合的有力见证。清朝，包括汉族在内的各民族间的文化整合以前所未有的速度和规模进行，当时，清政府大力推崇喇嘛教，以此为纽带，不仅将汉、满、蒙、藏等多民族空前牢固地联系在一起，还和东北其他少数民族鄂伦春、达斡尔、鄂温克等族有大规模交流，大大促进了各民族的融合交流，由于农耕文明的汉族与游牧民族文明的规模空前的文化交汇整合，使得北方绵延万里的长城从此失去了数千年来的"华夏天堑"的政治屏障和文化阻隔功能，而以民族文化经济交流的前沿阵地展现在世人面前。汉族的胡化，少数民族的汉化，各少数民族间的融汇，是中华文化发展演变的多条途径，每条途径都以自己独特的方式为中华文明增添了新内涵，从而使中华文化呈现出璀璨光芒。

文化在东北亚文化交流上发挥着不可替代的作用，中华传统文化不同时期通过多条途径传播到东北亚各国，实现了东北亚文化的创新建构。东西方文化在东北亚多条廊道的交流播布、整合分化，一方面，促成了东北亚文化的内在联系性；另一方面，借助文化的交流传播，实现了东北亚多民族文化的融合与并存，形成了东北亚文化圈。东北亚文化圈历来被学术界认为是以文字、儒教、律令制度等为核心的同质文化。东北亚文化中存在诸多共同因素，这种共同因素是和东北亚的多条廊道的交流播布分不开的。东北亚文化圈无疑是以中华文化为核心和主体文化的，中华文明对东北亚区域的影响深远，中华传统文化对东北亚各国文化产生了重要作用，使得各国文化在很大程度上保持与中华文化的同质性。

第三章

东北民族走廊探源

"民族走廊"最早由费孝通提出，它比较好地阐释了中华民族和中华文化多元一体的大格局，"民族走廊"是历史时期形成的地理廊道，它兼具有形的空间廊道和无形的文化交流通道于一体，它是民族迁徙、文化交流、商贸往来和边疆控制的重要场域，它承担着中原文化与边疆交流往来的历史重任。"丝绸之路"是德国学者李希霍芬于 1877 年提出的，后来泛指东西方的经济文化交通线，是贯通东西方人类文明的"大运河"，它沟通着中国与世界。"民族走廊"和"丝绸之路"是紧密相关、功能相似的线性文化遗产廊道，也是当今社会发展的新高地，东北民族走廊是人类文明进程中比较特殊的"历史地理枢纽"，只不过这种枢纽是兼具"民族走廊"和"丝绸之路"的文化廊道，中国东北地处东北亚的中心区域，历史上很早就存在着以玉石、黑貂、丝绸等为符号的多条民族走廊和贸易通道，这些走廊和通道成为东北民族走廊和丝绸之路的基础（崔向东，2017）。东北民族走廊是涵盖辽西古廊道、北方草原丝绸之路、东北亚海上丝绸之路、古城古驿与戍边廊道、东北民族文化廊道等多条线性文化遗产廊道的集合称谓。

第一节　辽西古廊道

一、辽西古廊道概述

辽西古廊道是指位于燕山以北，西拉沐沦河以南，医巫闾山以西，七老图山脉以东区域内，东北—西南走向的河谷谷地上的天然交通廊道，其不仅是地理交通廊道，更是一条承载文化的"诗书之路"（崔向东，2017）。辽西古廊道存在的历史十分悠久，考古学发现远古时期辽西红山文化和中原仰韶文化有一定的关联。查阅古今资料发现辽西古廊道古已有之，其不单指傍海的通道，而是沟通中原与东北的多条古代交通通道的总称。从中原到东北，一般是穿燕山关隘，沿青龙河等河谷北上，入大凌河流域重镇平冈并北上，沿老哈河可达赤峰；顺大凌河东北行越医巫闾山可抵辽东，北上入东北腹地。

辽西古廊道在新石器时代的红山文化时期已具雏形，从目前的考古聚落遗址看，沿老哈河、大凌河、小凌河等河流流域，纵列于努鲁尔虎山、松岭、医巫闾山等山间，分布呈线型；汉魏以后中原到东北逐渐出现海陆四条古廊道，前三条皆为陆路，在辽金以前此三条道路发挥重要作用，辽金以后傍海的通道成为沟通关内外的主要通道。

二、辽西古廊道及重要节点

（一）辽西古廊道探源

辽西古廊道形成于不同时期，具体可以划分为以下四条（崔向东，2017）。

道一为平刚古道：从古北口（今北京市密云区）到平冈（今河北省承德市附近）再到柳城（今辽宁省朝阳市），此道最早与牛河梁红山文化同期。

道二为卢龙古道：从北京出，过卢龙塞后沿滦河谷地北上白檀城（今河北滦平），东折到平冈，顺七老图山麓进入白狼水谷地，再到柳城、昌黎，此道大约东周时期开通。

道三为无终古道：从燕都蓟（经今北京市）出发，经无终（今天津蓟州区）进入滦河下游冲积平原，出榆关（今山海关）、抵碣石，而后北越松岭，进入白狼水谷地后下行，穿柳城，到达昌黎，折南由医巫闾山麓东行入辽东，此道大约在秦汉时期开通。

道四为傍海古道：自榆关沿渤海湾东行到锦州，涉大凌河而穿过医巫闾山南麓，抵辽河之畔，进而达辽东各地，此道早在2000多年前已被人们发现（公元222年，燕国太子丹为逃避秦国大将的追杀，曾走此路），辽金时开发（锦州古塔建造是此路开启的明证）并日渐重要，明清时期成为中原通往东北的咽喉要道。唐朝时期的营州陆路贡道，从上京忽汗城西渡辽河，至营州而入幽州境，一路西行，至长安。金代时期的丝绸之路从泗州（安徽省泗县）出发，经过南京（河南省开封市）、邯郸县（河北省邯郸市）、燕京（北京市）、赤峰口、平州（河北省卢龙县）、旧榆关（山海关）、梁渔务（辽宁省黑山县）、沈州（辽宁省沈阳市）、咸州南铺（辽宁省开原市），最终到达上京（黑龙江省哈尔滨市阿城区）。清朝时期的盛京将军丝绸之路路线走的是傍海道，山海关—凉水河站—东关站—宁远站—高桥驿—小凌河站—十三山站—广宁站—小黑山站—二道井站—白旗堡站—巨流河站—老边站—盛京（辽宁省沈阳市）。

纵观辽西古廊道的发展演变，其范围主要涵盖北京、天津、冀东、蒙东部分地区和辽宁省的朝阳、阜新、葫芦岛、锦州和盘锦等地。

（二）辽西古廊道上的重要节点

1. 北京密云

北京的密云区旧称檀州，位于北京市东北部，属燕山山地与华北平原交接地，是华北通往东北、内蒙古的重要门户，故有"京师锁钥"之称。此地有黑龙潭、密云水库、司马台长城景点以及各种民俗村，每年十月初到次年四月是密云的鱼王节，鱼肉鲜美。

2. 河北承德

承德旧称平冈，是河北省省辖市，处于东北地区，西南与南分别毗邻北京与天津，背靠蒙辽，省内与秦皇岛、唐山两个沿海城市以及张家口市相邻，是国家甲类开放城市。承德是首批国家历史文化名城，民国和中华人民共和国成立初期为原热河省省会。位于承德市的避暑山庄及其周围寺庙是中国十大风景名胜、旅游胜地四十佳、国家重点风景名胜区，1994 年被联合国教科文组织批准为世界文化遗产，避暑山庄及其周围寺庙是我国重要的世界文化遗产。

承德还是中国普通话标准音采集地、中国摄影之乡、中国剪纸之乡。2012 年被评为中国"十大特色休闲城市"。2016 年 11 月，承德市被国家旅游局评为第二批国家全域旅游示范区。

3. 辽宁朝阳

朝阳别称"龙城"，是位于中国辽宁省西部的一个地级市，南临河北省，北接内蒙古自治区，东连辽宁中部工业城市群，南临渤海之滨，西接京津唐经济圈，北依内蒙古腹地，海陆兼备，交通便利，地理位置优越。朝阳是一座有 1700 多年建城史的历史文化名城，三燕古都，是全国优秀旅游城市，旅游资源丰富，有鸽子洞古人类遗址、牛河梁红山文化遗址、朝阳鸟化石国家地质园等旅游景区。朝阳是"中国优秀旅游城市"，拥有灿烂的红山文化，被誉为"世界上第一朵花绽放的地方，第一只鸟飞起的地方"。

朝阳历史久远，战国时期称为柳城，燕置塞上五郡，柳城属辽西郡，为东北重镇。公元 342 年，前燕王在"柳城之北、龙山之西"建都为龙城，十六国时期前燕、后燕、北燕立国 88 年期间，龙城为三燕都城，是东北政治、经济、军事、文化中心和历史名城。朝阳古称塞外辽西之地，由于地理位置处于中原通往东北的古代交通要衢，使朝阳成为历代塞外战略要地。隋唐时期，朝阳为营州，被称为"隋唐王朝的中央政府与东北各族往来的枢纽"，也是中原王朝对东北各族继续统一和推行封建制度的前沿阵地。历史上根据形势的需要，还开通了中原到辽西的营州古道，从营州可到辽东、朝鲜、日本，使营州的经济文化产生了交替繁荣的局面。

4. 辽宁阜新

阜新市名源于清光绪二十九年（1903 年）在此地设置的阜新县。其含意有二说：一说是"山阜日新"；另一说是"物阜民丰，焕然一新"，当为此地物产丰富、人民逐年兴旺之意。1940 年置市时，以此得名。

阜新拥有悠久的历史和原始文明。早在 7600 年前人类就在这里生息繁衍，因出土"世界第一玉"和"华夏第一龙"，被国内外考古学界称誉为"玉龙故乡"，坐落在境内的查海古人类遗址，被誉为"中华第一村"。中国著名考古学家、已故中国社会科学院考古研究所所长苏秉琦先生，亲笔为查海文化遗址题词："玉龙故乡，文明发端"。

阜新蒙古族自治县佛寺镇，初始建有大小寺庙 360 多座，分布在附近山谷中，松柏参天茂盛，寺院错落有致，是明清时期东北地区最具规模的喇嘛寺院，其中最有名的就是瑞应寺，始建于清朝康熙八年（1669 年），属藏传佛教，素有"东藏"之称。康熙皇帝给瑞应寺御赐满、蒙、藏、汉四种文字匾额。东藏，与藏族文化一脉相承，更具有浓郁的蒙古族风情、辽西北的地域文化和大自然的秀美神奇，呈现出风景如画的魅力。

5. 辽宁葫芦岛

葫芦岛市地理位置优越，中国铁路京哈线秦沈客运专段、沈山线、国家高速公路 G1 京哈高速、102 国道等贯穿全境，是京沈线上重要的工业、旅游、军事城市之一，葫芦岛与大连、营口、秦皇岛、青岛等市构成环渤海经济圈，扼关内外之咽喉，是中国东北的西大门，为山海关外第一市。

葫芦岛市是中国优秀旅游城市、国家森林城市、国家级园林城市，"中国国际泳装文化博览会""中国古筝艺术文化节""中国葫芦国际展销会"等活动的常驻举办城市，被誉为关外第一市，北京后花园。

6. 辽宁锦州

锦州市是辽宁省重要的科技、教育、文化、医疗、物流中心，是环渤海经济区重要的沿海开放城市、辽宁省西部区域性中心城市、辽宁沿海第二大城市、辽宁省区域物流中心城市，已被纳入辽宁沿海经济带国家战略。

锦州拥有国家级开发区、国家级高新区、国家科技成果转化服务（锦州）示范基地，是中国投资环境百佳城市、中国最具投资价值新锐金融生态城市、中国人居环境范例奖城市、2013 中国锦州世界园艺博览会的举办城市，2016 年成为国家级全域旅游示范市。

7. 辽宁盘锦

盘锦是辽宁省高速公路最密集、公路网密度最大的城市。市域南部的盘锦港是东北和蒙东地区最近、最便捷的出海口。盘锦市是全国首批 36 个率先进入小康的城市之一，GDP 常年位居辽宁省前列，也是全国优秀旅游城市，2016 年被列为全国全域旅游示范单位，2017 年被授予国家园林城市。

盘锦有丰富的芦苇资源、海泥资源、稻蟹资源和草原资源等。素有"盘锦文蛤库""渤海金滩"之誉的大洼区二界沟蛤蜊岗，是辽宁省著名的文蛤出口基地。

王绵厚曾评价，"辽西走廊"所在的辽西地区是古代文明的起源地之一，最早出现文明曙光。辽西古廊道的四条道路也是较早见诸史籍的中国东北和东北亚古交通道，在东北亚交通地理和交通文化的开发史上，有筚路蓝缕之功，且辽西傍海道和大凌河古道，几千年通航沿脉不断，是东北亚地区至今保存有明确交通史迹的跨地区、跨国重要交通廊道。分布在这条古道上的古城址、古遗址，历经几千年经久不衰，凸显了这条古廊道的历史延续性和交通文化的源远流长（王绵厚，2015）。

第二节　草原丝绸之路

一、草原丝绸之路探源

草原丝绸之路是指位于我国东北到新疆的北方草原地带，沟通欧亚大陆的商贸大通道和陆路生命线，是丝绸之路的重要组成部分。当前学术界对草原丝绸之路进行了大量研究，主要路线由中原地区向北越过古阴山（今大青山）、燕山一带长城沿线，西北穿越蒙古高原、中西亚北部，直达地中海欧洲地区，实现商品贸易和文化交流。然而草原丝绸之路除了向西穿越蒙古高原、中西亚北部，直达地中海欧洲的西边线路，实际上还有向东部延伸至中国东北进而深入东北亚腹地的东边线路。从中亚北部向东，草原丝绸之路分为南北两部分；南部经阿尔泰山南麓进入阴山，沿阴山、燕山北部穿越蒙古高原直达黄海、渤海沿岸；北部经过阿尔泰山北部进入漠北，直至中国东北，并和黑龙江水道相连，通往东北亚腹地。

草原丝绸之路的形成，与自然生态环境有着密切的关系；在整个欧亚大陆的地理环境中，东西方交流沟通十分困难。有环境考古学资料表明，欧亚大陆只有在北纬 40 度~50 度的中纬度地区，才适合人类的东西向往来交通，而这个地区正是草原丝绸之路的所在地。这里是农业文化与游牧文化的交汇地区，是草原丝绸之路的重要通道。与传统意义上的"丝绸之路"相比，草原丝绸之路分布更为广阔，只要有水草生长的地方，就可以踏出一条丝绸之路，所以草原丝绸之路的中心地带往往随着时代的不同而改变。

中国北方草原地带的中西文化交流，早在史前时期就已发生，史前东西方远古居民通过草原地带交通路线进行文化交流，是中西方文化交流历史长河中泛起的第一次浪潮（田广林，2017）。公元 1004 年，北宋与契丹（后改称辽国）签订了"澶渊之盟"，在开封与辽上京（今内蒙古自治区巴林左旗）间，形成了一条以岁币为主要形式的半官半商丝路。1954 年，内蒙古赤峰辽驸马墓中出土的丝绸，生动地证明了契丹贵族与丝绸的关联度。明清时期，以晋商为代表的商业文明为草原丝绸之路的发展作出了不可磨灭的贡献。

东北亚草原丝绸之路指燕山以北、大兴安岭以南通向下游黑龙江和长白山南北直至日本海西岸的部族草原交通路线，与草原丝绸之路相连接，东北亚草原丝绸之路是东北亚两大生态和民族区的文化廊道，即东北亚蒙古草原与东北亚以长白山区系为标志的山林渔猎采集民族文化区的部族通道；燕山以北和大兴安岭以南，是中国北方东西两大区段草原丝绸之路的衔接和分野，而秦汉古长城沿线，大体成为北方草原丝路与长城内陆丝路和郡县区的分界，东北亚草原丝绸之路迄今历经五个阶段的发展，研究东北亚草原丝绸之路的交通地理和人文地理布局，应当重点把握两个重要交通地理节点和两条延续2000年以上的主要交通干线（王绵厚，2020）。

二、草原丝绸之路及重要节点

（一）草原丝绸之路主要路线

1. 魏晋北方草原之路东段

魏晋时期草原丝绸之路东段的经济文化往来渐趋喧闹。1965年，辽宁朝阳北票的北燕大贵族冯素弗墓中，出土了一批来自西方的玻璃器皿，据学者研究确认是来自地中海地区的罗马玻璃器，这是魏晋之际，西方输入品通过草原丝路一直传到欧亚草原东段的可靠例证。当时草原丝路东段的大体走向是：自平城（今山西大同）沿长城一线出张家口一线，至濡源（今多伦附近的闪电河）多伦，再由多伦南向经居庸关至于幽（今北京）蓟（今天津市蓟州区）一带，复北上出渝关（今山海关），或出卢龙道到达辽西一带的营州（今辽宁省朝阳市），或由多伦北向经达里湖至弱洛水（今西拉木伦河），至奚族和契丹地区（田广林，2017）。

2. 唐朝时期草原丝路

唐朝时期，草原丝路东段的辽河上游兴起的契丹和奚族，并与唐朝之间保持十分密切的经济、文化和政治上的联络往来，草原东段地区的东西交通和南北往来，十分活跃。当时，契丹和奚族对唐朝的朝贡路线大体是从西拉木伦河一带南下古北口，或经辽西走廊过燕山，至幽州（今北京），后取道长安（今西安），这即所谓的契丹道（田广林，2017）。公元7世纪由粟末靺鞨人为主建立的渤海国与唐朝交往的路线主要有鸭绿江朝贡道、长岭营州道和契丹道三条路线（翁独健，1990）。

3. 辽朝通往西方的丝绸之路

公元 10 世纪初，草原丝路东段崛起的契丹辽政权，是多民族共居、多元经济类型并存并高度封建化的政权，因此，这一时期草原丝路上的中外交流往来和经济文化发展，都出现了前所未有的繁荣。当时的西夏、吐蕃、吐谷浑等都通过草原丝路与辽纳贡往来，当时朝鲜半岛的高丽政权作为辽朝的属国频繁地与辽交聘通商往来，使得草原丝路一直延伸到欧亚大陆的最东端。辽代丝绸之路走向：由燕山北麓的上京（今内蒙古巴林左旗林东镇南）或中京（今内蒙古赤峰市宁城县大明镇）出发，经鸳鸯泊（今达里湖）至多伦，也可以由南京析津府（今北京）出发，经居庸关至多伦，尔后沿阴山向西，至西京大同府（今山西大同），涉河套、过居延、入伊州（今哈密），转经高昌过唐北庭（今吉木萨尔）、伊犁，进入碎叶城，到达萨曼王朝北部一带。另一条路线是由上京西北上，过乌古敌烈统军司治所河董城（今蒙古国乌兰巴托南），西南向经西北路招讨司境内（今蒙古国西部科布多、乌里雅苏台一带）进入伊州、高昌，最后进入中亚、西亚一带（田广林，2017）。

（二）草原丝绸之路重要地域

1. 内蒙古

内蒙古资源储量丰富，有"东林西矿、南农北牧"之称，草原、森林和人均耕地面积居全国第一，稀土金属储量居世界首位，同时也是中国最大的草原牧区。

2. 山西

柳宗元称之为"表里山河"。山西又称"三晋"，古称河东，省会太原市。是中华民族发祥地之一，有文字记载的历史达三千年，被誉为"华夏文明摇篮"，素有"中国古代文化博物馆"之称。

山西是典型的为黄土广泛覆盖的山地高原，地势东北高西南低。境内大部分地区海拔在 1500 米以上。属于温带大陆性季风气候，冬季漫长，寒冷干燥；夏季南长北短，雨水集中；春季气候多变，风沙较多；秋季短暂，天气温和。

3. 新疆哈密

哈密，是新疆维吾尔自治区下辖地级市，位于新疆东部，自古就是丝绸之路的咽喉，有"西域襟喉，中华拱卫"和"新疆门户"之称。东与甘肃省酒泉市相邻，南与巴音郭楞蒙古自治州相连，西与吐鲁番市、昌吉回族自治州毗邻，北与蒙古国接壤，设有国家一类季节性开放口岸——老爷庙口岸，是新疆维吾尔自治区与蒙古国发展边贸的重要开放口岸之一。

4. 吉林

因清初建吉林乌拉城而得名，吉林是中国重要的工业基地、教育强省、农业强省，加工制造业比较发达，以汽车与石化、农产品加工、商业卫星为支柱产业，航空航天工业装备制造、光电子信息、医药、冶金建材、轻工纺织具有自身优势特色，而且有丰富的森林资源、草地资源、生物资源、矿产资源和土地资源。吉林省是中国重要的林业基地，长白山区素有"长白林海"之称，是中国六大林区之一，有红松、柞树、水曲柳、黄菠萝等树种。"长白松"为长白山特有的珍稀树种，因其树干挺拔、树皮鲜艳、树形娇美而被称作"美人松"，山区野生药用植物资源丰富，被誉为中国三大天然药材宝库之一。长白山区拥有全国最大最好的矿泉水资源，是世界三大优质矿泉水源地之一。吉林省素有"黑土地之乡"之称。现有耕地面积广阔、一望无垠的平川沃野，盛产玉米、水稻、大豆、油料、杂粮等优质农产品，具有发展高效农业、绿色农业的有利条件。

5. 黑龙江

因省境北面有黑龙江而得名，是中国重工业基地，工业门类以高端制造业、航空航天、机械、石油、煤炭、木材和高效农牧业、食品工业为主。农业上集约化程度高，是我国重要的商品粮基地。

黑龙江是中国火山遗迹较多的省份之一，火山活动为其创造了著名的旅游资源，如五大连池市的五大连池、温泉及熔岩地貌，镜泊湖的吊水楼瀑布及火山口森林、熔岩隧道等。

(三) 草原丝绸之路的作用

田广林在《论"草原丝绸之路"》中指出草原丝绸之路作用有三：第一，中国大陆通过欧亚草原通道与外部世界的联系，早在史前的远古时代就已经客观存在，由于欧亚草原通道的不断开辟和广为利用，古代中国的发展与世界文化的联系，始终没有中断过；第二，历史时期以来，中国出现了北方游牧政权与中原农耕政权的长期南北对峙局面，草原通道上的中西交流，主要表现为北方民族与西方世界的交流，中外文化交流对中国古代历史发展有重大影响；第三，想看到中国古代历史发展全貌，不能忽略"草原丝绸之路"上的中外文化和联系（田广林，2017）。

不少学者经过研究认为：欧亚大草原特定的地理位置、自然环境、物产资源以及历史文化等因素使得贯通欧亚大草原的通道成为东西方陆路经济文化交流的桥梁；近年来，越来越多的考古发现有力地证明了：连接欧亚大陆的草原地带，曾是东西方交流开通最早，也是使用时间最长的经济文化大动脉。欧亚草原丝路贯通的意义重大。首先，从历史学及考古学的角度看，欧亚大陆草原丝路的贯通，对人类文明的发展以及世界历史的形成有不可估量的作用，欧亚草原丝路沿线不断发掘出土的各种文物实物，为人类文明史的书写提供了许多新鲜的实证材料，这条通道的形成不仅数次改写人类文明的进程，而且无意中成为人类文明自身发展运动的动力。其次，欧亚草原丝路的贯通，为封闭的中国文化打开了一个窗口，使中国看到了世界其他地区和民族的变化，为中华文明的开拓和发展不断输入新鲜的血液，使得中华文明在历史发展的进程中并未因外来文化的介入而消失，反而增加了中华文明的凝聚力，加强了民族团结，促进了祖国统一。再次，欧亚草原丝路的贯通，使其成为先于"绿洲丝绸之路"和"海上丝绸之路"又长于两者（无论时间长度还是地理长度）的与域外连接的一条经济文化大动脉，中国与域外的交往最早是通过"欧亚草原丝路"得以实现的，而且在以后的岁月里其作为东西方交往的桥梁一直未间断过，欧亚草原丝路的贯通，大大丰富了中国与中亚及欧洲各国的物质文化交流，这条草原通道维系着不同地区、不同族群间相互补给生活必需品，维系着社会生活的正常运转，成为商道生命线。又次，草原丝路不仅是一条商道，也是一条人类技术传播、文化艺术交流的信息通道，促进了生活于草原通道上的不同种族的思想、行为、法律等精神文化的播布与发展，在历史上最大限度地实现了东西方文明的互动、接触，促进了东西方文化、经济、政治等方面的沟通交流。最后，欧亚草原丝路还是一条能源储存丰厚的资源之道，作为交通便利、水草丰美的人迹活动之地，符合人类生存中自然追求的便利原则，成就了人类自身发展的一段漫长的文明史（徐英，2017）。

第三节 东北亚海上丝绸之路

一、海上丝绸之路探源

有朝贡就有恩赏，中国历代皇帝对四方来朝的属国使臣基本采取赏大于贡的政策。唐代两条丝绸之路（公元618～907年），一条是营州陆路贡道，一条是登州海路贡道，东北亚各少数民族政权朝贡基本上都是从这两条线路进行的。从上京忽汗城（今黑龙江省宁安市东京城）取道辽东半岛，渡渤海而入青州境之登州。渤海国贡道是东北亚丝路的第一次高潮（公元698～925年）。唐朝对渤海使臣，不仅有在上朝时根据其品级给以衣冠袴褶的恩典，而且还加授官职。渤海国使臣不仅身上穿丝绸，而且要携带大量赏赐的丝绸、锦袍、绢帛、袭衣、绫罗、绣绸、丝布等，渐渐形成一条丝绸之路。唐朝时期的丝绸之路是属于朝贡型的，而宋朝时期是属于赔偿型的。宋朝军事力量衰落，这一时期北部有辽和金两个强大的少数民族政权。明清时期是东北亚丝绸之路的巅峰时期（公元1403～1911年）。明朝永乐皇帝朱棣夺取皇位后，锐意进取，积极扩张。为此，他改变祖训禁绝之旨，几乎同时开辟了可与"张骞丝路"媲美的两条丝绸之路：一条是著名的"郑和七下西洋"的海上丝绸之路；另一条就是"亦失哈九上北海"的东北亚丝绸之路。从永乐九年（公元1411年）到宣德七年（公元1432年）的二十多年间，亦失哈九次（一说十次）奉命巡抚奴儿干，没用武力，便征服了奴儿干及海外苦夷诸民。他的武器不是刀枪，而是粮食、丝绸、器物。

清代管理东北亚丝绸之路事务的是盛京将军、吉林将军和黑龙江将军。他们管理着自山海关开始绵延数千里的"贡貂赏乌绫"路线。经考证（朱立春，2017），具体路线如下。

盛京将军丝路（第一段a）：山海关—凉水河站—东关站—宁远站—高桥驿—小凌河站—十三山站—广宁站—小黑山站—二道井站—白旗堡站—巨流河站—老边站—盛京（沈阳市）。

盛京将军丝路（第一段b）：金州—复州—盖州—海州—辽阳—盛京。

盛京将军丝路（第二段）：盛京—懿路站—高丽屯—开原—棉花街（以下归吉林将军）—尼什哈站（今吉林省吉林市龙潭山）。

吉林将军丝路（第一段）：棉花街—叶赫站—克尔素站—阿尔滩额墨勒站—伊巴丹站—刷烟站—依儿门站—搜登站—尼什哈站。

吉林将军丝路（第二段a）：尼什哈站—额黑木站—额伊虎站—退蛟站—俄莫赫索罗站—毕尔汉河站—沙兰站（今黑龙江省宁安市沙兰镇）—宁古塔站（今黑龙江省宁安市）。

吉林将军丝路（第二段b）：尼什哈站—腾额尔哲库站—蒙古卡伦站（今吉林省榆树市太安乡）—拉林多欢站（今黑龙江省五常市红旗乡）—萨库哩站—蜚克图站塞勒佛特库站—佛思亨站—富尔珲站—蒙古尔库站—鄂尔多穆逊站—妙嘎山站—三姓城（即丝城，今黑龙江省依兰）—喀拉尔噶珊、奇集噶珊、莫尔气、敦敦河口（今俄罗斯阿纽依河口）、德楞。

此外，黑龙江将军开通了以齐齐哈尔为中心的南北驿道：北道为齐齐哈尔至瑗珲城；南道为齐齐哈尔至茂兴站。康熙朝，又开通了齐齐哈尔通往呼伦贝尔（今内蒙古海拉尔）的驿道，以及愚尔根（今黑龙江省嫩江市）至雅克萨（今黑龙江上游俄罗斯阿尔巴津或谓黑龙江省漠河市兴安镇）的驿道。

东北亚海上丝绸之路是指从渤海、黄海到日本海的于不同历史时期形成的航线，通常由三段海路构成，一是从胶东半岛经庙岛群岛到辽东半岛的航路；二是从辽东半岛向东"循海岸水行"的航路；三是环日本海的"沧波之路"（朱亚非，2019）。自战国至秦汉时期，自山东沿海经过辽东半岛再沿朝鲜西海岸南下，渡过对马海峡进入日本九州地区，即"北方海上丝绸之路"，其出现要早于张骞通西域开通的丝绸之路和南方海上丝绸之路，它在中国历代对日本和朝鲜半岛的交往中起到了重要作用（徐英，2017）。东北亚一些国家之间一衣带水，水路交往十分方便。秦始皇为求长生不老丹派徐福率领童男童女船员百工数千人东渡日本已成中日佳话。据日本古史记载，西汉时中国的罗织物和罗织技术已传到日本。公元3世纪中国丝织提花技术和刻版印花技术传入日本。隋代，中国的镂空版印花技术再次传到了日本。隋唐时期，日本使节和僧侣往来中国频繁，唐天宝年间鉴真和尚也经海路东渡日本。唐代，江浙出产的丝绸直接从海上运往日本，丝织品已开始由礼物转为正式的商品，正仓院则是贮藏官府文物的场所，今日的正仓院已成为日本保存中国唐代丝织品的宝库，其中的很多丝织品即使在大陆也很难见到。目前最早的宋代贸易凭证存于日本大宰府的公凭，这份宋代的官方证明文内容是泉州客商李充于北宋崇宁元年（1102年）到日本贸易的记录。中日航线上主要是中国商人占主导。唐宋时，中日往来紧密，元朝忽必烈两度海征日本因台风惨败，日本称之神风。明朝时日本是倭寇之乱的本营，也是中国海商海盗的聚集地。

朝鲜方向最早的记载始自周武王灭纣，"封箕子到朝鲜"，从山东半岛、辽东半岛的渤海湾海港出发，到达朝鲜教其民田蚕织作。中国的养蚕、缲丝、织绸技术由此最早传到了朝鲜，对其丝织工业的发展起了很大作用。

尽管历代国际国内风云变幻，北方海上丝绸之路也经历了曲折的发展历程，然而始终没有间断并一直延续下来。通过北方海上丝绸之路，不仅中国的商品被源源不断地输往日本及朝鲜半岛，中国文化随之大规模地传播到这些国家，包括儒家思想、律令制度、汉字、服饰、建筑、饮茶习俗等。中国

文化对日本及朝鲜半岛的伦理道德、政治制度、文学艺术、生活习惯、社会
风俗等方面都产生了深远的影响。

二、虾夷锦之路

中国的"贡赏贸易"起源很早，按照历史惯例，周边的少数民族进
贡，必有所赏，而且赏多于贡，到明清时期得到进一步发展，用这些赏赐
品进行交易成为常态，后来这种交易发展扩展至与日本北海道（今阿依奴
先民）虾夷人，明朝中国内地的"丝绸诸物"赏赐卫所头人，经由东北亚
古道至黑龙江下游地区（杨旸，2017）。山丹，是库页岛、北海道人对黑
龙江下游少数民族的称谓。北海道的阿依努人（虾夷人）为了获得中国丝
绸，通过换货等方式，开展了山丹交易。中国丝绸从北海道流入日本。日
本把库页称作"北虾夷地"，故而把中国丝绸称为"虾夷锦"。由于明朝
采取了赏大于贡的政策，使朝贡的队伍日益频繁，不断扩大。女真的纳贡
使团来到中原，不仅得到了丰厚的金银、丝绸、粮食和其他用品的赏赐，
还获得了在中原进行贸易的机会。于是，大批的丝绸、绢、苎丝袭衣等物
品，源源不断地进入黑龙江流域，那里的人们则与日本进行贸易，中国的
丝绸变成了"虾夷锦"，这种交易持续到清朝中叶。而这条线路为江南—
北京—开原（丝关）—阿什哈达—松花江—黑龙江—鞑靼海峡—库页岛—日
本北海道。

经过中、日两国学者共同考证认为，虾夷锦是明、清王朝国家织造局生
产的丝绸。夷锦原本是中国江南地区制作的绢织物，凡是经阿依努人（虾夷
人）之手转运到日本的中国锦缎都叫"虾夷锦"，它经北京、黑龙江，渡过
间海沟峡到达库页岛（桦太），而后南下至北海道，其间经过了五千公里长
途跋涉才到达日本境内，在这个过程中，它首先运输到黑龙江下游，山丹人
（即现在仍居于黑龙江下游的赫哲等族先民）再拿这些东西，与库页岛以及
日本北海道的虾夷人进行交易。明永乐帝派遣亦失哈九上"北海"建立了一
条朝贡、贡赏之路，在黑龙江下游通过山丹交易，形成日本国"虾夷锦文

化"，通过贡赏形式把明朝内地的彩缎等物品运往东北边陲，进行贸易，形成了"东北亚丝绸之路"，东北亚各族人民正是靠着这条交通要道，曾经把古老的中华文化与东北亚文化联系起来（杨旸，2017）。

三、冰上走廊

在亚洲和北美洲之间，存在一条最短的洲际海上通道，即俄罗斯楚科奇半岛和美国阿拉斯加之间的"白令海峡"，亦称为"白令陆桥"或"冰上走廊"。人类从亚洲通过白令海峡迁徙至阿拉斯加大约发生在距今13000～14000年，当时，海峡上的陆桥其实已经由于水平面上升而不复存在，人类冬天时可以从冰面上步行穿越海峡，夏天则不得不依赖船只（曲枫，2017）。

人类学和考古学的研究成果表明，美洲土著民族的祖先是在1万～3万年前通过白令海峡的陆桥由亚洲迁徙去的。近1万年以来，"白令陆桥"才被海水隔断，但由于这里气候寒冷，每年10月至次年3月几乎半年时间海平面处于"有不释之冰"的结冰状态，架起一座天然的"冰桥"，为人和动物的迁徙提供了便利条件，可谓名副其实的"冰上走廊"，成为亚洲与北美洲的古人类文化交流的大通道（崔向东，2017）。

四、海上丝绸之路的重要节点

山东沿海—辽东半岛—朝鲜半岛西海岸—日本列岛这一海上交通线，被学者称作"北方海上丝绸之路"或者"东海丝绸之路"。这条路连通黄海、渤海沿岸地区的北方海上丝绸之路，是黄海、渤海沿岸地区通过经济文化交流逐渐形成的，其萌芽于新石器时代中期，历经新石器时代晚期至青铜器时代的形成期，秦汉时期已经成为常态化的海路交通。而作为真正意义上的丝绸之路，则约始于齐国丝织业繁荣发达的东周时期，而形成于汉魏之际（徐昭峰，2017）。

东北亚地区海上的交通道路形成于较早时期，大体有以下五条道路（孙泓，2017）。

第一条为明州道，中国宁波—韩国、日本。宁波和东北亚各国的交往历史悠久，是中国的越文化与韩国、日本文化交流的重要通道，也是中国南方的丝绸、瓷器和稻作文化向外传播的重要途径，这条道路的形成，季风起了较大的决定作用，宁波成为东西交通的中转站。

第二条为扬州、海州道，中国扬州、海州（连云港）—韩国。通过长江口的扬州出海，并通往朝鲜半岛和日本，甚至西方国家，成为重要的海上交通道路，到清朝末期，扬州道被上海道所替代；海州（今连云港）古城被称为"六朝古郡"，早在汉代就有了中国最早的胸港，唐代胸港已有外国大型船队驶入，成为沟通内外的非常重要的海上通道。

第三条为登州道，中国山东登州（蓬莱）—朝鲜、日本。自古以来，登州对日本和朝鲜即是重要的交通路线，在早期和晚期海上贸易中占有重要地位。中朝之间的登州道是从登州出发，经庙岛群岛，北渡渤海海峡，沿辽东半岛南海岸，到达朝鲜半岛，这条线被称为"北路航线"，是通往朝鲜半岛最古老的海上航线。中日之间的登州道，可以说是朝鲜航线的延伸，从登州港通往朝鲜半岛诸国、日本的海上丝绸之路有两条航线：一是从登州港出发，渡过渤海海峡到达辽宁旅顺口，沿辽东半岛到鸭绿江口，再沿朝鲜半岛南下，过对马海峡到日本；二是从登州港出发，经八角、芝罘，再横渡黄海，到达朝鲜仁川，后沿朝鲜半岛南下，过对马海峡到日本。

第四条为中国大连、丹东—朝鲜半岛西海岸—朝鲜、日本。丹东很早即成为中、朝、日的海上交通要道，由于沿海岸而行，最为安全，使用也最为频繁，成为中国北方到朝鲜和日本的重要海上交通道路。

第五条为图们江—滨海地区南下—朝鲜和日本。在渤海王朝时期由于这一地区经济文化的发展，形成了当时渤海和朝鲜、日本的重要交通道路，之后，随着渤海王朝灭亡，这条道路也随之衰退。

纵观东北亚海上交通道路的发展历程，汉唐开辟了东北亚的海上交通，两宋承前启后，不断完善和发展，形成了东北亚现代海上交通道路的基本格局，辽、金、元、明、清时代中国的政治中心转移到北方，穿过东北南部的辽东、辽西，对中国大陆和朝鲜半岛双方来说均感觉是最为便捷的，因此很长时间甚至成为双方交往的唯一通道（李孝聪，2004）。辽宁绥中三道岗海域曾发现元代大型沉船即是明证。以上五条道路在不同时期起到不同的对外沟通的作用，在中国古代对周边国家的往来中起到重要的经济文化交流作用。其重要节点有以下七个。

（一）浙江宁波

宁波，简称甬，世界第四大港口城市，长三角城市群五大区域中心之一，长三角南翼经济中心，浙江省经济中心，连续四次蝉联全国文明城市，中国著名的院士之乡。

（二）江苏扬州

扬州，古称广陵、江都、维扬，建城史可上溯至公元前486年，是江苏省地级市，地处江苏中部、长江与京杭大运河交汇处，有"淮左名都，竹西佳处"之称，又有着"中国运河第一城"的美誉；被誉为扬一益二、月亮城。中国大运河高邮段及扬州段入选世界遗产名录；扬州列入中国海上丝绸之路八个申报世界遗产城市之一。

扬州是江苏长江经济带的重要组成部分、南京都市圈成员城市和长三角城市群城市，是南水北调东线工程水源地。下辖邗江区、广陵区、江都区三个市辖区和宝应县一个县，代管高邮市、仪征市两个县级市，是联合国人居奖获奖城市、全国文明城市、中国温泉名城。扬州是首批国家历史文化名城。

（三）山东蓬莱

蓬莱是山东省县级市，由烟台市代管，是国家历史文化名城。有历代名胜古迹100余处。建于宋嘉佑六年（公元1061年）的蓬莱阁和建于宋庆历二年（公元 1042 年）的蓬莱水城，均为国家重点文物保护单位。还有戚继光故里、三仙山、海洋极地世界、八仙渡海口、艾山国家级森林公园、西苑动物园等旅游景点。

（四）辽宁大连

大连，别称滨城，位于辽宁省辽东半岛南端，地处黄渤海之滨，背依中国东北腹地，与山东半岛隔海相望，是中国东部沿海重要的经济、贸易、港口、工业、旅游城市。

大连环境绝佳，气候冬无严寒，夏无酷暑，有"东北之窗""北方明珠""浪漫之都"之称，是中国东北对外开放的窗口和最大的港口城市；先后获得国际花园城市、中国最佳旅游城市、国家环保模范城市等荣誉。

大连是世界经济论坛夏季达沃斯的常驻举办城市，拥有中国最大的农产品期货交易所，全球第二大大豆期货市场——大连商品交易所。2014 年 6 月，中国第十个国家级新区大连金普新区正式设立。

2016 年 6 月 14 日，中国科学院对外发布《中国宜居城市研究报告》显示，大连宜居指数在全国 40 个城市中排名第四。2016 年 12 月 30 日，国家发改委等四部门确定大连市等 13 个城市为东北地区民营经济发展改革示范城市。2017 年，大连市复查确认继续保留全国文明城市荣誉称号。2017 年 12 月，大连被誉为"2017 美丽山水城市"。

（五）辽宁丹东

丹东是中国海岸线的北端起点，位于东北亚的中心地带，是东北亚经济圈与环渤海、黄海经济圈的重要交汇点，是一个以工业、商贸、物流、旅游为主体的沿江、沿海、沿边城市，是国家级边境合作区、全国沿边重点开发开放试验区、沿海开放城市，拥有港口、铁路、公路、管道、机场 5 种类型 10 处口岸和 1 处中朝边民互市贸易区，是中国对朝贸易最大的口岸城市、国家特许经营赴朝旅游城市，是亚洲唯一一个同时拥有边境口岸、机场、高铁、河港、海港、高速公路的城市，区域级流通节点城市。

五、海上丝绸之路的意义

第一，经济层面意义，古代海上丝绸之路从我国的东南沿海，经过中南半岛和南海诸国，然后再依次穿过印度洋，进入红海，最终抵达东非和欧洲。自 17 世纪起，我国的瓷器、丝绸、纸张远销东北亚各国，其他国家的珍珠、海参及名贵皮毛等土特产运来中国；自 17 世纪起，我国的丝绸等手工业、农业生产技术传播到日本，18 世纪传到朝鲜半岛，19 世纪初传到俄罗斯远东地区。也正是这样的线路，使得丝绸之路成为中国与外国之间贸易往来和文化交流的重要海上通道，也成功地推动了沿线各个国家的共同发展。

第二，文化层面意义，通过海上丝绸之路，传播了我国民族的工艺，使中华文化思想远播海外，加强了各国人民之间的友谊，带动了国际移民产生，推动了各国经济社会发展。除此之外，还对丝绸之路沿线的国家和地区甚至是欧洲的一些国家都产生了不同程度的影响，还掀起了"中国热"。其中，中国产出的茶叶以及瓷器都对世界产生了不同程度的影响。除此之外，中国的茶文化在传播到世界各地的同时，还从生活方式以及思维观念上对许多国家产生了不同程度的影响。

第三，历史层面意义，经过历史的证明，由丝绸之路所带动的不同文化上的碰撞和交流，推动了世界的进步和发展。并且海上丝绸之路对于建设 21 世纪的海上丝绸之路来说，无疑具有深刻的启迪和极其重要的当代意义。

东北亚丝绸之路远溯汉魏，明永乐帝朱棣签派内官亦失哈九上"北海"始盛，在很长时期内对东北亚各国的经济、社会发展起到了巨大促进作用。

第四节　古城古驿与戍边廊道

一、东北民族走廊古城探源

东北民族走廊是若干线性廊道组成的民族文化集聚之地，其中不乏各个时期遗存的古城与古都，东北多条廊道作为华夏非常重要的戍边廊道，承担着国家认同、边疆控制、边疆内地化的功用，历史上留存有大量文化遗产，古城主要有农安古城（农安辽塔、金刚寺等）、渤海国都城、三燕古都——朝阳龙城、兴京城（新宾赫图阿拉城、永陵等）、盛京古城（盛京皇宫、福陵、昭陵、沈阳寺塔等）等；古驿站主要有明驿站（底失卜驿站、阿城站、依兰站、佳木斯站、小河子村站等）、渤海国驿站等；戍边文化遗产主要有长城文化，清帝东巡、兴城城防、柳条边等戍边文化。大量的文化遗产彰显了东北多条廊道的戍边效用，其中辽西走廊是辽代中原王朝实现边疆控制和国家疆域一体化的基础廊道。明清时期，辽西走廊向东北与开原"丝关"为枢纽的丝关相连接，进入"海西东水陆城战"路，直达黑龙江下游、库页岛境内；向西进入蒙古"兀良哈"部，与北方草原丝绸之路衔接；向东与朝鲜的"朝贡道"相连，"历辽阳、广宁、入山海关，达京师"，以辽西走廊为核心构成了支撑古代东北亚藩属朝贡体系的交通网络，促进了边疆地区在政治、经济、文化上与内地的"同质化"（崔向东，2017）。

（一）农安古城

1. 农安辽塔

农安辽塔建于辽圣宗太平三年至十年（公元1023～1030年），位于古城西，至今已有千年历史。辽圣宗时，经济文化、军事等各方面，都发展到鼎盛时期。随着佛教的盛行，辽代大建寺院和佛塔，农安塔就是在这种特定历史环境下修筑而成的。

《农安辽塔下黄龙寺存毁考》论述：农安辽塔从形制上看，是密檐式实心塔，具有辽代佛寺塔建筑的民族风格；从塔的规模看，它所依建寺庙一定具有相当规模或较长历史。特别是"塔身十层中部砖室中出土的铜铸释迦和观音佛像、单线阴刻佛像银牌饰，以及木制圆形骨灰盒、盛骨灰和舍利的布包（即骨灰包、舍利包）、瓷香盒、瓷香炉、银圆盒等"，准确地传达出农安辽塔是佛寺塔的信息。

古塔有八角十三层，塔高 44 米，由形状各异的精制灰砖瓦建造。塔身有亚门、平栏门、角梁、斗拱、花拱，采用不同样式的平瓦、猫头瓦、飞翅瓦等不同工艺形式。塔由座、身、刹三部分组成。塔刹高 8 米，分 8 个侧面。承托塔身的塔座高 1 米，平整坚固，基部直径东西 8 米，南北 8.30 米，每边长 7 米。塔身第一层 13 米，每面间隔着各有一个龛门或假门。上方承檐部分置两组斗拱；棱角部位为仿木构明柱，上置转角铺作。第二层以上各层，均高 1.75 米，承檐部分均置斗拱两组，棱角部位置转角铺作。檐上戗脊均饰蹲伏的猛兽，前为狮子，后为龙马，昂首向天，栩栩如生。在瓦垄前端有圆形瓦当，周饰双重套环，中间为"喜"字图案。檐角均安有铁环，上系风铎，天半风来，摇曳摆动，铮铮作响，悦耳动听，为古城增添了生趣。塔身上面是塔刹，塔刹底部是三层绽开的仰莲，仰莲上是细颈鼓腹的宝瓶，宝瓶上是镀金的圆光，圆光上有一弯镀金仰月，其上镶五颗镀金宝珠。宝盖设在第二颗宝珠上，顶端两颗宝珠建作葫芦形。宝盖下垂四条铜链。整个塔的造型雄伟壮观，造型优美端庄，向人们展现了辽代高度发达的工艺水平和优美而庄重的建筑风格。

2. 金刚寺

金刚寺位于农安县城东北，是农安县的重要建筑，始建于 1929 年，总占地面积 4 万多平方米，是省内规模较大的寺庙之一。

山门名"极乐门"，正门楼上镶一宝珠，四面飞檐翘角，飞檐下按八卦方位雕刻十二条龙。正门楼上横额是三个涂金大字"金刚寺"。步入山门，两侧是钟楼和鼓楼，再向北是东西厢房，分别是五观堂和僧寮。中间为前、后殿，前殿是天王殿，后殿是大雄宝殿。

天王殿建筑面积是 165 平方米，高 6 米，后扩建了 90 平方米，青砖灰瓦，红柱彩檐。殿顶有一铁制八角三层塔亭，顶铸牡丹花。亭上塑有各种走兽和扬须张口的龙头，下雕大花篮。四面檐有十四根明柱，上端是精雕木制套环和云券连接。东西山墙镶嵌六角形花窗，边缘是五彩缤纷的浮雕花环，系古典单檐庑殿式建筑。本殿正中有弥勒菩萨铜像，东西两侧有四大天王像，后面是韦驮站像。

大雄宝殿磨砖对缝，歇山屋顶，翘脊飞檐，雕梁画栋，金碧辉煌。殿顶雕筑蓝地金花的宝瓶；宝瓶两侧有两条巨龙，身腾尾翘。四脊上雕筑望海猴、哮天犬等神兽，千姿百态，栩栩如生。脊的尽端分别从上翘飞檐中伸出六条金龙，龙首高昂，张口向天，腭下镶铜制连环，环上挂铃，风吹铃动，叮叮作响。金龙下端塑象首，下层飞檐排列八十个猫头瓦，瓦上是各种人头像，楼上平台四根明柱伸出四个龙头，口含红灯。整个建筑精巧而壮观。大雄宝殿正中为释迦牟尼佛，左迦叶、右阿难，两侧是十八罗汉。

大雄宝殿二楼是三圣殿，中间阿弥陀佛，左侧观世音菩萨，右侧大势至菩萨。殿内东侧为藏经殿。大雄宝殿西侧是地藏殿，30 平方米，供奉地藏王菩萨及其侍者。东侧是药师殿，供奉药师琉璃光如来和日光菩萨、月光菩萨。地藏殿南的西厢房是伽蓝殿，内设客堂。

寺东侧为菜畦。西侧为雄伟的文殊殿，外观是二层，殿内实为一层，表示佛法的不二法门。文殊殿前设念佛堂，供四众弟子打佛七之用，右侧为本寺开山和尚定海法师灵塔。

(二) 渤海国都城

渤海国（公元 698~926 年），是我国唐朝时期以粟末靺鞨族为主体建立，统治东北地区的地方民族藩属政权。公元 698 年靺鞨人首领大祚荣率众在长白山下建立震国，建都敖东城（今敦化市），公元 731 年唐朝封大祚荣为渤海郡王，改称渤海国。渤海国曾四易其都，一迁中京显德府（和龙西古城），二迁上京龙泉府（黑龙江省宁安市渤海镇），三迁东京龙源府（珲春八连城），四迁上京龙泉府。强盛时，疆域囊括了现在中国东北地区（黑龙江省大部分、吉林省绝大部分、辽宁省一部分）和朝鲜半岛北部（大同江以北）以及俄罗斯东部沿海的广大地区。

渤海上京龙泉府遗址是中国唐代渤海国（公元 689～926 年）都城遗址。在黑龙江省宁安市东京城镇西约 3 千米处，因西邻忽汗河（牡丹江），又称忽汗城或忽汗王城，当地俗称东京城。上京城是渤海国的五京之一，因位置偏北故称上京。据《新唐书·渤海传》等记载，天宝末年文王大钦茂迁都于此。此后曾短期迁都东京龙原府（珲春八连城），渤海以上京为都约 160 年。公元 926 年契丹攻陷上京城，渤海亡，在故地建东丹国。上京龙泉府改名天福城，为东丹首府。

上京龙泉府遗址是我国古城址中保存较好的一处。龙泉府基本上照唐都长安城模式营建，面积约为长安的 1/5，平面呈长方形，东西约 4.68 千米，南北约 3.47 千米，周长近 16.3 千米，北面为宫城，南面为外廓城。

（三）三燕古都——朝阳龙城

朝阳城历史上称作"龙城"，是中国古代两晋十六国时期前燕、后燕、北燕（简称"三燕"）的都城。从公元 342 年慕容皝将都城由棘城迁到龙城，到公元 436 年北燕被北魏灭亡，中间去掉前秦占据的 15 年，三燕王朝以龙城为都城或留都，前后共计约 80 年。

1. 十六国三燕龙城宫城南门遗址

朝阳龙城门址坐北朝南，始建于前燕，彻底废弃于元代，共经历了前燕、后北燕、北魏、唐、辽和金元六个时期的建筑和改建，历时 1000 余年，这在我国城市考古中是极为罕见的发现。三燕时期的城门是首次在朝阳城内发现，其门道结构保存完好，建筑风貌独特。城门遗址位于朝阳北塔东南300 米，包括大型夯土城门墩台、石砌门道、向南北两侧延伸的石子大路、砖路和东西两侧的城墙。城门墩台由两个东西对称的大型夯土台基构成。通过考古发掘，发现"龙城宫城"正门先后经过前燕、后燕、北魏、唐、辽五个时代的建设，第一期门址有三个门道，两侧有向东西延伸的城墙，门址和城墙都用纯净黄土夯筑，质地坚实，夯层清晰，夯层厚 8～10 厘米。按中国古建筑的等级制度，只有都城的城门才允许开设三门道，据此推测，第一期门址当为前燕始建龙城时所筑，是龙城宫城的南门；第二期门址在一期门址基础上改扩建而成，仍为三门道，推测二期门址建于后燕，毁于北燕灭亡时。

2. "思燕浮图"——朝阳北塔

全国出土佛舍利的塔有七座，其中有两座在朝阳。朝阳原有三座塔鼎足而立，东塔不幸毁于清代，未能重建，现在只能看到北塔和南塔两座。

朝阳北塔是辽西乃至整个东北地区现存的年代最早的方形十三级密檐式砖塔。朝阳北塔始建于北魏（公元485年前后），是北魏孝文帝的祖母文明太后在三燕龙宫殿的旧址上为其祖父祈祷冥福所建的土木结构楼阁式塔，赐名"思燕浮图"。到了隋文帝仁寿年，迎请来了佛舍利，重建为密檐式砖塔，改称"梵幢寺塔"。唐天宝年间，安禄山任三阵节度使，再次修缮，在塔身束腰处施以精美彩绘，称"开元寺塔"。辽代，又经两度维修，塔身降低两层，更名为"延昌寺塔"。朝阳北塔汇集了五个朝代的元素，形成独特的塔上塔、塔包塔构造，内有地宫、中宫、天宫，1988年，维修北塔期间，在塔身中发现了上千件奇珍异宝。

（四）盛京古城

500多年前清太祖努尔哈赤在长白山脚下灶突山起兵，带领满族先民们在萨尔浒大捷后节节胜利，几经迁都，于1625年3月定都盛京（今沈阳）。

1. 盛京皇宫

盛京皇宫，基本形成于18世纪晚期，它的建设是逐步形成的，在建设过程中进行设计、调整和补充，最终形成今日之面貌。

盛京皇宫基本是方形，由于当时满族人的测量技术落后，皇城建设中建筑物、墙等的定位不很精确，但这并没有影响她俊美的建筑形象，处理得益的建筑空间给人以强大的感染力和深刻的印象。各个时期的建筑特色不尽相同，各领风骚，但又统一于一个主旋律中，相得益彰——她具有浓郁的满族特色，又融合了汉、蒙、回、朝的文化要素，别有一番天地。

努尔哈赤时期建造的东部轴线以八角重檐攒尖顶的大政殿为中心，两侧排立的十王亭以八字形微微向外敞开，这种空间处理方式在皇宫建筑中出现仅此一例，内部空间不再分隔，成开敞的大空间，气势恢宏，与欧洲的空间处理方式颇有相似之处。大政殿—十王亭的形制明显地脱胎于戎马生涯中的帐篷营，其建筑形式基本上全部按照中原的形式来建，有一点却是不同，那就是不仅大政殿建在高高的须弥座台基上，而且十王亭和大门旁的两个奏乐亭全部建在高高的基座上，这是他们本民族的传统。这组建筑只有大政殿雄伟壮观、金碧辉煌，十王亭全部是青瓦歇山顶，体量较小，全部建筑都建在高台上，以红色的檐柱形成统一协调的格调，大政殿是中心，控制整个空间。盛京皇宫的建筑形式多种多样，不拘泥于某一特定的形式或定制，因地制宜，基本上遵照中原的建筑风格，但又明显地继承了满族本身的建筑特色。

2. "柳条边"

清军入关后，于清朝初年，在东北设置了盛京将军、宁古塔（吉林）将军和黑龙江将军，三将军的辖区在管理方式、行政制度及土地占有形式方面有别于中原地区。多尔衮就在 1644 年下令严禁汉人进入满洲"龙兴之地"垦殖，这就是"禁关令"。为了严格执行"禁关令"，从顺治年间开始，清朝政府不惜代价于东北境内分段修筑了一千多千米名为"柳条边"的篱笆墙，也称柳条边墙、柳墙、柳城、条子边，至康熙中期完成，被称为关东绿色长城。柳条边共设边门 21 座（后减为 20 座）、边台 168 座，数百水口（柳条边横跨江河处称水口），分为东、西、北三段。以今辽宁省威远堡镇为交点向东南、西南、东北方向延伸，呈"人"字形。从山海关经开原、新宾至凤城南的柳条边为"老边"；自开原东北至今吉林市北的柳条边为"新边"。边墙以东的满洲严禁越界垦殖，边墙以西则作为清朝的同盟者蒙古贵族的驻牧地。

3. 沈阳四塔

沈阳城四面各有一座喇嘛寺院，每座寺院均有一座白塔。据说这是清太宗皇太极听信喇嘛大师之言"建四方白塔可使国家一统",为此而建。据记载:"东为慧灯朗照,名曰永光寺;南为普安众庶,名曰广慈寺;西为虔祝圣寿,名曰延寿寺;北为流通正法,名曰法轮寺。"四塔的建造形式,均为藏式喇嘛塔,是由基座、塔身、相轮三部分构成。基座为方形束腰须弥座,有上下框,在四角和每面中间立有两根石柱,从而每面构成三个壶门。石柱上都雕有宝相花、西番莲等纹饰。每面中间壶门置砖雕宝盆和火焰,左右壶门都有高大凸起的砖雕雄狮。基座上框之上又起三层砖砌圆坛座。上面即是宝瓶式塔身。塔身的南面辟有佛龛内供神牌,佛龛周围嵌华丽的云珠。塔身之上为十三层相轮,再上为塔刹,由铜铸仰伏宝盖、日、月、宝珠组成。宝盖之下悬风铎,整座宝塔设计完美,古朴庄重,工艺精湛,展示了清代高超的建筑艺术与民族特色,是中国古代建筑之杰作。四塔四寺除名称和供奉的佛像不同之外,其建筑规模和造型几乎完全一致。

二、东北民族走廊古驿站探源

(一)明驿站

明朝在元朝设置驿站的基础上,大力扩建和新建驿站,延长或新辟驿站的线路。据《辽东志》记载,当时从辽东通往东北各地区共有六条交通干线,开原城是六条干线的起点。东到朝鲜,西达蒙古,东北抵达特林地区的满泾;西北通往满洲里以北,形成四通八达的驿站交通网。特别是对黑龙江、松花江一带,明廷为了保证辽东同奴儿干地区的交通运输,永乐十年(公元1412年)自松花江到黑龙江下游,就设了满泾等45站。永乐十八年(公元1420年)又在吉林的松花江畔建立了造船厂,担负"造船运粮"和运送军队的任务。正因为明朝积极发展东北地区的交通运输,增设驿站,建立船厂,更加强了女真和辽东及中原地区的联系。

按照《明海西东水陆城站调查》记载,今黑龙江省哈尔滨市双城区底失卜驿站为东北亚丝路第一站,共有55个驿站到达库页岛(今俄罗斯的萨哈连岛）入海口。自莽吉塔城（黑龙江省抚远市小河子村）开始，该丝路进入了由俄国人管辖的地域。历史上，从这里前往鞑靼海峡和鄂霍次克海还有930千米，从乌苏里江口到亨滚河口设有23个驿站。这一段路程，夏季乘船，冬季坐狗爬犁，故名水狗站等多个名称，是一条鲜为人知的古丝绸之路。

1. 底失卜驿站

历史上的底失卜驿站，它的所在地是石家村或石家崴子村。"底失卜"系女真语，意为"汹涌的河流"，是指这儿有拉林河、松花江等诸多河流交叉流过。这使得底失卜驿站具有了独特的身份和经济价值，历史上这里被称为海西东水路城站的起点。

2. 阿城站

金上京站的阿城站，是东北亚丝路文化的重要驿站驿路。金上京文化中的诸多地点、古城站许多村落的民族民间文化，都体现出了当地民众的生活和艺术的关系。

3. 依兰站

依兰是北方重镇。尤其是在明代，依兰成为重要的交通要道和驿路。明代北方边域加大与各民族的交往，与郑和处于同时代的女真首领亦失哈曾10次率领船队北上，进入今鄂霍次克海，看望奴儿干都司的居民，留下了如《雪山罕王》《萨哈连船王》等著名说部故事。

4. 佳木斯站

佳木斯历史上被称为五城六站，是我国古老民族——赫哲族所生活的地方，也是明代海西女真修建的繁华驿站和古城，见证了东北亚丝绸之路的清晰走向。

5. 小河子村站

中国地图鸡嘴部分就是我国最东部——黑龙江省抚远市抓吉乡，这里是由东南流来的乌苏里江与由西北流来的黑龙江交汇之地。抓吉乡黑龙江一侧的黑瞎子岛往北，在黑龙江南岸有一个小村子，名叫小河子村，这是曾经的

"明代东水陆城莽吉塔驿站""明代东水陆城莽吉塔城"。

(二) 渤海国驿站

据《新唐书·渤海传》记载："龙原，东南濒海，日本道也。南海，新罗道也。鸭渌，朝贡道也。长岭，营州道也。扶馀，契丹道也。"由此可见，以上京龙泉府为中心，渤海国已开辟了通往周边各国的五条主要交通道。渤海国的陆路交通不仅以上京为中心呈辐射状通往全国各京、府、州、县，而且在几条主要交通干线上设置了驿站。

据文献史料和考古调查，日本道上的驿站网主要为渤海国使节团来往日本提供方便，保障其所需各种要求，因此驿站的设施和条件很好，物质技术基础也相当完备。与其他道路上的驿站相比，驿马的往来更为频繁，其发挥的职能更高。在该路段上的驿站，与其他路段相比，有三倍以上的驿马和驿站设备。渤海在日本道上设置驿站，加强驿站运营和运输管理，为促进当时与日本的通聘和民间贸易作出了重大贡献。

在新罗道上发现了有关文献记载和少量的遗迹遗物，在新罗道上发现的驿站遗址有朝鲜咸镜北道清津市松坪里二十四块石遗址、渔郎郡会文里二十四块石遗址、金策市东兴里二十四块石遗址等。

鸭绿朝贡道及其附近的驿站间距为 30 千米左右，有 15~17 处驿站，这些驿站的设置为来往的渤海和唐朝使节提供方便。鸭绿朝贡道作为渤海王国的主要交通道之一，为加强和巩固统治，密切与唐王朝、周邻的交往提供了便利条件。

渤海国不仅在长岭营州道的干线道路上设有驿站，而且在各支线道路上也设有驿站，这些直线道路连接了渤海国的各府、州等行政机构。通过长岭营州道，渤海国内各京、府、州、县等地之间的联系加强了，与唐朝及其周邻各族之间的对外联系和交流也更加便利了。

扶余契丹道虽不太长，但由于渤海国不时受到契丹军入侵的危险，所以该驿路具有特别重要的意义。为了把军队、武器、军需物资及时送到边境地带，渤海国不得不致力于设置和加强驿站网的建设，因此在这条驿路上有很多城址起着军事防卫的作用。扶余契丹道上的神州、建州、宁远城是渤海国的驿站管辖区，至后世仍继续发挥着重要作用。渤海国主要通过扶余契丹道的驿站通信网来掌握契丹军队的动向，并及时报告给中央政府以便采取对策。

三、东北民族走廊戍边文化

（一）长城文化

据文献记载，最早修筑长城的是楚国。而战国时最后出现的一道长城则是今张家口东北，长 2400 余里的燕东北长城。公元前 221 年，秦始皇吞并六国，修筑了西起临洮、东至辽东、全长 5000 余公里的长城，这就是名气很大的秦朝长城。在秦以后的北魏、北齐、隋朝和明代等朝代，又相继修筑长城，如北魏长城自今河北龙关县至内蒙古五原县，全长 2000 余里；北齐长城自今北京昌平至山西忻州市，全长 900 余里；隋朝长城有两条：一条东起黄河，西至绥州，全长 700 里，一条西起榆林，东至紫河，全长 500 余里；明代长城东起鸭绿江，西至嘉峪关，全长 12700 里。

有关燕秦汉东北长城的研究，在 20 世纪 90 年代初形成了基本结论，即认为在东北地区存在着这样一条燕、秦长城线："从今朝鲜大同江入海口北岸的碣石山起，向东北去，经大宁江、昌城江，至鸭绿江，约因宽甸的下露河乡过江，经太平哨一线，转向北去，进入桓仁县，再到新宾、清原，复向西经过铁岭、法库，进入彰武到阜新，然后到库伦、奈曼、敖汉，过赤峰，再西就和围场段（即赤北长城）相衔接了。"这条长城线在开原、铁岭以东，除丹东鸭绿江畔以及朝鲜西北大宁江长城外，并未发现线形墙体式长城遗迹，只发现点、线分布的障塞遗址。《汉书·匈奴传》记载："起塞以来，百有余年，非皆以土垣也，或因山岩石，木柴僵落，溪谷水门，稍稍平之。"由此学者们形成了一种推断，即现在没有发现城墙的地区，原本是有墙体的，但不是"堆石布土"的墙垣，而是以树木修筑的栅，即"虎落"，或以壕堑为之（李健才、刘素云，1997）。

冯永谦（2010）对燕秦汉东北长城进行了系统调查，得出以下结论：（1）开原、铁岭的东面还是没有发现长城遗迹。由于开原和铁岭的东和东南部系山区，有许多地方山较高大，根据多年的调查经验，战国、汉长城并不修筑在高山上。（2）抚顺地区北部烽燧址西从沈阳市东陵区陵前堡开始，向东经抚顺县、顺城区、东洲区、新宾县，直到吉林通化县西境；抚顺南部发现南北走向烽燧址，长城当在这一线附近向南延伸，经本溪而达宽甸鸭绿江畔，其中部分长城被明长城所沿用。（3）燕、秦、汉长城在丹东地区的宽甸县，既以鸭绿江、浑江天险为屏障，又修筑一些墙体在重要地段，便是这个地区的长城结构与防御形式了。

1. 燕长城

自战国燕昭王始，燕国领土大幅拓展，并修筑了长城以固守北方边界，称燕北长城。秦统一后连接秦、赵、燕三国长城，在原燕国境内"大抵均因燕北界长城之旧筑，虽有善著，亦不能出其范围"。据史料记载，修筑燕长城是在燕昭王后期，距今已经有 2300 余年。燕南长城的走径，据《水经注》《元和郡县图志》等文献记载，起于今河北省易县西北太行山下，经易县南境，入徐水、安新北境至雄县东北，折向南经文安至大城县西境，止于子牙河。据专家考察，西起于今河北省张家口、宣化，向东北行，进入内蒙古境多伦、独石，经河北省围场之北，东行，过内蒙古赤峰、敖汉旗，入辽宁省朝阳，越医巫闾山，跨辽河，折而南至朝鲜清川江北岸。

燕北长城又可分为南线和北线两条线。燕将秦开破东胡，燕国始建上谷至辽东五郡，并筑长城，"自造阳至襄平"，此为燕北长城南线。燕北长城北线的修筑年代，要比南线晚。燕昭王以后，燕国势力继续向北发展，上谷等五郡的北界也随之向外延伸，为防御北方民族的掠夺，便在五郡北境上又修筑了一道外线长城，此为燕北长城北线。

燕长城遗址在辽宁省建平县境，经由热水乡、烧锅营子乡、二十家子诸乡镇后入内蒙古敖汉旗境内，再转而向东北延伸。燕长城在烧锅营子乡境内长达 10 千米之多，燕长城建筑在高山险峻的山冈上，表面用大石压缝砌筑，城墙宽 2.5 米左右，石墙蜿蜒在起伏连绵的山岗和深谷之中，宛如一条巨龙盘绕在崇山峻岭之中，成为抵御外敌的一道天然屏障。现遗址由于历史长河的冲刷，城墙残高在 0.3 ~ 1.4 米不等，但仍然可清晰地看出墙体城堡以及烽火台等遗址。建平县烧锅营子境内战国燕长城遗址，是现存燕长城最好的一段，它修筑在高岭与低谷中，砌石夯土，就地取材，蜿蜒起伏。城宽 2.5 米左右，残墙高 0.3 ~ 0.4 米不等，城堡及亭障遗址清晰可见。

2. 西汉长城

西汉建立后，"西汉长城在继承前代长城基础上完善和发展"（黄永美，2013）。燕北长城的修建，为西汉幽州边防体系的建立提供了坚实的设施基础。西汉时期，幽州沿用燕北长城，并在此基础上加以修筑，从而形成了西汉长城的东段。

沿用前代长城的方式，是幽州长城的一大特点。幽州长城以辽宁阜新为节点，阜新以西沿用了燕北长城南线，以东则沿用了燕北长城北线。幽州长城的大致走向：西起河北尚义，由赤城至丰宁满族自治县，由此分为两段，分别经过郭家屯和滦平北汇合至隆化，入内蒙古境内穿喀喇沁旗，再入辽宁境内过建平北，经朝阳至阜新，这段路线沿用的是燕北长城南线；自辽宁阜新往东，经由彰武、开原、清原满族自治县、新宾满族自治县，由此分为两段，一段南下至桓仁满族自治县，到宽甸满族自治县，另一段入吉林省境内经由通化、吉安，沿中朝边界过临江到长白朝鲜族自治县，这段路线沿用的是燕北长城北线。经调查发现，"在河北围场县燕北长城附近，还发现了汉代官印，有楼船将军印、别部司马印"；考据史料可知，楼船将军叫杨仆，元封年间领兵攻伐朝鲜，推测"是在归途中巡视长城，将官印遗失于此"（景爱，2008）。西汉官印的发现，证明燕北长城在西汉时期被沿用的事实。

除了大规模沿用燕北长城外，幽州长城的组成部分中也有新建的部分。河北滦平至辽宁建平一段长城修建规模比较明显。这段长城的大致路线是：自河北滦平至隆化为一段，城墙为夯土墙体，长约 125 千米；之后进入内蒙古宁城县境内，东穿喀喇沁旗，越过老哈河，再折向东南进入辽宁建平县北，这一段长约 130 千米。自辽宁建平县北之后延伸的具体路径尚不清楚，有学者认为"大体经敖汉旗最南端，过北票县延伸至牤牛河西岸……可能是由城墙、墩台和壕沟相互衔接构成"（朱永刚，2014）。

（二）清帝东巡

天子出巡是中国古代社会的一项重大政治活动，在最早的典籍中即有所反映。有关帝王出巡的档案和资料，清代存留下来的最为丰富，使我们得以了解清代帝王出巡的许多细节。康熙和乾隆南巡江浙被人熟知，但清帝的东巡，少有人研究，人们所知甚少。而东巡的重要性，其军事和政治意义实际上超过了南巡。

所谓"东巡"，系出巡盛京（沈阳）、吉林等地。这里是清朝的发祥之地，祖宗陵寝所在。兴京（新宾）的永陵为清帝先祖之墓，盛京的福陵为清太祖努尔哈赤墓，昭陵为清太宗皇太极墓。清帝继承祖先基业，报本追源，十分重视祖宗陵墓与发祥之地。在其入关之后，曾有四位皇帝先后十次赴东北谒陵，康熙帝三次、乾隆帝四次、嘉庆帝二次、道光帝一次。在谒陵的同时，行围习武、考察吏治、联络蒙古、关心农牧、修葺城垣、提倡文化。

清帝东巡有一个基本条件，这就是其在中原的管理比较牢固、政权比较稳定。因此，清帝十次东巡的时间，多发生在太平盛世。从康熙到道光朝的160余年间，平均15年一次，清朝皇帝每来沈阳谒陵或游狩前后，不仅沈阳城的名胜古迹和故宫、陵寝、庙宇都要进行一番粉刷和维修、扩建，而且每次东巡，满城都张灯结彩，鼓乐喧天，热闹非凡。这是历史上都没有实行过的一种独特的制度，对于稳定东北地区的管理，加强关外与中原地区的联系有重要的意义。

1. 康熙东巡

清帝东巡祭祖虽自康熙开始，但最早提出东巡祭祖的是顺治皇帝，康熙实现了其父的夙愿。

康熙第一次东巡是在康熙十年（公元1671年）九月三日。由北京起驾，途经直隶、盛京等地，用16天时间，行程1500千米。第一次来沈阳时，康熙十八岁。他这次东巡沈阳，亲自祭奠福陵、昭陵，分遣王公大臣祭祀兴京永陵和开国功臣墓。在盛京殿召见盛京现任的和老年退休的文武百官，设酒赐宴，分赏银两，减轻罪刑，以示关怀。他还周览了盛京畿内形胜，北上还抵吉林境内，沿途行围打猎，并且拜谒永陵、福陵、昭陵，写了不少谒陵诗。另外，他还安抚满族，筹划建设，此次东巡中的许多规定都为清朝东巡制度的建立奠定了基础。他还感觉到作为陪都的盛京，其城市规模等与北京首都太不相称，决意扩建沈阳故宫和沈阳四塔。从此以后，沈阳城才得以一天天苗壮起来。

康熙帝第二次东巡（康熙二十一年，公元 168 年），其主要目的，是抵御沙俄的侵略，故远行至松花江上吉林船厂。高士奇在《鹿从东巡日录》中说："移宁古塔将军驻镇于此，建木为城，倚江而居。所统新旧满洲兵二千名，并徙直隶各省流人数千户居此。修造战舰四十余艘，双帆楼槽，与京口战船相类。又有江船数十，亦具帆樯，日习水战，以备老羌（即俄罗斯人）。"第二个目的，是要以平定三藩的胜利去祭列祖列宗。三藩平定，祭告祖宗，这在清初历史上是一件极为重大的事件。十九日到达盛京，又至福昭陵行告辞，二十日启驾返京，此次东巡为时 80 天。

康熙第三次东巡是康熙三十七年（公元 1698 年）七月二十九日，此次东巡主要是康熙御驾亲征准噶尔打败噶尔丹，平叛成功后，要祭陵告祖，并"巡行塞北，经理军务"。十月十三日，南行至永陵，再行告祭礼。十月十六日抵达盛京，到福陵、昭陵行祭礼。于十一月十三日返回京师，历时 3 个半月，这次是康熙帝三次东巡中路途最远、时间最长的一次。

2. 乾隆东巡

继康熙三次东巡之后，乾隆遵康熙皇帝创下的祖制，曾分别四次东巡盛京，祭拜永、福、昭三陵。乾隆到盛京出巡，一切礼仪活动主要依照康熙年间的定制援例而行，当然，礼仪更详明，规模更宏大，更讲究排场，这与当时的国库丰盈及其本人好大喜功的个性不无关系。他每次来沈阳，对故宫等文物古迹的修整，均有较大的建树。

四次东巡除了谒陵祭祖、题诗作颂，乾隆在东巡途中围周讲武，联络各蒙古部落和王公台吉，拜谒修葺神庙，整饬吏治，经理庶政。同时他还亲诣留都盛京对民间兵丁疾苦有所体察，对盛京的文教、宗室勋归及陵寝事务有所关心而采取一系列措施。又礼遇朝鲜国使臣。对盛京地区的政治、经济、文化起了一定促进作用。

3. 嘉庆东巡

继乾隆皇帝东巡之后，嘉庆皇帝在位期间分别于嘉庆十年（公元 1805年）第一次东巡和嘉庆二十三年（公元 1818 年）两次回归故里，祭拜祖陵。但是，由于清朝国势日渐衰微，农民起义此起彼伏，与其父乾隆皇帝的盛世相比出巡有着天壤之别。

嘉庆皇帝两次出巡自从离开京师紫禁城后便直奔盛京地区，并遵前例先诣永陵祭拜四祖，然后便先福陵后昭陵展谒。既未远涉吉林，也未绕道蒙古。嘉庆皇帝在陪都行宫驻跸期间除援例举行庆典和宫廷萨满祭祀等礼仪活动外，也考察了盛京地区的政情民情，严惩庸员酷吏，增设汉官以缓和民族矛盾，力图整饬内政。

4. 道光东巡

道光皇帝东巡陪都盛京于道光九年（公元 1829 年）。继嘉庆皇帝东巡后，以平定张格尔之乱成功，道光皇帝决定亲赴盛京告慰祖宗之陵。一方面，表示他缅怀故里、敬仰祖先的创业功德的诚孝；另一方面，也以此表达他感激祖宗在天之灵护佑平叛成功。此次东巡于八月十九日启驾出京到十月二十四日还宫，历时 66 天。其路线与嘉庆两次东巡路线基本一致，与康熙、乾隆、嘉庆三帝东巡相比是规模最小的一次。

（三）兴城城防

兴城明代称宁远卫，清代改宁远州，是辽东长城防御体系中一座重要卫城。兴城城墙是中国明清城防建筑，在辽宁省兴城市区，是我国现存最完整的一座明代古城。兴城城墙保存较好，历经 570 多年的风风雨雨仍巍然屹立，是当今中华大地上为数不多的明清古城墙建筑，是明代军事防御型城市的标本，它与平遥城墙、西安城墙、荆州城墙并称为中国保存最完整的四座古城墙，也是中国现存唯一的正方形城墙。城墙创建于明宣德五年（公元1430 年），后经明天启及清初陆续培筑加固而成。

城墙平面呈正方形，南北 844 米，东西 830 米，城墙高 8.5 米，城基砌条石 3 层，基宽 6.8 米，顶宽 4.5 米。墙体为外条砖内毛石，外设垛口，内设女墙，中填夯土。墙顶设海墁砖 1 层水口，城墙四角设炮台，东南角炮台上为清代增建的魁星楼。城墙为正方形，周长 3274 米，城墙四面正中各设城门，城门上皆筑箭楼，为两层楼阁，城墙四角设台，突出于城角，在城区东南角上建有魁星楼一座。城设 4 门，东曰春和，西曰永宁，南曰延辉，北曰威远，门座通长 12.17 米，宽 13 米，4 门均建城楼，重檐歇山顶，面阔三间，进深一间，城门外有半圆形瓮城，外径 32 米，内、外均以条砖筑成，城门内左侧设马道，长 21 米，宽 3 米。城内十字街中心有钟鼓楼 1 座，方形楼台，十字券洞，楼为 2 层，重檐歇山卷棚顶。南街有明思宗朱由检为辽西守将祖大寿、祖大乐立的两座高大石牌坊。城内东南有清建文庙 1 座，城内街坊布局，基本上仍保持着清末的体制。钟鼓楼与城墙的四座城门箭楼遥相呼应，钟鼓楼为二层楼阁建筑，登临楼顶，城墙和古城内的景观尽收眼底。钟鼓楼是古代城市的报时中心，晨钟暮鼓。在明与后金军队征战期间，镇守宁远城的明军主帅袁崇焕就坐镇钟鼓楼指挥作战。瓮城建筑于四座城门的外侧，呈半圆形，与城墙同时兴建。瓮城突出城门之外，既体现出一种建筑美学，又可以保护城门在战斗中不被敌人轻易接近与破坏。在实战中即便敌军攻破了瓮城城门，在城墙上的守军仍能以极快的速度组织调度，居高临下从四面向城下发动还击，而敌军一旦身陷半圆形的瓮城之内，人马很难脱身。

兴城城墙四座城楼的造型体现出明代北方的建筑风格，它的砖木结构是传统的建筑特点。城楼建在拱形的城门洞之上，与钟鼓楼一样是二层楼阁建筑，面阔 8.9 米，进深 4.5 米，内有楼梯登楼，建筑形式为重檐歇山顶，城楼顶端为青色筒瓦和板瓦覆盖，正脊两端有吻兽装饰，戗脊上的垂兽和檐角前部装饰的跑兽神态栩栩如生。按照明代的城墙规制，不同级别的城楼上装饰的跑兽数目是不一样的，宁远卫城城楼檐角装饰的跑兽有天马、海马和狮子三种，其中，天马、海马是吉祥的化身，狮子则代表勇猛和威严，它们的寓意与这座军事防御型城墙的特色可谓不谋而合。

兴城城墙的内壁十分有特色。为了使城墙坚固，形成强大的支撑力，避免内心的夯土松动，城墙在建筑之初就用不规则城石砌筑内壁，然后将壁面凿平，所以称为"毛石墙"；由于石料大多是就地取材，远望去颜色近似虎皮，所以又被称为"虎皮毛石墙"。兴城城墙是中国古代城市规划的典范，中国古代的传统哲学思想在兴城城墙的规划和建筑中，体现得淋漓尽致：兴城城墙建成正方形，是取传统宇宙观的"天圆地方"，予以大地沉稳、永无销毁之意；兴城城墙的周长及城门数、街路数均为偶数，体现了古代哲学中数的思辨。

第四章

东北民族走廊线性文化遗产研究

线性文化遗产涉及要素多元、地域特征明显、有相互交流和交融积淀的基础，虽以"带状"分布，但内容呈关联性，各要素以某一主题相互关联构成一张全要素大网，应该以立体的网状思维，系统性开发利用（梅耀林等，2019）。因此，对东北民族走廊线性文化遗产的研究成为必要。

第一节　东北民族走廊线性文化遗产现状

线性文化遗产把文化遗产串联起来，构成链状的文化遗存状态，真实再现了历史上人类活动的移动，物质和非物质文化的交流互动，并赋予作为重要文化遗产载体的人文意义和文化内涵（单霁翔，2006）。线性文化遗产作为世界遗产的新形式，其保护与旅游开发成为文化遗产事业发展的最新方向，近年来也得到国内行业和学界的高度重视，有关中国线性文化遗产的研究成果陆续出现，探讨了丝绸之路、大运河、长城、茶马古道、古蜀道等重要线性文化遗产。线性文化遗产可分为交通要道、水利工程、军事工程、贸易线路、商旅驿站等不同主题（和军、谢倩，2011）。

一、东北民族走廊线性文化遗产类别与范畴

东北现存的线性文化遗产涵盖辽西古廊道、草原丝绸之路、海上丝绸之路、虾夷锦之路、古城镇驿站戍边廊道、陆地冰上廊道等，其中某些遗产廊道是相互包含和镶嵌的。最主要的线性文化遗产是辽西古廊道、草原丝绸之路、海上丝绸之路、古城古驿与戍边廊道这四条，而其他线路与这四条线路交叉融合在一起（崔向东，2017）。

按照这些古代线路的目的，可以划分为经商型、恩赏型、赔偿型三种。当然我们不能单一地将这些线路狭隘地划分为这三类中的一类，因为随着时间序列的变化，其线路的主要目的也会因为朝代变更、政治局势等发生改变。

按照文化遗产的性质，可以将东北线性文化遗产划分为文化线路、商业线路、交通要道三类。其中，东北亚草原丝绸之路、海上丝绸之路、虾夷锦之路是具有国际意义的文化和商业线路；辽西古廊道是连接东北和中原地区具有文化交流的交通要道；城镇驿站戍边廊道更多是侧重于建筑文化丰富的交通要道。

二、东北民族走廊线性文化遗产现状

（一）研究现状

学术界对草原丝绸之路研究逐渐增多，是从2014年开始的，2015年发表的成果最多达到48篇，截至2023年2月，以草原丝绸之路为主题在中国知网共搜索到371篇成果。而学术界对东北亚地区草原丝绸之路的相关研究较少，截至2013年1月中国知网共有6篇东北亚草原丝绸之路的研究成果，主要原因一方面是由于缺少相关历史文献和文物，另一方面是由于东北亚地区经济发展缓慢，现实的研究意义不大。东北亚草原丝绸之路的研究，类似于研究中国北方与欧亚大陆丝绸之路，应当放到整个中国乃至整个亚洲的历

史时空中来进行，草原丝绸之路研究的兴起是基于"一带一路"倡议出现，是为"一带一路"经济带建设服务的。

同样对东北亚海上丝绸之路的研究成果相对较少，通过检索中国知网发现，截至 2023 年 2 月共有 54 篇研究成果，研究成果多是硕博学位论文，而且研究多是偏向于历史探源，以及针对当今时代东北亚丝绸之路经济带建设的相关研究。但是东北地区尚存一些文化遗产，内蒙古赤峰辽驸马墓中出土的丝绸，生动地证明了契丹贵族与丝绸的关联度，其中有织金锦、平金绣、金粉画缋等丝织品，服饰纹样有龙、凤、孔雀、宝相花等。辽宁法库叶茂台辽墓出土的棉袍，上绣双龙、簪花羽人骑凤、桃花、鸟、蝶，与北宋装饰纹样风格完全一致。

截至 2023 年 2 月，在中国知网共搜索得到 11 篇虾夷锦研究成果。虾夷锦之路是黑龙江少数民族与日本人进行贸易的道路。该条道路位于黑龙江少数民族的聚集地，地广人稀，道路由专门的陆上驿站和水路交通要址组成，因此相对于那时起的历史文化遗产相对较少，而且留存到现在的文化遗存更少。如今吉林市丰满区明代造船厂遗址附近的阿什哈达摩崖石刻，以及保存在俄罗斯符拉迪沃斯托克的永宁寺碑是明代的遗迹。

至今，在中国知网尚未找到对古城古驿与戍边廊道的研究成果。

（二）吉林省和黑龙江省文化遗产现状

通过对吉林省、黑龙江省保存较为完好及历史价值、文化价值、科研价值较高的国家级文物保护单位进行分析，发现这些文化遗产主要分布于地理位置优越、水陆交通便利、地形平坦地区，特别是当今城市附近，其中部分文化遗产进行了旅游开发（见表 4 - 1）。

表 4 - 1　　　　吉林省和黑龙江省历史文化遗产文化内涵分类

省份	城市	典型文化遗产
吉林省	长春市	五家子遗址、揽头窝堡遗址、农安辽塔、吉长道尹公署旧址、长春电影制片厂早期建筑、长春第一汽车制造厂早期建筑等

省份	城市	典型文化遗产
吉林省	吉林市	帽儿山墓地、西团山遗址、完颜希尹家族墓地、龙潭山城、苏密城、吉林文庙、阿什哈达摩崖、寿山仙人洞遗址、余富遗址、嘎呀河城址、前进古城址、乌拉街沿江古城址、乌拉部故城、小西山石棺墓群、乌拉街清代建筑群、吉林天主教堂、吉海铁路总站旧址、吉林大学教学楼旧址等
	四平市	二龙湖古城遗址、偏脸城城址、秦家屯城址、叶赫部城址、后太平遗址群、大青山遗址、五家子城址、友谊村墓群等
	辽源市	辽源矿工墓等
	通化市	洞沟古墓群、丸都山城与国内城、万发拨子遗址、罗通山城、自安山城、辉发城址、辉发河上游石棚墓、龙岗遗址群、赤柏松古城址、江沿墓群、庆云摩崖石刻、宝泉涌酒坊、通化葡萄酒厂地下贮酒窖等
	白山市	灵光塔、宝山—六道沟冶铜遗址、干沟子墓群、四保临江战役指挥部旧址、新屯子西山遗址、鸭绿江上游积石墓群等
	松原市	大金得胜陀颂碑、塔虎城、春捺钵遗址群、石头城子古城址、清追封和硕忠亲王碑等
	白城市	汉书遗址、城四家子城址、向阳南岗遗址、双塔遗址等
	延边朝鲜族自治州	六顶山古墓群、龙头山古墓群、渤海中京城遗址、八连城遗址、百草沟遗址、城山子山城、磨盘村山城、石人沟遗址、萨其城址、温特赫部城址与裴优城址、延吉边务督办公署旧址等
黑龙江省	哈尔滨市	金上京会宁府遗址、亚沟石刻、哈尔滨颐园街一号欧式建筑、圣索菲亚教堂、哈尔滨文庙、哈尔滨莫斯科商场旧址、王脖子山城址群、庆华古山寨遗址、土城子遗址、阿城清真寺、马迭尔宾馆、哈尔滨犹太人活动旧址群、东北民主联军前线指挥部旧址等
	齐齐哈尔市	昂昂溪遗址、蒲与路故城遗址、金界壕遗址、塔子城址、卜奎清真寺、老龙头遗址、黑龙江督军署旧址、黑龙江省图书馆旧址等
	鹤岗市	奥里米城址、中兴城址等
	双鸭山市	雁窝岛城址等
	鸡西市	刀背山墓地等
	大庆市	白金宝遗址、大庆第一口油井、小拉哈遗址、铁人一口井井址等
	牡丹江市	渤海国上京龙泉府遗址、五排山城址、小四方山城址、牡丹江边墙、中东铁路建筑群、团结遗址、宁古塔将军驻地旧城遗址等
	佳木斯市	三江平原汉魏时期遗址、瓦里霍吞城址、桃温万户府故城、莽吉塔站故城等
	黑河市	瑷珲新城遗址、墨尔根至漠河古驿站驿道、鄂伦春神泉祭坛遗址等
	绥化市	八里城遗址、郝家城子古城址等

资料来源：根据室内文献和室外调查相结合获得。

（三）辽西古廊道文化遗产现状

辽西古廊道是辽宁境内唯一的一处大型线性文化遗产，历史文化底蕴丰厚，人文景观厚重，资源优势明显（孟月明、卢骅，2012）。纵观辽西古廊道的发展演变，其范围主要涵盖辽宁省的朝阳、阜新、葫芦岛、锦州和盘锦等地。如表4-2所示的历史文化遗产文化内涵分类是依据辽西走廊文化遗产的类型进行划分的，包含辽西地区各个时期、不同朝代、不同民族、类型多样的历史文化遗产。除此之外辽西走廊还拥有北镇古城、兴城古城、前所古城等建制保存较为完整的古城。

北镇，自古有"幽州重镇"之称，辽代这里是皇陵之地，是契丹王朝的中兴之地，明代这里是辽东总兵官的府第所在，曾经一度成为东北政治、经济、文化的中心。北镇山水风光绮丽迷人，文物古迹灿若繁星，是一座具有悠久历史、饱经沧桑的历史文化名城，现存李成梁牌坊、鼓楼、北镇庙、崇兴寺双塔、辽代墓葬群等文化遗产。

兴城古城是唯一一座方形卫城，城墙设有东南西北四门。城中心设有钟鼓楼，城门外筑有半圆形瓮城，城墙四角仍筑有炮台，用来架设红夷大炮。兴城古城始建于明宣德三年（公元1428年），为宁远卫城，清代重修，改称宁远州城，是中国十佳古城，与西安古城、荆州古城和山西平遥古城同被列为我国迄今保留完整的四座古代城池，为全国重点文物保护单位。古城呈正方形，城墙高8.8米，周长3200米，四城设门，城内正中有钟鼓楼一座，还有明代祖氏石坊和文庙等古迹。明代为边防重地，明将袁崇焕驻兵于此，屡败清兵。

前所古城位于绥中县城西42千米处，原称急水河堡或中前所，1931年改现名。城西有强流河，蜿蜒清澈，绕城而过。该城建于明宣德三年（公元1428年），是指挥叶兴所建的千户所。城基本呈正方形，东西长510米，南北宽502米，墙高10米，设三个城门，无北门，上建真武庙，已毁于兵火。各城门原建有罗城（又叫瓮城），现唯有西门罗城尚存。前所城是关外第一所城，扼据要冲，形势险要。明清交战时，明朝派总兵在此把守。明代在关

外曾建有 125 座所城，前所城是唯一保存较完整的一座。表 4 - 2 是笔者对
辽西地区文化遗产进行的分类整理（吕俊芳，2015）。

表 4 - 2　　　　　　　　　　辽西文化遗产文化内涵分类

大类	中类	具体阐释	辽西典型实例
居住地遗产	城池	城市、城堡、城镇等	夏家店下层文化的：建平五连城遗址、建平水泉遗址、北票康家屯石城遗址、阜蒙县平顶山石城和西灰同石城等； 商周时期山戎、东胡等游牧民族的紫蒙城、徒河城等； 作为战国时期军事性城堡和城邑：建平达拉甲城址、喀左山嘴子城址、建平巴达营子城址、朝阳十二台营子乡袁台子村西城、建昌巴什罕乡土城子村遗址、喀左黄道营子城址等； 秦汉时期的无虑、柳城、交黎、徒河、石城、白狼等遗址； 魏晋南北朝乌桓、鲜卑民族特色城的龙城、徒河新城、新昌黎、棘城等城址； 辽金元时期契丹、女真、蒙古民族城镇有广宁府、宜州、懿州、显州、乾州等城址； 明清时期的广宁、瑞州、义州、锦州府、宁远城等城址
	村落	历史时期曾经使用的村落遗址	朝阳喀左下三家殷商古村落遗址、朝阳西三家辽代村落遗址、马鞍山商周古村落遗址，锦州的花尔楼、西鸽子洞山、朝阳寺山、甘家屯、架子山、水手营子、三台子等遗址
	冶炼地	炼制矿石的场址	喀左南哈巴气屯铜矿遗址、朝阳转山子、小福山冶铜遗址等
	窑场	烧陶、烧瓷、烧砖瓦等窑址	喀左房申店古窑址，喀左的北洞、海岛营子和山湾子青铜器窖藏，朝阳辽代古炭、清代炭窑遗址、百草沟辽金兵器制造遗址、兴城华山街道绿化村陶瓷窑址、北镇广宁乡小常屯瓦窑遗址等
	作坊生产地	器物制作的手工作坊	兴城菊花岛的红花务盐场、锦州同盛金烧锅、盘锦南大荒农场、辽河油井塔林等
军事活动遗产	长城边墙	历代修建的长城所残存遗迹	辽东边墙，辽东长城龟山段、西沟长城、九门口水上长城、永安长城、清柳条边西南段，朝阳燕长城遗址等
	烽燧	军事报警的烽火台等	盘锦小台子烽火台遗址、黑山白厂门二台子墩台等
交通通信遗产	关隘	交通关口、关城	锦州分水关和镇远关、闾山白云关、锦州城、宁远城、九门口关等
	驿道	交通干道	卢龙塞道、无终道、平冈道的辽西古道，傍海的辽西走廊道等

大类	中类	具体阐释	辽西典型实例
交通通信遗产	水渠	排水、灌溉的人工水道	凌源刀尔登镇的"八一环山水渠"等
	水井	开挖取水的井筒	朝阳云蒙山上古井、锦州笔架山圣水井等
建筑遗产	宫殿	历代帝王住所	绥中碣石宫遗址等
	坛庙祠馆	崇拜自然、祭祀祖先和神灵的礼制性建筑以及纪念性建筑	朝阳牛河梁遗址，锦州博物馆、昭忠祠、天后宫、辽沈战役纪念馆、张三丰祠、李成梁石坊、新立屯关帝庙，葫芦岛祖氏石坊、文庙等
	陵墓	帝王和名人的坟墓	葫芦岛建昌东大杖子战国墓、大卧铺辽金画像石墓、朱梅墓园，朝阳的凌源石羊石虎辽代古墓遗址（大河北石像生）、北票水泉一号墓、建平辽墓、北票莲花山村古墓葬、袁台子墓、冯素弗墓、喀喇沁蒙古右翼王陵、北票喇嘛洞鲜卑贵族墓，锦州西孤山村辽萧孝忠墓、张杠村二号墓、医巫闾山辽代皇陵墓群、贝壳墓群、门家窝堡墓、东花墓、前山十六国墓、凌海张作霖墓、黑山蛇山子汉墓、阜新辽名将古墓群、辽代萧氏古墓群、阜新关山辽墓，盘锦张氏祖居祖坟等
	府第	贵族、名人等的私人住所	喀左南公营子王爷府
	寺观教堂等	宗教场所	锦州笔架山古建筑群、北镇庙、大广济寺、奉国寺、青岩寺、北镇西山琉璃寺、北镇慈圣寺、青塔寺、黑山天主教堂、北镇清真寺、老爷岭圣清宫、闾山观音阁、朝阳槐树洞、佑顺寺、天成观、万祥寺、佑顺寺、关帝庙，葫芦岛莲花山圣水寺、灵山寺、兴城仙灵寺，阜新的瑞应寺、普安寺、圣经寺、宝力根寺等
	石窟	佛教修行的石室，集建筑、雕塑和壁画于一体	义县万佛堂石窟，北镇新立石刻、北镇田园子、小阁等石刻，蛇盘山摩崖造像，阜新海棠山摩崖造像等
	塔	藏置佛祖舍利、遗物、佛经，埋置佛骨建筑	朝阳南北塔、双塔寺双塔、青峰塔、黄花滩塔、云接寺塔、大宝塔、八棱观塔、东平房塔、四官营子小塔、十八里堡塔、槐树洞塔、大城子塔，锦州广济寺古塔、广胜寺塔、八塔子塔、班吉塔、崇兴寺双塔、古塔寺砖塔、蛇盘山多宝塔，阜新闾州辽塔、东塔山塔、灵峰塔、塔营子塔、塔山塔，葫芦岛妙峰寺双塔、白塔峪塔、前卫斜塔、安昌岘塔、双塔沟塔、磨石沟塔、塔山阻击战纪念塔等

大类	中类	具体阐释	辽西典型实例
建筑遗产	城垣	城市的城郭等防卫建筑	盘锦湾明代抗倭海防卫所遗址，葫芦岛中前所城等
	亭台楼阁	观赏性建筑	北镇鼓楼等
可移动实物遗产	重要实物	具有历史、艺术、文化、科学等价值的物品	查海出土玉器、陶器、石器，牛河梁、东山嘴等出土陶塑"女神"像，喀左出土商代早期大鼎、"孤竹"亚微罍酒器、燕侯盂等，北票出土的燕王职之戈、鸭嘴型玻璃器、雨龙型青瓷水盂、鸡冠壶、凤首瓶等辽瓷诸品，慕容鲜卑族的金步摇，建平出土的辽代双龙鎏金银宝冠，各代的墓志铭等
	艺术品	造型艺术的作品	辽西木偶、化石艺术品，阜新玛瑙雕、黑山玛瑙雕，喀左紫砂陶等
非物质遗风遗产	文学艺术	诗歌、散文、小说、戏曲、音乐、舞蹈、绘画、雕刻、杂技、魔术、民间手工艺等	锦州道光廿五贡酒工艺、沟帮子熏鸡工艺、锦州小菜、烧烤等工艺、医巫闾山满族剪纸、民间刺绣、黑山二人转、皮影、辽西高跷、秧歌、木偶戏、西城派东北大鼓、义县社火、传统锡雕、黑山传统泥塑彩绘等，阜新东蒙短调民歌、蒙古族乌力格尔、蒙古勒津婚礼、勒津安代、勒津好来宝、胡尔沁说书、勒津蒙医药、勒津祭敖包、勒津马头琴音乐、勒津刺绣、彰武民间剪纸、朝阳红土泥塑、朱月岚剪纸等，朝阳凌源皮影高跷秧歌、喀左东蒙民间故事、北票民间文学、民间秧歌、凌源皮影戏、建平剪纸、辽西古战场传说、哨口高跷、喀左皮影、朱碌科"黄河阵"等，葫芦岛太平鼓、兴城满族秧歌、建昌鼓乐、大鼓，盘锦古鱼雁民间故事、民间香蜡制作技艺等

资料来源：根据室内文献和室外调查相结合获得。

（四）东北民族走廊线性文化遗产特征分析

第一，线性文化遗产时间、空间跨度大，线路复杂。首先，东北民族走廊线性文化遗产十分丰富、类型多样，主要包括城市遗址、宗教建筑、民间建筑、城防遗址、墓葬、雕刻等，几乎每个时期都有文化遗产存在，时间从史前文明跨度到现代，其中辽代、金代、近代的文化遗产较为丰富。而在空间上，地跨黑龙江省、吉林省、辽宁省、内蒙古自治区，其遗产空间分布与当今城市分布相似。其次，辽西古廊道拥有四条不同的道路，而且这四条道路相互重合和交叉；东北民族走廊一些道路由水路与陆路共同组成，由如上分析可知文化遗产多分布于水系周边。

第二，历史文化内涵丰富，价值巨大。四条线性遗产代表了不同时期、不同类型的遗产特征，具有重要的历史、艺术和研究价值。草原丝绸之路对于研究唐、宋、元时期中原、西域与东北亚地区之间的经济、文化、军事方面具有十分重要的价值和意义。东北亚海上丝绸之路对于研究唐、宋、明、清时期东北亚少数民族政权与中原王朝之间政治、经济、文化、社会习俗等方面的交流有重要价值。辽西走廊作为中原地区与东北地区相互连接的咽喉要道，保存着大量古代文物遗迹，对于研究古代少数民族政权、文化、社会风貌、经济状况有重要的意义。虾夷锦之路更是最初明王朝对东北亚地区少数民族进行政治交往，相互交流达到招抚的目的，同时也是研究黑龙江地区与朝鲜半岛、日本地区之间经济、社会文化交往的见证。这些文化遗产拥有巨大的历史文化内涵，对当今旅游者产生了巨大吸引力，具有进行旅游开发的巨大经济价值和旅游价值，其中一些文化遗产已经成功开发为著名的旅游景区，如辽西九门口水上长城、兴城古城、义县奉国寺、阜新海棠山摩崖造像、朝阳凤凰山等。

第三，少数民族文化与中原文化交流的产物，遗产种类多样，形式丰富。较之历史文化街区、历史文化村镇、历史文化名城等文化遗产区域，线性文化遗产的概念是线状或带状的文化遗产区域，涵盖的范围更大，包括的遗产种类更为多样，反映的人类活动形式更为丰富多彩。以上分析可知，大部分文化遗产沿河流分布，其中松花江水系流域范围最大，其流域分布的文化遗产也最多，遗产类型包括古建筑、驿站、驿道、城址、村落、石窟石刻、墓葬等。该区域有多个少数民族分布，廊道的形成就是少数民族与中原王朝相互交流形成的，当地少数民族文化与中原文化相互交流和融合，使得该地区文化既有地域的特点，也是多民族相互交往交流交融积淀的历史。

第四，大型线性文化遗产所承载的城镇和乡村中物质与非物质文化遗产的承连与变化，相互影响与交流，构成文化带上文化遗存的共性与特性、多样性和典型性，衍生出丰富多彩的面貌和内在的密切关联，为今天的文旅融合开放利用奠定了坚实基础。

第二节　东北民族走廊线性文化遗产
研究价值与现实意义

　　线性文化遗产可分为交通要道、水利工程、军事工程、贸易线路、商旅驿站、城防戍边文化等不同主题。当前，线性文化遗产保护与旅游开发是文化遗产事业发展的主要趋势。旅游人类学也认为，中国已经进入一种旅行文化时代，当代旅游应是"融文化于旅游和游客，融旅游和游客于文化"的共生现象，而线性文化遗产无疑是这种共生现象极重要的载体，具有很高的旅游开发价值。

一、东北民族走廊线性文化遗产研究的价值

（一）见证文化交流的历史价值

　　线性文化遗产的主体是政治、经济、文化、社会交流的产物。东北地区水陆交通故道、重要贸易线路及沿线商旅驿站、城防戍边文化及人类往返迁徙线路、政治交往及民族文化交流线路，无不雕刻着深深的文化烙印，见证着多民族文化之间多元文化的交流、影响、融合与演变，形成独具特色的大尺度线性文化遗存。当今，辽西走廊地区的线性文化遗产分布主要与铁路、公路交通线路相吻合，而吉林、黑龙江等地的线性文化遗产主要沿水系分布，同时分布于当今主要城市周边。线性文化遗产突破了孤立文化遗产时空联系性较弱的缺陷，其具有沿历史长河演进、随文化交流串联、就自然条件延展的空间联系性强、时间作用痕迹浓、历史感厚重的独特遗产，是现代国际国内民族交融、文化互动、价值认同的重要媒介，越来越受到国际社会的关注。

（二）提升沿线文化遗产的内在价值

通过对东北线性文化遗产的研究、宣传，尤其是对部分知名文化遗产进行旅游开发和线路设计，吸引游客参与其中，能够极大地提升社会对东北文化遗产价值的认同，推动东北线性文化遗产保护的整体规划，改变单一遗产容易遭遇破坏的情况。同时，对东北线性文化遗产的研究有利于挖掘当地历史和文化，丰富其文化内涵。整体的线性文化遗产其价值和内涵更加深刻和丰富，相对于单一文化遗产，在进行文化遗产对照时更具优势，进而能够提高其整体知名度，例如，我国及中亚、西亚有关国家的一些与丝绸之路有关的文化遗产，其单一的文化遗产保存不完整，价值较低，但是作为整体被陆续列入世界遗产名录后，其内在价值得到认可与提升。

（三）东北亚国际交往的证据

东北亚丝路远溯汉魏，明永乐帝朱棣遣内官亦失哈九上"北海"始盛。在漫长的历史长河中，丝路对东北亚各国的经济社会发展，起到了巨大的促进作用。一是商品贸易发展。17世纪始，中国的瓷器、丝绸、纸张、粮酒等经由丝路行销到东北亚各国，而这些国家的珍珠、海参及名贵皮毛等土特产品也不断运至中国，推动了贸易经济发展。二是生产技术传播。17世纪中叶将国内的丝绸等手工业、农业生产技术传到日本，18世纪传到朝鲜半岛，19世纪初传到俄罗斯远东地区，极大地促进了当地生产发展。三是国际文化交流。丝路将中华文化传播到海外，加强了各国人民之间的友谊，带动了国际移民的产生，推动了各国的经济社会发展，而日本遣唐使之路也是中日文化交流的见证。

（四）见证历史文化的科研价值

东北古史分为三期：夏代以前为原始社会，商代中前期进入奴隶社会，燕后期至秦进入封建社会。其后又可分为三段：汉至南北朝为初期；隋唐至辽金为中期；元明至清道光二十年为后期。其间历经东胡、扶余二族互竞，契丹、女真、蒙古迭相争长等边疆民族发展时代，在部落民族间的征战过程中，出于军事、政治等目的需要，修建了燕、秦、汉、金、明等长城、界壕。这些大型工程见证着历史的风云变幻，探测着历史的深度，是后人观察东北各少数民族当时所处形势的一面镜子，也是串联边疆史发展的直观道具，同东北亚丝路、遣唐使之路一样，对于考察、理解东北历史至关重要。

二、东北民族走廊线性文化遗产的现实意义

东北地区古代、近代历史中形成了众多线性文化遗产，它们是一类拥有特殊文化资源集合的线形或带状区域内的物质和非物质的文化遗产族群，出于人类的特定目的而形成一条重要的纽带，将一些原本不关联的城镇或村庄串联起来，构成链状的文化遗存状态，真实再现了历史上人类的活动、物质和非物质文化的交流互动，并赋予其作为重要文化遗产载体的人文意义和文化内涵。不仅具有成为世界遗产的潜在可能性，同时构成了一个包括了中国大部分地区的由相互交错的线路构成的系统网络。它们可以包括自然遗产和文化遗产、物质性文化遗产和非物质文化遗产等各种相关类型的遗产内容，可以形成一个新的遗产保护、管理体系，对改善和提高我国文化遗产的保护水平有重要的意义。

（一）展示东北亚悠久的历史和深厚的文化底蕴

中国五千年文化孕育了丝绸之路、大运河、茶马古道等数量众多的线性文化遗产。东北亚在历史长河中形成的草原丝绸之路、海上丝绸之路、辽西古廊道、虾夷锦之路等具有较大地域影响的文化线路，以及其他各种类型小型线性文化线路。而且这些线性文化遗产对于东北亚历史的展示和文化内涵的丰富具有十分重要的作用。其中，草原丝绸之路的历史最早可以追溯到商周时期，草原丝绸之路在历史上扮演着重要的角色，其形成、发展和繁荣代表了中国历史的一个辉煌时期。作为中西文化交流的产物，一直被视为对外

交流的经典，对研究中西经济、文化发展起到了重要的作用。

（二）有利于推动文化遗产的旅游开发和利用

东北亚线性文化有其特殊性和独特优势，外界游客对此会产生极大的兴趣。东北地区辽、金时代的古建筑、墓葬、城址等遗存较多，这些文化遗产是东北地区的标志和文化符号，通过文化挖掘和研究，可以再现辽、金时代的服饰、风俗、建筑、社会风貌等，为进一步开发利用奠定基础。东北线性文化遗产的整体开发和研究，可以有效地收集、整理东北地区的文化遗产资源。同时要保持这样的开发原则：对保存较为完整的文化遗产进行文化挖掘、宣传和旅游开发；对于条件恶劣、保存完整性不高的文化遗产要以保护为首要条件。

（三）有利于推动线性文化遗产的挖掘和保护

首先，东北线性文化遗产的研究可以引起社会的重视。其次，通过对东北众多线性文化遗产进行研究，可以从整体出发，从多学科的角度对线路上存在的众多地区元素进行联系和参考，进而推动东北物质和非物质文化遗产的挖掘工作。例如，当今随着"丝绸之路"研究的深入，其沿线各种文化遗产之间存在历史文化联系，特别是如今一些西亚和中东国家正在慢慢地挖掘和保护与丝绸之路相关的文化遗产。另外，线性文化遗产的开发，能更好地保护现存的文化遗产，避免一些知名度不高、保存不完整的文化遗产继续遭到破坏。

（四）推动东北地区社会经济发展

旅游开发是遗产发挥功利价值最重要的途径。通过深入挖掘、科学开发，打造具有显著区域、文化、民族特色的线性文化遗产品牌，有利于塑造区域旅游的特色形象，提高游客对域内文化遗产价值的认可与旅游满意度，提升区域旅游竞争力，促进旅游经济可持续发展，增强社会的凝聚力和自豪感，构建美好、和谐的人居环境，实现多方面价值。

（五）有利于守护传统文化的原真性

当前随着城市化进程的加快，一些历史文化遗产正在遭受人为和自然双重因素的破坏，且具备东北地区特有非物质文化技能的艺人在逐渐减少。西方文化的传播和科技进步对传统文化的传承造成了重大影响，通过对线性文化遗产的重视、研究和开发，有利于推动非物质文化遗产的传承和物质文化遗产的保护。同时，由于大尺度线性文化遗产沿线分布有许多村落，尤其是少数民族聚落，作为其生活命脉和精神寄托，线性文化遗产的保护及旅游开发，既有利于人类宝贵财富和民族记忆的世代传承，也有利于促进社会和谐发展和各民族大团结。

第三节　东北亚线性文化遗产开发利用优势

一、宏观环境优势

（一）政治环境有利

习近平主席于 2013 年 9 月 7 日和 2013 年 10 月 3 日先后提出共建丝绸之路经济带和共建 21 世纪海上丝绸之路重大倡议。[①] 中国以开放的姿态迎接世界各国，与沿线各国开展各项合作，拖动双方社会、文化、经济、政治之间的交流和合作。而东北亚地区作为东部线路的重要组成部分，"一带一路"倡议对该地区经济、文化、政治的交流有着重要作用。同时有利于东北地区转变经济发展方式、调整产业结构，推动东北地区的振兴，符合本国国情的需要。

---

① 习近平主席提出"一带一路"倡议 5 周年：构建人类命运共同体的伟大实践［EB/OL］. 中华人民共和国中央人民政府网，http://www.gov.cn/xinwen/2018 – 10/05/content_5327979.htm, 2018 – 10 – 05.

国家开始重视区域性自然和文化资源的保护和开发。2016 年中国旅游从"景点旅游"转到"全域旅游"。全域旅游具有区域性、整体性、合作性的特点。而线性文化遗产的开发利用，并不仅仅局限于单个点，而是对整个区域的开发。全域旅游的提出，标志着我国开始着重对区域的整体开发利用，为线性文化遗产开发提供可能。

2017 年 9 月，中共中央办公厅、国务院办公厅印发了《建立国家公园体制总体方案》，目的是保护自然生态系统的原真性、完整性，始终突出自然生态系统的严格保护、整体保护、系统保护，把最应该保护的地方保护起来。国家公园体制的建立对跨区域的大型线性文化遗产的管理指明了方向。

2017 年 5 月，中共中央办公厅、国务院办公厅印发了《国家"十三五"时期文化发展改革规划纲要》，该纲要明确，要规划建设一批国家文化公园，形成中华文化的重要标识。2021 年 8 月，中宣部、国家发展改革委、文化和旅游部等国家文化公园建设工作领导小组印发《长城国家文化公园建设保护规划》，要求各相关部门和沿线省份结合实际抓好贯彻落实。国家文化公园是党中央的重大决策部署，是国家推进实施的重大文化工程，国家文化公园建设工作领导小组各组成单位和有关地方高度重视，密切沟通协调、有序推进国家文化公园建设。整合具有突出意义、重要影响和重大主题的文化资源，形成中华文化重要标识，对外展示中国形象，对内惠及民众，是中国设立国家文化公园的意义所在。国家文化公园的建设深挖历史文化资源、培育国家文化公园节点，创新驱动、顶层打造国家文化公园品牌，加快文旅融合步伐，提升居民生活品质，为我国线性文化遗产的开发利用提供了科学的方向性指引。

（二）经济环境支撑

线性文化遗产作为旅游资源，其开发利用受到经济发展形势和居民收入水平的影响。当今时代，中国经济快速发展，已经成为世界第二大经济体；中国经济在高速增长的同时，国际影响力也大幅提升。我国国家统计局发布的经济社会发展成就系列报告显示，2013～2021 年，中国国内生产总值（GDP）年均增长 6.6%，中国对世界经济增长的平均贡献率超过 30%，近10 年中国对世界经济增长的平均贡献率位居世界首位。

社会经济的繁荣，提高了居民的经济收入水平，居民生活水平日益提高，开始不满足于物质性消费，转向精神世界的丰富。旅游业作为休闲服务的朝阳产业，日益受到人们的追捧，世界旅游及旅行理事会（WTTC）2022全球峰会的《全球经济影响报告》对全球旅游业发展趋势作出预测：2022～2032 年，旅游业的 GDP 预计将以年均 5.8% 的速度增长，超过全球经济2.7% 的增长率，达到 14.6 万亿美元（占全球经济总量的 11.3%）。报告同时预测，亚太地区的旅游业将大幅回升，该行业对 GDP 的贡献预计将以年均 8.5% 的速度增长，是该地区整体经济 4% 增长率的两倍以上。旅游在全球经济发展中扮演着越来越重要的角色，无论是居民还是社会的发展，对线性遗产的旅游开发都有强烈的需求。

（三）社会文化环境助力

文化软实力是国家综合实力的重要组成部分，特色的文化是国家的形象标志。线性文化遗产有重要的历史文化价值、科考价值、艺术价值等，承载着特定时期的社会习俗、审美意识、建筑风格、社会发展状况等。线性文化遗产是历史文化的重要纽带，也是人类活动、文化交流和沟通的重要媒介，具有较高的文化内涵和历史意义。

研究、保护、开发线性文化遗产具有十分重要的价值和意义。在国内，政府和社会开始注重对文化遗产的保护、科研、开发，近几年省级、国家级文化单位数量在持续上升，国家倡导通过国家文化公园建设打造中华文化重要标志，服务文化强国的战略，助力中华文化自信建设。而对于非物质类文化遗产，我国尤其注重对其挖掘、保护、开发、宣传，并制定相关政策，评定非物质文化遗产传承人、提供资金补助和支持；鼓励、支持和保障文化遗产传播活动的开展已成为政府、社会乃至教育部门的一项重要工作，各地在实践过程中，摸索出行之有效的宣传、展示文化遗产项目的得力措施，不断探索群众喜闻乐见的文化遗产宣传、展示方式。

二、微观环境优势

(一) 地理位置优越

东北民族廊道线性文化遗产主要位于我国东北地区，地理位置上紧邻俄罗斯、蒙古国、朝鲜、韩国、日本这些国家，正是由于地理位置上的邻近性，东北民族线性廊道在古代与周边国家进行了广泛的交流，因此东北民族廊道线性文化遗产在一定程度上印证和强化了与周边国家的文化交流和联系，对线性文化遗产的旅游利用开发，可以对周边国家普通民众产生旅游吸引力。

(二) 资源特质独具

东北民族走廊线性文化遗产数量众多，种类十分多样，文化内涵丰富，形式独特，时间跨度较大，具有极高的科研价值、历史文化价值、美学价值、旅游价值等。同时这些特有的文化遗产，与东北地区丰富的自然景观资源相互配合，可以增强该地区吸引力。

(三) 学术界热衷

学术界对于线性文化遗产的开发利用研究日渐增多。除了部分保存较为完好，价值较大的文化遗产，单一的文化遗产往往因为经济价值不大，会被忽视而遭到破坏，直到消逝。整体的线性开发可以将所有的文化遗产考虑在内，组建专业的部门，进行遗产的保护、开发、管理，发挥集体经济的优势节省成本，更好地保护所有现存的历史文化遗产。因此我国开始重视对线性文化遗产的保护和开发，学术界为了满足社会需求，相关的线性文化遗产研究也逐渐增多，有利于东北亚线性文化遗产的保护和利用。

(四) 文化遗产开发推动

当前东北地区一些历史价值较大、知名度较高、保存较为完整的文化遗产已经得到很好的开发，其开发和保护的经验可以为东北民族走廊线性文化遗产的开发提供指导；同时可以发挥其局部地区的影响力带动其他文化遗产进行引资、开发、保护。

（五）交通便利，可达性好

东北民族走廊线性文化遗产在古代主要分布于交通便利地带和交通要道。其历史特性决定了即便是在当今时代，这些文化遗产也主要分布于城市周边和交通沿线，因此其交通便利，可达性好。交通条件的优越有利于线性文化遗产的线路的设计、线性文化遗产的管理和开发、社会大众前来游览参观。

第四节　东北民族走廊线性文化遗产开发利用现存问题

一、线性文化遗产评定的代表性研究

张书颖等（2023）从管理保护和旅游利用两方面对线性文化遗产进行系统研究，得出的研究成果集中在功能演变、景观设计与规划、空间结构与管理、遗产保护、旅游开发等方面；旅游开发利用较多关注旅游类型与产品开发、旅游价值评估、旅游利益相关者、影响及作用等。北京大学俞孔坚教授等（2005）对中国国家线性文化遗产网络构建进行了深刻研究，并对线性文化遗产的评定作了相关的研究，对于东北民族走廊线性文化遗产开发利用，具有极大的启示作用。

俞孔坚教授等（2005）按照德尔菲法，选择了来自《考古学报》《历史研究》《人文地理》等8种中文核心期刊的编委共211位专家形成问卷调查的专家库，这些专家分布于全国24个省份，采取向专家寄发三轮《线性文化遗产调查问卷》的调查方式，在历经三轮后专家意见基本趋于一致。

专家意见主要分为位置、尺度、时间及属性四个维度。

（1）位置：空间位置明确，重点突出。

（2）尺度：国土或区域尺度。

（3）时间：在中国历史发展过程中起到过重要作用的历史遗产。

（4）属性：属于文化遗产范畴。

按专家反馈意见形成排除标准，将不符合标准的提名逐一排除。

二、文化遗产开发利用现存的问题

（一）外部环境现存问题

1. 东北亚当前经济发展困境影响

东北亚地区当前整体的经济环境制约着线性文化遗产的保护和开发。21 世纪以来，随着我国产业结构调整，东北地区产业并未能抓住这一机遇，进行产业结构升级和技术改进，东北地区的经济出现下滑趋势。从 GDP 增速绝对数来看，东北三省的经济增速下行趋势明显。与其接壤的朝鲜、俄罗斯、蒙古国三个国家，经济发展形势也不容乐观。东北亚经济发展缓慢限制着资金、技术、人才、产业等资源对线性文化遗产的开发利用。

2. 当前线性文化遗产理论研究不成熟

从 1964 年欧洲理事会首次提出"文化线路"的理念后，文化线路的研究不断深化，其发展经历了从模糊到清晰、从表象逐渐趋于本质的过程。1993 年桑地亚哥朝圣之路的成功申遗及随后马德里会议的召开，拉开了文化线路研究的序幕，2008 年《文化线路宪章》通过，文化线路基本理论确立，标志着文化线路的研究进入了一个新的阶段，但对于线性文化遗产的研究才刚刚拉开序幕，还有很长的路要走。相较而言，美国在 1984～2003 年退出联合国教科文组织，遗产保护自成体系，其遗产廊道的发展历史较短，并承载了遗产、环境、经济等多重目标，也才刚刚起步。未来，世界范围内线性文化遗产区域保护和开发实践亟待理论研究的拓展和深化。

3. 当前国内线性文化遗产开发缺少相关案例指导

线性文化遗产往往跨度较大，且资源种类较多，如何构建统筹管理机制和机构，协调众多文化遗产之间的利益纠纷等方面的问题，是线性文化遗产开发成功的关键。当前国内对线性文化的研究较晚，现实中针对线性文化遗产的实践研究工作刚刚起步，而且学术界对线性文化遗产的研究多集中于开发和保护措施、模式等方面的研究，对于文旅融合开发利用尚没有成功案例可以参考，需要在实践中不断摸索前进。

（二）东北民族走廊线性文化遗产内部环境现存问题

1. 原真性和完整性缺失

随着城市化进程的加快，文化遗产保护尚未整体跟进，使得一些文化遗产面临着拆迁的困境。东北民族走廊地区的一些线性文化遗产特别是草原丝绸之路、长城等一些历史久远的文化遗产，受到自然和人为因素的影响，其文化遗存不可避免地遭受到破坏，其物质文化遗产的完整性和原真性在逐步消失。此外，即便是当今东北亚尚存的国家级文物保护单位中，大多数遗产的保存都不完整且损坏严重。如果想要恢复其原来模样，就需要在原址上进行保护性修复。

2. 文化交流范围局限，历史影响较差

东北地区自古以来属于所谓的"关外""关东"，与经济、文化繁荣的中原地区沟通不畅，关内外之间的文化交流和社会交往相对偏少。关东文化属于多个民族交融形成的特色文化，在文化的交流过程中，中原文化对关东文化的影响偏强，关东文化对中原文化产生的影响有限。东北民族走廊大多数线性文化遗产的影响范围，往往局限在东北地域，并未形成在广阔地域之间进行文化、经济等方面的社会交流活动。除了草原丝绸之路跨越范围较广，时间较为持久，交流较为繁荣，东北民族走廊其他线性文化遗产的文化交流范围狭小，对中国历史文化的影响偏弱。

3. 自身的知名度和认可度较低

前文提到东北民族走廊线性文化遗产交流范围较小，历史影响不够大。就线性文化遗产的知名度和认可度来说，大运河、长城、茶马古道等一大批线性文化遗产都优于东北民族走廊线性文化遗产。由于地理位置处于边疆地域，历史和功能远离人口密集、经济文化繁荣、主流文化盛行的"关内"地区，导致东北民族走廊的线性文化遗产资源被国人忽略。另外，由于线性文化遗产保存的原真性和完整性相对较难，所以其自身价值相对偏低，导致国内外知名度受限。

4. 开发利用资金不足

当前东北地区的经济环境较差、经济发展缓慢、社会资金外流、政府资金匮乏，无力对文化遗产进行投资和保护。整体来说，中国线性文化遗产的开发利用还处于初步探索阶段，而且线性文化遗产的投资需要大量资金支持，其开发前景不确定，因此社会资金对线性文化遗产的开发还处于观望阶段。除此之外，线性文化遗产的开发需要开展跨区域合作，线性文化遗产的产权等问题，也是造成资金来源匮乏的原因。

5. 相关专业人才匮乏

我国尚未开展类似大规模、跨区域的线性开发，具备实践经验和专业知识的管理人才较为稀缺。线性文化遗产开发是一项综合性极强的工作，需要来自文物专业、旅游专业、管理专业、法律专业、经济专业等的多类人才共同形成一个高效合作的团体。

6. 文化遗产产权归属混乱

线性文化遗产是由众多分散于各地的单一文化遗产所组成，这些单一的文化遗产产权归属问题涉及各地政府部门、当地管理者、居民。线性文化遗产产权的混乱，不利于招商引资，以及开展文化遗产修复、保护、管理的工作。文化遗产产权的变更需要处理好各利益相关者之间的利益分配问题。产权归属问题处理得好，有利于推进一系列工作的实施，否则将会成为线性文化遗产开发的阻碍。

国家线性文化遗产网络的形成和国家文化公园的建设，为中国数量众多的线性文化遗产申报世界遗产提供了参考，并且为中国新的遗产保护与管理体系的形成提供了重要借鉴。更为重要的是，国家线性文化遗产网络将那些到目前为止还没有得到政府和文物部门保护的，对中国广大城乡的景观特色、国土风貌和民众的精神需求具有重要意义的景观元素、土地格局等联系在一起，如古老的龙山圣林、泉水溪流、古道驿站、祖先、前贤和爱国将士的陵墓遗迹等，不仅是保护中华民族传统文化的重要依托，而且未来可以与遍布全国的绿道网络、自行车和步道网络及游憩系统相结合，成为国家生态与文化保护、休闲游憩、审美启智与教育的重要载体，在国家层面上形成一个彰显民族身份和保障人地关系和谐的、连续完整的文化"安全格局"和文化基础设施，服务于千秋万代的华夏子孙。

| 第五章 |

旅游开发利用研究

第一节　旅游开发的含义

"开发"在《高级汉语词典》中的基本含义指通过研究或努力，开拓、发现、利用新的资源或新的领域，并对新资源、新领域加以利用的行为。在此，与开拓同义，多指以荒地、矿山、森林、水力等自然资源为对象进行劳动，以达到利用的目的（马勇、李玺，2012）。最早源自《汉书·孙宝传》："时帝舅红阳侯立使客因南郡太守李尚占垦草田数百顷，颇有民所假少府陂泽，皆略开发，上书愿以入县官。"之后，文献中的"开发"意思多与此相同。例如《金史·张开传》："论淇门、安阳、黎阳皆作堰塞水，河运不通，乞开发水道，不报。"瞿秋白《饿乡纪程》九："地力的开发，还存着莫大的富源。"开发概念的重点在于挖掘和实现资源的价值以及改变资源所处的状态。旅游开发就是要实现蕴含在旅游资源中的各类价值。文化遗产不会自动转化为效益，只有通过开发才能转化为产品，发挥其文化、社会、经济、生态等效应，旅游开发是文化遗产开发利用的一种重要方式。通过对文化遗产进行广泛的研究和深层次的文化旅游开发，才能不断满足旅游者的需要，从而发挥其应有的价值和功效。

旅游开发有广义和狭义之分。狭义的旅游开发指单纯的旅游资源利用技术；广义的旅游开发是指，在旅游调查评价的基础上，以市场需求为导向，以发展旅游业为目的，有组织、有计划地对旅游资源加以利用，发挥、改善和提高旅游资源对旅游者的吸引力的综合性技术经济工程（马耀峰、甘枝茂，2013）。旅游开发的实质，就是以旅游资源为"原材料"，通过一定形式的挖掘、加工，达到满足旅游者需求，实现经济、社会、生态、文化等价值的目的。旅游开发是一项系统工程，通常包括多层含义。

一、旅游开发要以旅游调查和评价为基础

旅游发展需要首先了解作为旅游发展基础的旅游要素的数量、类型、结构、质量特征、等级、赋存状况，以及旅游资源保护、利用和发展现状，并在此基础上确定旅游的总体开发方向。如果缺少旅游要素的统计资料，对旅游要素的状况不了解，就无法有针对性地进行旅游开发工作。因此，旅游开发的基础即是对基本旅游要素的调查和评价。

二、旅游开发的目的是发展旅游

发展旅游具有多种功能，诸如增加收入富民强国（省、市、县、村镇等）、回笼货币、扩大就业、拉动内需、赚取外汇、调整产业结构、促进文化交流和提升文化软实力、美化环境等，旅游在促进地方经济、社会、文化、环境发展等方面的功效显著，因而旅游业备受关注与青睐。世界各国都对发展旅游业表现出浓厚兴趣，我国也十分注重通过旅游发展盘活各种旅游资源，产生经济、社会、生态等综合效益。2016 年，我国甚至提出了国土资源旅游化的全域旅游发展战略，并分两批在全国公布了 500 个全域旅游示范创建单位，这些创建单位有省域例如海南国际旅游岛、市域例如锦州市、县域例如北镇市，旨在通过科学合理开发利用各种旅游资源，发挥其旅游吸引功能，促进综合地域发展。

三、旅游开发需要以市场需求为导向

在市场经济体制下，旅游开发已经突破"有什么就干什么"的自然开发模式。各地都在认真研究旅游市场，根据市场需求的实际状况，开发利用市场需求大、广受市场欢迎的旅游产品，科学对待资源与产品、资源与市场的关系。以市场需求为导向，一方面，充分研究旅游主体的需求意愿，为其提供适销对路的旅游产品；另一方面，尽量促成旅游资源转换成旅游吸引物，增强和提高旅游的市场竞争力。

四、旅游开发是一项综合性的系统工程

旅游开发的内容多元，包括旅游资源的开发利用，旅游交通、城市基础设施和服务接待设施的规划建设，旅游管理机构的建立、经营体制、人力资源的开发等内容。就旅游开发的效益而言，不能只考虑经济效益，还应该分析论证旅游开发带来的社会效益和环境效益，三大效益要综合考虑、同时兼顾，这样才能实现旅游的可持续发展。

第二节　旅游开发的原则

旅游开发原则是指旅游开发过程中遵循的指导思想和行为准则，由于旅游开发的规模、开发范围、开发重点、旅游资源基础、旅游客源条件以及社会经济背景等不同，各地的旅游开发不能遵照统一的模式进行。因此，旅游开发只有遵循一定的原则，才能保证开发目标的实现，使经济效益、社会效益和环境效益同步提高，实现开发效益最大化。

一、特色性原则

特色是旅游吸引力的关键因素，是旅游发展之魂。旅游开发的特色性原则要求在开发过程中，充分发现旅游个性鲜明的独特魅力，不仅要保护好旅游资源的特色，还要充分揭示、挖掘、整合展示好旅游资源独有的"人无我有、人有我优、人优我特"的异质特性，形成特色独具的旅游主题形象，从而在旅游者心目中形成强烈的意象、产生强烈的吸引力。杜绝开发中不切实际地照抄照搬，没有特色就没有生命力，特色越鲜明旅游吸引力就越强。在旅游开发过程中，要尽量保持自然或历史形成的原始风貌，尽量开发利用具有特色的旅游项目，尽力反映当地民族特色或地域特色的文化。

二、保护性原则

旅游发展必须以旅游资源为基础，自然旅游资源是大自然的造化、人文旅游资源是历史的遗存或现代艺术的结晶，不管自然旅游资源，还是人文旅游资源都具有自在性和脆弱性特征，一旦破坏就难以复原，所以保护在旅游开发中就显得极其重要。

保护主要表现在两方面：一是对旅游资源本身的保护，尽量减少资源的损耗、延缓衰减的自然过程，将人为损坏降到最低点，杜绝开发性破坏或破坏性开发。二是旅游环境的保护，旅游开发既要与自然环境相适应，有利于环境保护和生态平衡，控制污染；同时还要与社会环境相适应，遵守目的地的政策法规和发展规划，不危及当地居民的文化道德及社会生活，开发旅游要为当地居民提供就业机会，加快基础设施建设，促进文化交流，使旅游发展成为富民工程，能得到当地政府和社区的支持。在进行旅游开发时，必须进行认真的可行性研究，制定切实可行的保护措施，防止资源和环境遭到破坏。

三、市场性原则

所谓市场性原则，是指旅游开发必须根据旅游市场需求内容和变化规律，确定开发主题、规模、层次和内容。这是市场经济体制最基本的原则。市场性原则要求旅游开发必须进行市场调研和分析，准确把握市场需求状况和变化规律，结合旅游资源特色，寻求资源条件和市场需求之间的最佳结合点，确定开发主题、规模、层次和内容。市场性原则要求根据旅游者需求来开发旅游，但并不意味着凡是旅游者需求的都可以进行开发，对于国家法律所不允许的、对旅游者会有危险或有害于旅游者身心健康的旅游项目，就应当予以限制或禁止开发。

四、经济性原则

旅游开发是一项经济活动，必须遵循经济效益原则。并不是所有的旅游资源都值得马上开发，如果开发旅游所投入的成本高于它所带来的收益，这种开发显然是不经济的，也不可行。因此，旅游开发应当事先进行投入—产出分析，确保开发能带来丰厚的利润。在深入研究市场的基础上，对旅游项目的可进入性、旅游者的吸引力、投资规模、投资效益、建设周期、资金回收期等方面，都必须进行详细的数据分析论证。同时，也必须根据开发的人力、物力、财力等开发实力，分阶段梯次推进旅游项目，先重点优先开发基础好的项目，之后再不断增加新项目和配套设施与服务，最终形成完善的旅游设施和服务体系。坚决杜绝不加选择地盲目开发，更不能不分先后地全面开发。

五、综合系统性原则

旅游开发应注重提高旅游要素的使用价值和吸引功能，以尽可能少的投入获得尽可能多的综合收益。所谓的综合系统性原则包含以下两层含义。

（一）旅游开发要做到经济效益、社会效益、环境效益及文化效益的协调统一

旅游开发首先是一项经济活动，应该遵循经济效益原则。切忌在短期内把所有资源全部进行开发，通常要有储备旅游资源的理念。在对旅游开发能带来的经济、社会、生态、文化等效益进行认真论证后，科学地确定旅游开发时序，一般是先易后难、先重点再一般，确保开发活动能带来最大综合效益。旅游开发也必须注重社会文化效益，切实遵守旅游目的地的政策法规，切不可危及当地居民的文化和伦理、社会道德和生产生活，最终实现经济—环境—社会—文化的综合发展。

（二）旅游开发是由多个子系统组成的系统工程

旅游开发是一个综合系统工程，并不是对单一要素的开发，会涉及旅游者食、住、行、游、购、娱以及通信联络等多种类型的要素，不同类型的旅游要素只有通过综合开发、整合利用，才能使吸引力各异的吸引要素结合形成一个吸引群，使旅游者能从多方面发现体验其价值，从而提高旅游的品位、层次，增加其对旅游者的吸引力，提升其在市场中的知名度。

第三节 旅游开发的内容

旅游开发具有综合系统性特点，除对旅游资源进行调查、分析、评价，选择适合的开发主题外，还应该包括产品项目规划设计、开发思路、空间布局、交通等配套设施建设、客源市场定位及拓展、人力资源开发及管理体制机制建设等内容。

一、旅游开发思路确定

整体开发思路是旅游开发中非常重要的任务，包括明确旅游资源开发利

用的主题、按照旅游开发主题确定开发旅游产品项目谱系及重点、制定旅游开发的主要战略、开发建设目标、开发时序等。

二、旅游资源开发利用

旅游开发就是将旅游资源吸引力显性化的过程，旅游资源是旅游开发的基础，旅游开发首先要对开发区域内的旅游资源进行调查、梳理、分类，并进行分析评价，既要有定性评价，也要有定量评价，通过综合分析评价，找到旅游资源开发的合适方向、恰当的主题，为旅游产品设计及项目遴选提供基础性资料，所以旅游开发的基础就是旅游资源的开发利用。

三、旅游产品项目设计开发

旅游资源只有经过开发才能转变为旅游产品或项目，被旅游业利用，从而产生效益。旅游产品项目是旅游发展最核心的吸引物，其成败决定着旅游的吸引力大小，所以旅游开发的重点就是旅游产品项目的设计开发。

旅游产品项目设计根据旅游资源的特点和市场需求变化，确定旅游产品项目主题，设计旅游产品项目谱系，在综合研究旅游发展要素的基础上定位核心旅游产品项目。在旅游产品项目定位的基础上，有针对性地打造重点旅游产品项目，展示呈现旅游主题，夯实旅游的核心竞争力。

四、旅游开发空间布局谋划

旅游开发空间布局主要是对旅游开发的空间结构进行规划安排，在定位旅游资源特色和主题方向的基础上，对旅游开发区域在空间上按不同的功能进行布局，依据旅游开发的资源分布、土地利用、产品项目设计等状况对开发空间进行系统谋划。

旅游开发空间布局决定了旅游开发地的内部结构，其对旅游开发的各个要素都会产生深远影响。在研究旅游资源的基础上以各种产品项目夯实旅游功能，通过分区设置突出旅游主题形象；在开发时采取集中功能单元的布局方式，防止布局散乱，取得集聚效应；注重空间结构的功能协调和平衡，对旅游中的各种活动进行相关性分析，确定各类活动之间的互补、相依或相斥关系，有效划分功能分区，协调处理旅游功能分区与主要景观、周围环境、管理中心以及各功能分区之间的关系，使得各功能分区在位置选取、空间分布上保持互相协调；在旅游开发功能分区时合理规划动线和视线，进行最为理想的空间布局。

五、旅游配套设施的规划建设

旅游活动是以旅游者的空间位移为前提的，因此合理规划安排旅游者从客源地到目的地的往返通道，以及旅游者在旅游地内部的流动通道，是旅游开发的重要内容。旅游交通安排是在旅游开发时首要考虑的内容，是对进出旅游地的交通条件和设施进行投入，对旅游地内部的交通环境进行改善与优化，旅游交通通道的设置必须适应旅游者在便利、快捷、安全、舒适等多方面的基本要求，在交通安排上不仅包括旅游交通线路的设计、旅游交通设施的配套建设、旅游交通工具的选择，还包括各种交通运营计划的设计和安排。

旅游开发不仅需要交通规划建设，还需要规划建设其他各种配套设施，包括基础设施和专门设施。旅游基础设施是指旅游者在旅游地停留期间必须依赖和利用的设施，包括酒店宾馆等住宿设施、餐饮设施、娱乐设施、购物设施、银行、医院、通信设施、供水供电设施等，涉及的内容和范围广泛，涵盖旅游吃、住、行、游、购、娱等多方面，这些设施的设计和安排要能够提升旅游者的感受，有助于提高旅游服务质量，并增强旅游吸引力，同时还要对当地社会的发展和人们生活质量的改善有助益。通过旅游开发中各种辅助配套设施的统筹规划和建设，完善和提升旅游发展的硬环境。

六、旅游客源市场开拓

旅游开发要取得预期的经济、社会、环境、文化等效益，在旅游供给侧开发建设的同时兼顾需求侧，密切关注旅游市场的需求及其变化。在进行旅游开发时依据本身旅游资源的特色和优势确定其开发的目标市场，进行旅游客源需求的准确定位，确定核心、基础和潜在的旅游客源目标市场，锁定核心市场进行适销对路的开发建设和市场营销，不断开拓旅游市场。

七、旅游人力资源开发和管理体制机制筹划

旅游业是以提供服务为核心的活劳动密集型行业，人力资源是保障旅游发展的核心要素，人力资源质量高低是影响旅游业健康发展的重要因素，旅游开发的顺利实施，在很大程度上有赖于旅游人才的供给与开发，不断重视和强调人力资源的开发，持续拥有稳定、高质量的旅游从业人员，有效提升旅游吸引力和竞争力，持续推动区域旅游协调发展。旅游人力资源开发包括对从业人员需求进行预测，对专业技术类人员、公关营销类人员、服务人员的选择等，从业人员的招聘、选拔、培训、安排等工作。

旅游开发的管理体制机制是旅游运营发展的重要手段，包括宏观的体制建设和微观的机制建设。在旅游开发中根据具体情况借助市场机制和政府宏观调控机制的双向指引展开，在微观具体层面深入研究各类影响因素、协调各利益主体的利益采取恰当的运营方式保证旅游开发的成功。通常可以采用成立管委会、委托经营、拍卖经营权、股份制、所有权和经营权分离等各种方式，具体采用何种方式需要根据当地的经济发展、资源性质、政府政策、人力资源、社区居民等具体情况而定。

旅游开发是全方位的开发，从资源层面看，旅游开发是一种减少时空上的浪费，充分高效利用资源的整合开发，包括物质层面和精神文化层面由浅入深的开发；从游客层面看，旅游开发是进行多样化旅游产品与项目的过

程；从经济层面看，旅游开发是延长时间、增加旅游效率、提高人均就地消费水平，突破门票经济延长产业链的系统工作；从技术层面看，旅游开发是增加科技含量，用先进科技推动旅游业发展的工程。

第四节　旅游开发的方式

根据旅游开发的性质和目的，旅游开发可以分为新建、再利用、修复重建、改造和挖掘提高等多种方式（马耀峰、甘枝茂，2013）。

一、新建

新建就是凭借自身独特的旅游资源特点，建立新的旅游景区景点或主题公园，建设与主题相配套的旅游服务基础设施，来增强旅游地的吸引力，满足市场相应的旅游需求，推动当地旅游业发展和民众生活质量的提升。这种开发是完全从无到有的新建，贵在创新，创造出"人无我有、人有我优、人优我特"的全新旅游业态。

二、再利用

这种开发是指依托原有的未被认识到的旅游吸引物，发掘其旅游价值，通过整合、组织、再开发，使其成为旅游吸引物的一种开发方式。随着社会的进步和人们生活水平的提高，旅游需求和消费行为特征不断呈现出多元化趋势。因此，根据旅游消费需求的新变化，开发利用以前未被认识到的旅游吸引物，促使其成为新的旅游产品，产生旅游效益。

三、修复重建

因为自然或历史等原因而被损毁，但又具有极高艺术观赏价值、历史文化价值和科学考察价值的旅游资源，对其进行整修、修复或重建，使之重新成为可供人们参观游览体验的旅游区点或业态。

四、改造

对现有的利用率不高的旅游景观、旅游设施或非旅游设施，投入一定的人力、物力、财力进行局部或全部改造，使其符合旅游市场需求，成为受旅游者欢迎的旅游吸引物的一种开发方式。

五、挖掘提高

对已被利用但又不适应旅游发展新形势的旅游吸引物，借助深入挖掘资源特色，增加一些新的设施和提供新的服务，提高其整体质量，产生出新的旅游吸引力的一种开发方式。

以上五种旅游开发方式之间并没有严格的界限，难以截然分开，常常需要结合现状与需要，根据具体的旅游要素状况，确定具体的开发方式及其组合。

第五节　旅游开发的模式

从区域理论角度出发，旅游开发模式是指依据区域旅游资源、旅游发展现状以及发展潜力，确定未来协调发展的组织体系。在旅游开发时同类型且具有相同特征的旅游开发思路和理念通常会有极大的相似性，而此种思路和理念即为旅游开发模式。虽然，旅游资源种类繁多，因其所处的区位、自然环境和社会环境等条件的变化，同类旅游资源也会有极大的差异性，但对其进行开发的思路和理念却具有相似性特点，即旅游开发模式具有一定的普适性。对旅游开发模式的研究有利于在文化遗产利用中探寻旅游发展的恰当路径。

由于旅游资源的性质、价值、区位条件、规模、结构和区域经济发展情况、文化背景、法律法规、社会制度、技术条件等方面因素会有不同，旅游开发的深度和广度不尽相同，因此导致旅游开发的模式也趋于多元化。依据影响因素和不同的划分标准，旅游开发的模式可以归并为不同的类型。

一、按照旅游资源的类型划分的旅游开发模式

（一）自然类旅游资源的原生态少扰动模式

自然类旅游资源是由地文、水文、生物、气候气象天象等自然地理要素构成的，具有美学观赏价值、历史文化价值和科学考察价值，能吸引人们前往进行旅游活动的自然景物。自然类旅游资源以天然赋存的原生景观和淳朴底色为吸引要素，对向往本真自然的旅游者群体有强烈的吸引力，能为旅游者提供观光游览、休闲度假、避暑避寒、运动健身、休养理疗、漂流探险、冲浪划船、滑沙滑草、野营自驾、研学科考、品茗垂钓等游憩活动。开发自然类旅游资源通常可以采用原生态少扰动模式，开发时尽量突出资源的本身底色，在保障人们游憩活动的配套设施的建设时，尽量减少和避免人为的干扰，在保护自然底色的同时保留本真、体现本真、融入本真。目前，自然类旅游开发的模式具体为旅游区、风景名胜区、森林公园、自然保护区、地质公园、国家公园、水利风景区、植物园等类型。

（二）文物古迹类旅游资源的尊重历史展现文化开发模式

我国是拥有五千年文明历史的文化大国，文物古迹类旅游资源比比皆是，其反映了人类在不同的历史时期的科技、生产力等社会活动和社会意识，这也是我国发展文化旅游的最大优势所在，其造就我国旅游的鲜明特色和与众不同。文物古迹是社会历史发展过程中遗存的人类文化的瑰宝，是将理论形态的历史文化具体形象展示的重要载体，其反映人类在历史时期的文

化意识、社会活动和社会关系等，具有重要的历史文化价值、科学考察价值、艺术观赏价值、民族文化价值、稀缺价值等，开发重在展示资源所处特定历史时期的经济、政治、社会、文化、文学艺术、科学技术等发展水平和历史内涵。文物古迹类旅游资源通常可以进行寻古探源、历史文化教育、访古探秘、文化体验、研学科考等形式多样的游憩活动。旅游开发重点在于通过历史文物古迹的整理挖掘、保护修缮向旅游者复原展示其历史文化价值；文物古迹类旅游资源往往和历史文化名城相伴而生，因此开发文物古迹类旅游资源需要与城市的总体规划相结合，既可以满足现代社会旅游需求，又可以保持地域的历史性和文化性。开发文物古迹类旅游资源，可以采用尊重历史、展现文化的开发模式，具体可以有博物馆、遗址公园、国家文化公园、文化廊道、文化园区、考古园区、文化演艺等类型。由于文物古迹是漫长历史演变过程中逐渐沉淀形成的，通常具有不可再生性，一旦被破坏，将永久消失，所以，在进行旅游开发时必须坚持保护为主的可持续开发利用，保护融于开发、开发促进保护的双向促动方式。

（三）社会风情类旅游资源的参与互动风情展现模式

我国有 56 个民族，每个民族都有魅力独具的民风民俗和社会风情，这些成为吸引旅游者的重要旅游资源。社会风情是以人为载体，通过群体的生产劳动、生活方式、社会交往等表现出来的人际活动，具有参与性、动态性、活动性、表演性、精神指向性、文化展示性、融合性等特征，在旅游开发中可以发挥参与体验、文化交流、精神体验、观赏游乐等价值，给旅游者带来其他旅游资源不具备的体验功效，是最具开发潜力的活态旅游吸引物。此类旅游开发更强调参与体验性和动态展示性，尽可能促使旅游者沉浸式融入旅游地社会活动或生活场景，从而产生高质量的难忘旅游经历。所以，在旅游开发过程中尽量保持原汁原味，不应为了追求商业目的而改变当地的原味风土人情，最好的开发方式就是社区参与旅游，具体的开发方式有民俗村落、特色风情小镇、民俗主题乐园、文化大院、民族演艺综合体等方式。

（四）现代人工吸引物的特色化参与互动模式

现代人工旅游资源是随着社会经济和旅游需求日渐增加而出现的一类新旅游吸引物，根据其功能可以分为观赏型和游乐体验型两大类别。人工吸引物的建造对于资源禀赋匮乏，而处于经济发展好、交通区位便利、人口较为密集、客源较丰富等外在开发条件好的区域，是一种极佳的旅游开发模式。人工吸引物通常具有游赏体验、参与性娱乐、休闲游憩等功能，对其旅游开发可以发挥其娱乐性、大众性、参与性、深度体验性等特性，充分满足现代社会的多样化旅游需求。和其他旅游资源具备的自在性不同的是，人工吸引物是专门为旅游而人工打造的，由于人工吸引物的建设周期长、投资大，并且必须有良好的客源条件，所以开发建设要慎之又慎，对于其开发的地点选择、主题定位、产品项目定位、性质格调规模档次、目标市场定位都必须进行充分调研，严格筛选。人工吸引物最适宜的开发模式为特色互动模式，具体表现为主题公园、城市游憩公园、城市历史街区、娱乐场、文化旅游园区等模式。

按照旅游资源类型，除了上述几种常用开发模式外，还有其他开发模式，在实际开发中需要因地制宜选择一种或多种适宜模式进行开发。

二、按照投资主体划分的旅游开发模式

（一）政府主导型旅游开发模式

由政府投资进行的开发有两种，即中央政府投资型和地方政府投资型。中央政府投资型模式通常适用于投资规模大、回收期长、投资风险大、跨区域、涉及利益主体复杂、宏观意义重大的公益性开发项目，例如跨区域交通通道、大型环保项目、机场码头车站、能源基地等的修建，地方和其他投资主体无力承担，往往由政府出资建设；地方政府投资主要集中于地方的基础设施建设项目，例如地域内除中央投资建设之外的，标志性的、带动性大、

最初开发的、影响力大的旅游建设项目。此类开发模式的特点是政府运用行政审批、开发规划等手段，从宏观层面上通过政府预算、金融支持、国际合作等措施参与旅游开发。此种模式适用于经济欠发达地区和旅游资源待开发区域。

（二）企业主导型旅游开发模式

企业主导型开发模式是指地方政府将辖区内的旅游资源开发和经营权采取出让的方式，吸引投资商进行开发和经营，政府退居宏观管理层面，只在规划、政策法规、宏观市场促销等方面对投资开发商进行宏观指引，不直接参与投资的开发模式。按照投资企业的不同可以分为不同的投资开发类型：国有企业投资型、集体企业投资型、非国有企业投资型、混合经济投资型等。此类开发模式的特点是政府在宏观层面管理旅游市场、审批旅游开发规划、制定法律法规和发展战略，不直接参与投资，把旅游开发项目推入市场，引导企业开发经营旅游项目，主要按照市场经济体制机制规范约束企业旅游经营开发。针对具体景区景点的旅游资源开发而言，景区景点类旅游项目管理相对简单，经济效益明显，投入产出比值较高、投资回收期相对较短，由企业投资开发经营比较合适。此种开发模式对促进我国企业的实力壮大和国家政府职能转变、地方旅游发展大有助益，此模式也是我国优先支持和积极鼓励的旅游开发模式，适用于所有类型的旅游开发区域，今后将会是我国旅游开发的主要依托方式。

（三）民间投资型旅游开发模式

民间投资型旅游开发模式旅游投资主体是一般的民营企业或个人，针对规模不大能获取短期收益的中小型旅游项目进行投资开发，或创办餐饮、住宿、购物等配套旅游项目。开发模式中投资主体比较注重投资所带来的短期收益和投资回报率，以个体独资或个体集资等方式承建旅游项目；投资规模不大；涉猎的范围较广，一些投资少、见效快的旅游开发项目往往能吸引此类投资者。民间投资虽然只是单个和少数几个项目投资，但其对关联性的旅游企业来说，有着极其重要的意义。民间投资可以起到查漏补缺的作用，为当前快速发展的旅游开发注入了一股新鲜的活力，为旅游消费者提供了更加多元的选择，是目前地方旅游发展中不可或缺的重要方式。按照"谁投资、谁受益；谁投资、谁管理"的旅游业发展原则，民间资本投资旅游业的积极性正在逐步提高，未来也是我国旅游开发的重要力量。此类开发模式适用于旅游发展较为成熟，并且已取得较好旅游开发效益的区域，或旅游业正在起步的旅游资源待开发区。

（四）外商投资型旅游开发模式

目前，外商投资开发旅游在我国集中在饭店、宾馆、旅行社和汽车租赁业等，投资以合资方式为主，例如建设—经营—转让即 BOT（build - operate - transfer）旅游开发模式，通常先由政府将旅游项目的投资权赋予某外商投资主体，由其单独投资建设项目，项目建成后允许该投资主体独立经营，便于其在规定时间内收回投资并获得利润，待经营年限届满后，投资主体把该旅游项目的经营权交予当地政府。此投资模式的特点是投资规模通常很大，外商在投资开发过程中引进先进的管理理念、模式、经验等会对当地产生示范带动作用，为进一步扩大旅游业发展利用外资的能力，这会是今后我国旅游吸引外资的重要方向，投资方式也会更加灵活。此开发模式通常适用于经济欠发达地区、开发资金量很大的旅游开发项目或当地不可能进行开发的旅游项目等。

上述几类投资开发模式并非完全独立，随着旅游投资管理体制的逐步完善，几种开发模式共同完成旅游开发。以政府为主导，以企业和外商投资为主体，民间和个人投资为补充，多种投资相结合会是我国旅游业发展的主要形式。

三、按照发展阶段划分的旅游开发模式

（一）资源导向型旅游开发模式

资源导向型旅游开发模式是指旅游开发是以旅游资源本身作为着眼点，

通过详细调查分析评价本地旅游资源，并以此为依据，有什么旅游资源就发展什么旅游，依托资源本色进行旅游开发的模式。此开发模式的优点是开发实施相对简单，无须大量资金投入；缺点则是很难满足日新月异变化的旅游需求，旅游产品只能适应基本的观光旅游。这一模式对应着旅游开发的初级阶段。

（二）市场导向型旅游开发模式

市场导向型旅游开发模式是根据市场需求来进行的旅游开发模式。在旅游开发之前首先进行旅游市场需求的调查研究，在准确掌握旅游需求和变化规律的基础上，预测旅游需求变化并根据市场需求，结合旅游资源特色，确定旅游开发主题、层次和规模，进行旅游开发的模式。这种开发模式的优点在于在研究旅游市场需求的基础上开发适销对路的旅游产品，可以很好地满足市场需求，具有很强的生命力；缺点则是要随着市场需求变化不断开发新产品，所以旅游开发投入相对较高。这一模式在旅游市场得到重视后才相应出现，并且也是重视资源的。

（三）形象导向型旅游开发模式

形象导向型旅游开发模式是利用旅游地所形成的旅游形象来吸引旅游者的开发模式。这一开发模式是在整体认识旅游开发基础上的长远开发思路，开发更注重旅游地整体氛围营造、旅游地主题形象和旅游地品牌塑造，需要找准旅游资源的特色并进行恰当的主题定位。此开发模式的优点在于能够长远谋划旅游发展，对于旅游可持续发展大有助益；缺点则是开发的周期相对长，开发的费用成本较高。形象导向模式既着眼形象进行旅游开发，也研究旅游资源和旅游市场需求，是资源导向和市场导向基础上的升级开发模式。

（四）项目导向型旅游开发模式

项目导向型旅游开发模式是在创新创意基础上以项目打造吸引人们前来游憩体验的旅游开发模式。这一开发模式是创意、高科技等支撑开发的旅游模式，是旅游开发发展到一定阶段后形成的，考虑旅游资源特色和状况、旅游市场需求、旅游主题形象等传统旅游发展要素，同时又突破传统的供给跟随需求变化的开发思路，通过创意打造旅游供给，再去创设需求、引导需求的旅游开发模式。这一开发模式的优点是综合利用资源导向、市场导向、形象导向开发模式的优点，缺点是对开发的客源、投资、技术、规划设计等条件要求极高。

上述几种旅游开发模式不是彼此孤立的关系，而是次第升级兼容并包的关系，随着旅游开发的发展目前处于项目导向阶段。

四、按照地域划分的旅游开发模式

（一）东部发达地区的精品旅游开发模式

发达地区精品旅游开发模式是指社会经济发展水平高、市场客源条件佳、对外交往多、交通顺畅发达、高素质人才集中、旅游综合条件好的区域，在既有旅游发展基础上，着眼提升原有产品层次和开发水平，以精品旅游产品项目为旅游者提供全方位、高质量的产品服务，在旅游竞争中取胜。此开发在于深度挖掘旅游资源潜力，促使旅游业转向内涵效益型，旅游产品开发在观光旅游基础上重点开发休闲度假、参与性娱乐等专项旅游产品和项目，以此提高游客的逗留时间、回游率、购物比重，扩大旅游收入。例如我国东部沿海的长三角、珠三角、环渤海三个旅游发达地区，其旅游开发在原有基础上，重在提升旅游产品层次和旅游资源开发水平，围绕中心城市逐步扩展至周边等级较高的地区，以精品化开发的模式促进整个区域旅游发展的整体提升。

（二）中部过渡地区的特品旅游开发模式

过渡地区的特品旅游开发模式是指社会经济发展水平一般地区，利用处于中间过渡地带的地理区位，发挥承东启西优势，延承旅游业发展，转送旅游客源，把东部地区旅游业发达的优势及西部地区旅游资源丰富的优势相结合，以特色旅游打造自我优势。在旅游开发时，改善自身旅游设施相对落后现状，加大旅游基础设施建设，提升旅游发展条件；正视与发达地区在旅游产品竞争上的劣势，着眼于提高旅游服务质量，提高旅游资源开发与利用水平，努力打造独具特色的旅游产品项目，在发展观光旅游的同时开发能够体现地域特色和风采的专项游憩产品项目，和东西部旅游产品形成优势互补，吸引海外和发达地区的广大客源市场。

（三）西部欠发达地区的极品旅游开发模式

欠发达地区极品旅游开发模式是指旅游观念和意识相对滞后、社会经济发展水平不高、市场客源条件不充分、可进入性差，但旅游资源数量多、种类丰富，很多在国内外具有唯一性和垄断性，旅游资源优势十分突出，尚处于旅游待开发的区域，发挥旅游资源比较优势，开发特色旅游产品项目，以不可替代的垄断特色吸引旅游者的区域。我国西部地区有着丰富的待开发旅游资源，旅游开发潜力巨大，但旅游基础设施落后、生态环境脆弱等成为制约旅游开发的突出因素，所以开发旅游的突出任务就是加快基础配套设施和生态环境建设、提升旅游服务水平，尤其是加快交通设施建设。

第六节　旅游开发的趋势

人类对美好生活的向往从未停止、对休闲游憩的需求也从未停歇，这始终是旅游发展的最终追求。大众旅游、全民休闲的新时代，层出不穷的新业态、日新月异的新需求等旅游市场的主体支撑和政府政策赋能引领等都是旅游持续发展的动力。接下来，主客共享文化引领、文旅融合内容创造、科技赋能数字化转型、体制机制创新高质量发展、游憩产品体验性设计、旅游加多业态融合发展、多元主体协同共进等新动能，将会使旅游市场得到更充分的释放，游憩发展将会迈入全新的时代。

一、文旅深度融合开发趋势

在主客共享美好生活的时代，旅游是一种生活方式、学习方式和成长方式，文化繁荣是社会经济活力的风向标。文旅融合是文化与旅游在价值、效能及路径上实现有机耦合的一种创新发展模式，需要在实践创新中不断探索前进。文化与旅游的融合需要经历从嵌入到融合的逻辑顺序，其融合分为资源挖掘与整合、技术与规划融合、产品与市场融合三大环节，融合模式通常有"文化＋旅游""旅游＋文化""文旅＋其他"模式（王建芹、李刚，2020）。文旅融合是提升国家文化软实力与文旅产业国际竞争力的重要途径，国家大力倡导文旅融合，2018 年 4 月 8 日，我国文化和旅游部正式挂牌成立，并提出"宜融则融、能融尽融、以文促旅、以旅彰文"的文旅发展方略，我国首次在国家层面正式拉开文旅融合的大幕。文旅发展目标一致，内在逻辑统一，文旅可以借助主体融合、产业融合与功能融合，实现资源、经济与社会综合效应。

目前，大多数旅游开发仍是以传统的游览观光产品为主，旅游产品单调、体验性不足，缺乏文化特色与创意，致使目的地间同质化、低层次及重复性旅游开发，因此，旅游开发迫切需要加强与其他产业尤其是与文化产业的融合，挖掘特色资源的文化内涵，塑造具有影响力的文化旅游品牌，满足人们对个性化、多元化旅游产品和服务的需求（厉建梅，2017），努力使旅游成为推动经济发展的重要引擎、坚定文化自信的生动课堂、展示中国形象的重要窗口。旅游与文化的耦合联动关系是文旅融合的逻辑基础，通过文化挖掘、旅游利用的方式，按照资源、产业、功能的融合路径，在要素增值、结构优化、功能提升的多重机制下助推文旅高质量发展。

在旅游开发时，以文塑旅、以旅彰文、优势互补、相得益彰，让文化真正成为旅游的灵魂，文化自觉、自信成为经济发展的内在支撑，坚持以文塑旅，科技赋能盘活存量丰富的文化资源，引入文化创意进行文化挖掘、品牌打造，让人们在旅游中看见文化之美、听见文化之声、悟到文化之韵，以文化塑造夯实旅游内涵、提升旅游品位；坚持以旅彰文，通过旅游在知名度、扩张度、效益度、富有度、美誉度等层面让经典文化活起来、优秀文化基因传下去、先进文化弘扬开，以旅游促动文化传播、文化繁荣，以文旅深度融合来更好满足人民对美好生活的向往，构建新发展格局。

以要素整合、技术创新、产业关联、价值增值等内在逻辑引导探索融合发展新路径，创造新产品、业态、消费和模式，为新发展格局注入新的活力（侯天琛、杨兰桥，2021）。在开发中将文化与旅游结合，聚焦文旅资源的特色和优势，找准文旅契合处和联结点，借助题材延伸、功能延伸形成兼具文化和旅游特色的新产品、新服务、新业态，促进文旅产业延链补链强链，为文化和旅游高质量发展注入新动能。文旅深度融合必须重视优质资源整合开发不足、产品业态迭代升级不足、产业链条延伸拓展不足、体制机制有效保障不足等现实短板，加快构建文旅融合新模式、丰富文旅产品新供给、拓展文旅融合新业态、打造文旅融合新引擎，实现文旅融合健康可持续发展（厉新建，2012）。

二、全域旅游发展趋势

2009年12月1日，国务院发布《国务院关于加快发展旅游业的意见》提出"把旅游业培育成国民经济的战略性支柱产业和人民群众更加满意的现代服务业"，把旅游业提升到了前所未有的战略高度，旅游被赋予国家战略产业的地位，与生活、生态、社会、服务交融发展，承担起提升国民生活水平、推进文化复兴、提升文化软实力、推动产业融合等时代重任[1]（厉新建，2012）。传统的景区为主的旅游发展模式已很难适应新的发展形势，需要转向全要素驱动的全域旅游发展战略。2015年，国家旅游局发文开启了我国全域旅游发展；2016年，习近平总书记在宁夏视察时给予全域旅游发展模式高

---

[1]　国务院关于加快发展旅游业的意见［EB/OL］．中华人民共和国中央人民政府网，http：//www.gov.cn/gongbao/content/2009/content_1481647.htm，2009－12－01．

度肯定；2017 年，国务院政府工作报告指出要大力发展全域旅游，国家旅游局出台《全域旅游示范区创建工作导则》；2018 年，国务院政府工作报告提出要创建全域旅游示范区，当年，在全国两会期间，国务院颁布了《关于促进全域旅游发展的指导意见》；2019 年，国务院政府工作报告："发展全域旅游，壮大旅游产业"；2020 年，文旅部关于修订印发《国家全域旅游示范区验收、认定和管理实施办法（试行）》和《国家全域旅游示范区验收标准（试行）》的通知，继续指导推进中国全域旅游示范区建设工作，全域旅游成为旅游发展的重要国家战略。全域旅游在中国经历了概念提出、地方试点探索、国家示范推进三大阶段。

全域旅游是指在一定行政区域内，以旅游业为优势主导产业，实现区域资源有机整合、产业深度融合发展和社会共同参与，通过旅游业带动、统领经济社会全面发展的一种新的区域旅游发展理念和模式（吕俊芳，2013）。厉新建等提出全要素、全行业、全过程、全方位、全时空、全社会、全部门、全游客等角度推进的全域旅游发展模式（厉新建等，2013）。张辉教授指出全域旅游是从景区旅游向目的地旅游的转变，全域旅游不在"全"而在"域"。厉新建教授认为全域旅游是我国旅游供给侧结构性改革的着力点；王衍用教授认为全域旅游需要创新思维，整合盘活旅游目的地发展潜力是旅游供给侧结构性改革的重中之重。全域旅游是新时代旅游高质量发展的核心战略，和传统旅游相比发生了巨大转变，表现为产业域（以旅游为平台的复合产业结构旅游由配角转向主角）、空间域（旅游由景区拓展至旅游目的地）、管理域（旅游管理以部门为核心转向社会管理体系）、要素域（旅游以资源为单向要素向旅游环境建设转型）多层面（张辉、岳燕祥，2016），旅游泛化发展、边界模糊，几乎涵盖所有行业。城乡统筹视域下，中国全域旅游范式可以借鉴"全产业链条的大城小镇嵌景区"开发范式（吕俊芳，2014）。魏小安教授认为全域旅游发展包含三要素，即吸引力要素、服务类要素及环境类要素，其中前两者称为吸引要素，基本涵盖旅游业发展的行、游、住、吃、购、娱等要素；后者称为发展要素，主要是支撑保障旅游的发展，包含文化、咨询、环境、科教、制度、综合等多要素。一地全域旅游发展有两大支点：一是各县、市、省、国家、洲等地域支点，二是旅游企业等产业支点；两大支点的结合共同促进全域旅游发展（魏小安、魏诗华，2012）。全域旅游的创新发展有赖于三要素、两支点的合理谋划与安排。传统旅游发展倚重三要素中的吸引要素和两支点中的产业支点，全域旅游发展侧重盘活三要素中的发展要素和两支点中的地域支点。为很好地盘活旅游供给侧潜力，在旅游开发中最得力的措施就是借助"反规划"。俞孔坚教授认为"反规划"是优先对旅游城市发展中不建设区域进行控制的规划方式。"反规划"跳出旅游进行旅游规划的途径，关注了旅游发展的外围环境与要素，这也正是全域旅游所倡导和侧重的，因此"反规划"使旅游发展得以拓展到空间"全域"、产业"全域"、要素"全域"、管理"全域"，是全域旅游的创新路径和亮点。

　　未来，旅游开发需要通过体制机制创新，破除传统旅游的体制壁垒和管理樊篱，通过全要素资源、业态创新，促进旅游与多业的融合协调，形成综合新产能，实现从封闭的自循环向开放的"旅游＋"多产业融合趋势转变，在主客共享理念指引下，通过主题鲜明、主题演绎拓展时空域边界，实现人民性、现代化、未来感突出的全域旅游高质量发展。

三、创新发展趋势

　　旅游是市场化程度高、经济属性强的现代服务业，主要为满足人民对美好生活的新期待；创新作为促进经济可持续发展的动力、转变经济发展方式的推手，受到全球关注，近年来，我国持续贯彻落实创新发展战略。党的十八大报告明确定位实施创新驱动发展战略，《"十三五"旅游业发展规划》明确了我国坚持创新驱动发展原则，将创新作为我国旅游业发展的新动能；《"十四五"旅游业发展规划》明确了旅游业高质量发展的主题和供给侧结构性改革的主线，坚持创新驱动发展战略。当前，我国刚性出行的基础市场更加稳固，文化休闲、游憩度假、科技体验等新需求逐步得到释放，创新驱动、消费升级时代已到来。

　　旅游创新具体可以分为创新型、更新型、革新型和融合型等多种形式。

创新型主要是指不同于现有的任何内容和方式，根据不断发展的需求重新组合资源和要素推出新产品、新方法，开辟新市场，形成新组织等的从无到有完全创造的新型模式；更新型是指通过增加新的内容、新的技术、新的方法、新的功能等因素实现更新换代的过程，在原有的基础上，跨越一步，从旧到新的发展模式；革新型是指改变或提升原有模式或将原有模式的某一环节或某一项目独立出来做强、做大，注重差别、突出特色、细化服务，从而创立出从同到异的异质化模式；融合型是指将两种或几种功能整合到一起，或者重新组合，形成一个从一到专、从单到丰的独立新模式（杨玲玲、魏小安，2009）。

旅游创新融合发展，可以推动文化产业和旅游业的双重发展，创新融合可以赋能旅游发展新创意、新价值和新品牌。目前，文旅市场主体的创新方兴未艾，文化创造和科技创新的动能加速积聚，通过理念创新、产品创新、业态创新、技术创新、主体创新等系列创新构建我国旅游发展新模式、扩大旅游产品新供给、拓展旅游发展新领域、打造旅游发展新引擎、提高旅游发展新效能（周成，2021），科技创新、新旧动能转化、科技赋能正在助推旅游实现自我突破。

今后旅游开发一方面要盘活资源存量、激发发展潜能，创新旅游业态，不断丰富旅游产品项目供给，推动传统旅游产品转型升级，通过产业融合和业态丰富来满足多样化的旅游需求；另一方面要通过科技赋能、创新驱动、新旧动能转化，打造新体验场景、新产品业态、新服务流程和新商业模式，在供给侧不断推陈出新提升旅游服务水平和能力；科技创新、科技赋能旅游开发，培育壮大旅游市场主体，不断参与国际竞争，从而提升中国在国际旅游市场中的地位；持续推进模式创新、技术创新、跨界融合、IP赋能、互联网智能化，推进需求侧管理，以消费升级引领供给创新、供给侧结构性改革，以供给提升创造消费新增长点，供给需求齐发力，产业和消费双升级。

四、整合开发趋势

旅游资源在空间分布上的差异性和自然禀赋上的互补性决定了旅游开发

必须走资源共享的合作之路，在文旅融合战略、全域旅游战略、创新驱动发展战略下，整合是关键，通过整合放大资源的价值，实现最佳开发功效。所谓整合，是指旅游管理者和经营者根据区域旅游发展总体目标和旅游市场供求情况，借助法律、行政、经济和技术等手段，把各种相关资源要素组合成为统一功能的整体，从而实现区域旅游发展市场价值最大化和综合效益最大化的过程（周成，2021）。旅游发展是一个由多环节组成的完整链条，传统的旅游开发之路是先开发资源，再逐渐完善旅游产品，通过产品进入市场，构造品牌。但是现实中没有这样的典型路径，大都是滚动发展、逐步调整的先发地区摸索性模式，后发地区则没有必要再经历这样一个过程，而是要研究创新思路，加强对发展背景、项目运作、企业经营、旅游投资、旅游产业集聚区、旅游规划设计、旅游要素市场、旅游运作、旅游营销等所有产业链条的分析研究和完整构建（吕俊芳、李悦铮，2014），包括基础服务体系、产品业态体系、人才培养体系、安全管理体系，选择并购型整合、共享型整合、联合型整合、平台型整合、生态型整合、营销型整合等旅游杠杆作用跨界整合，用科技支撑、数字赋能、创意创新创造促进旅游与文化、健康、科技、农业、体育、工业、教育相互渗透相互交叉，扩大优质文化产品与服务供给力度，形成创新产业。

今后，旅游开发要在多个层面综合推进，包括复合型旅游资源的综合利用，多元化产品的体验开发，多层次空间的谋求扩大，具体体现在四个方面：第一是运营要素（吃、住、行、游、购、娱、文、深、慢、漫、精、境等）的整合；第二是发展要素（资源、资金、土地、人才、信息、科技、文化、管理、产权）的整合；第三是社会要素（城市乡村结构；国际国内旅游结构；体验方旅游者，介入方旅游企业、社区居民、政府、协会、媒体、志愿团体、科研院所等旅游群体）的整合；第四是环境要素（政策法规、市场、人力资源、生态环境、基础设施与服务、危机管理等保障因素）的整合（魏小安、魏诗华，2012）。整合开发通过全要素挖掘创新、全链条营销推广、全方位包装展示，在硬建设基础上整合优化加强软实力，凭借挖掘文化底蕴，培育地方特色产业，包括文化艺术、生活美学、服务设计、活化地方产业等，打造最具特色的旅游产品项目和品牌，用文化游讲产业创新故事，讲产业发展故事，推进文化复兴、提升软实力、推动产业融合。

旅游开发在遵循上述开发趋势的基础上，还要遵循全球化趋势、市场化趋势、生态化趋势、系统化趋势、科技化趋势等，创新驱动跨区域文旅资源整合利用，共建全域旅游业态项目，打造文旅融合示范区，共塑文旅品牌，注重提升旅游的现代化发展水平，突出文旅发展的综合效应。

第七节　旅游开发的技术路线

文旅融合是旅游开发的核心要求，全域发展是旅游开发的必由之路，创新是提升旅游开发的充分条件，整合是旅游开发的必然路径。谢彦君、于佳（2021）给出了体验范式主导的技术路线，具体来说有以下四点。

一、力避大商业化，力求小商品化

旅游开发作为一种经济技术活动，商业化是不可避免的，但是在开发寻求商业利益时力求做到保有商业利益赖以存在的基础。旅游尤其是文化旅游开发一定是要商业化的，然而，颇为相悖的是文化旅游开发秉持的原真性宗旨与商业化诉求是相互矛盾的，从体验的角度看，原真文化的商业化是旅游开发的大忌，例如，将传统节日、仪式等文化当作商品出售，甚至当作批量生产的商品来卖，从而使此文化丧失其固有的原真性，就是此类问题。设想一下，原本一年一度的傣族泼水节，假如为了满足旅游者的体验要求，变成一月一次、一天一次，甚者一天多次，只要游客到来就可以泼，就是严重的商业化行为，此种开发操作其实是釜底抽薪地剥离了文化旅游体验赖以存在的基础，是必须要避免的。

然而，旅游开发的商业利益一定是每个企业的基本诉求，也是维持企业持续发展的前提条件，这种情况下，应鼓励开发者在保护核心文化资源的本真性的前提下，最大限度地对核心文化产品的上下游产品进行创意性开发，拓展核心产品的产业链条。换句话就是努力围绕核心旅游产品开发系列小商品，即深化、延展化、精致化、产业链化旅游开发的有效路径。以蒙古族"马文化旅游"的小商品化开发为例，在旅游开发中相关的马博物馆、马节日、马活动、马艺术、马工艺、马日用品（锁钥、筷子、玻璃、瓷器等）的延展性深度开发，即一切相关的旅游产品尤其是旅游商品的"马化"开发。此种开发蕴含的真谛在于：文化要真、要纯，旅游才旺，旅游业才火。

二、力避无题化，力求符号化

旅游开发作为一种经济技术活动，常常会出现主题缺乏、立意平庸的情况，这样的开发既不能满足游客的体验诉求，也不能回报开发者的商业利益。一般的消费领域，通常从产品、价格、促销和销售渠道等方面谋求创新，而旅游业界则必须打造品质独特的旅游产品，这是旅游的本质所决定的。任何一种旅游产品都要通过其鲜明、独特的主题获得其可以被感知的灵魂；没有主题、没有概念，就不可能有形象和感召力，此为旅游产品开发必须警觉的问题。旅游产品的使用价值不是以消耗物理性的实体来获得，而旅游消费的主要价值则依附于旅游产品之上的各种符号形式所传达的无形价值。符号是主题的表达形式。因此，抽象提炼各种文化旅游产品所依托的族群文化符号，是打造文化旅游独特形象的有效途径。对于旅游地、旅游产品来说，其视觉识别（visual identity，VI）的符号化系统设计就显得至关重要，通常旅游的符号化内涵具化为"深度解说系统的构建"。例如，蒙古族文化旅游符号，就包括蒙古包、苏鲁锭、敖包、勒勒车、草原、成吉思汗、马头琴、蒙古长调、呼麦等符号形式。

旅游开发中，深刻表现旅游文化世界的符号化战略就显得尤为重要，当今文旅融合的大背景下，这些符号不是简单地列举陈设，而是需要借助于全社会（尤其是建筑界、艺术界和设计界）的共同努力，用心设计、发掘、提炼、创新基于本土特色的符号体系，这对文化遗产的旅游开发有极大的参考启示。

三、力避浅游化，力求体验化

体验是旅游的本质内核，在旅游开发中自当体现。现实当中存在大量的旅游开发，由于是简单模仿其他示范区点、延续传统的观光旅游开发套路、缺乏深度创意、不尊重文化本真性的旅游价值等，导致开发出的旅游可游性尤其是可体验性极差。由此，客观上造成大众观光时代存在肤浅性，不能满足体验时代游客的旅游需求。所以，旅游开发中必须明确以下三点理论认识。

第一，旅游是体验，而且是异地的休闲体验，这是旅游的本质规定性，此规定性也成为旅游开发的根本规律。

第二，旅游产品在功能上的体验化赋能，是活化一切乏味的旅游资源甚至使一些无聊的旅游产品"化腐朽为神奇"的有效途径。

第三，从管理的角度来说，体验是一种情绪化的运作和管理，因此，相关旅游企业的日常管理实践也会面临极大的挑战。

四、力避粗浅化，力求精致化

由于思想、创意、设计和资源条件限制而导致的旅游开发，往往流于粗浅，其社会经济效益不尽如人意也就毫不意外了。其实，在旅游开发的现实中不乏一些打造独特的文化旅游景观，追求精致化的实例，值得学习和借鉴。全民休闲时代，人们的需求层次大幅度提升，加之旅游产业的创新能力、资本运营以及工艺设计水平方面的快速发展，旅游产品的精致化程度明显有所改善，但是这些改善并未普及，依然存在大量粗制滥造的旅游开发。在旅游开发中有以下两点值得注意。

第一，在文化旅游的"小商品化"方面，精致化是未来努力的方向，也是竞争力的源泉，以延长产业链条为抓手的精致化旅游开发，具有巨大的发展空间。

第二，旅游开发过程中反对粗浅，并不意味着反对提供具有原初风貌、素朴品格的旅游产品。由于旅游的体验本质在于对差异性文化的向往，而此种差异往往指向时间的过往、未来以及空间的异地，从这个层面讲，简朴甚至某种意义的粗鄙，都可能成为打动游人的品质。因此，这里指的精致化并非指向奢侈与豪华，而是深层含义层面的精致。

第六章

文旅融合开发研究

文化是旅游的灵魂，旅游是文化传承和价值实现的重要载体，两者具有天然的共生互融性。文旅融合是增强文化自信的重要途径，也是提升旅游品质、传播文化内涵的不二选择。文化和旅游存在天然的联系，但长期以来也存在较为严重的隔阂，2018 年我国部委调整，把文化和旅游两个部门合并组建为文化和旅游部，中华人民共和国文化和旅游部的组建彻底消除了文化旅游原有的界河之累（崔凤军、陈旭峰，2020）。《中华人民共和国国民经济和社会发展第十四个五年规划和 2035 年远景目标纲要》中明确加快推动文化和旅游融合发展，坚持以文塑旅、以旅彰文，打造独具魅力的中华文化旅游体验。《"十四五"旅游业发展规划》《"十四五"文化发展规划》释放出强烈的文旅融合发展信号，我国文化和旅游发展处于重要战略机遇期，国家层面的规划和部署为我国文旅发展指明方向，提出顶层设计思路，深入挖掘和阐释文化内涵，把历史文化与现代文明融入旅游业发展，让旅游成为感悟中华文化、增强文化自信和他信的重要载体，推动我国文旅事业高质量发展。

第一节 文旅融合的缘起

一、旅游的时代之变

（一）旅游从产业发展转变为全域旅游发展，由边缘转型升级为主流

2009 年底，国务院发布《国务院关于加快发展旅游业的意见》[①] 文件，明确旅游"战略性支柱产业[②]和人民群众更加满意的现代服务业"地位，自此旅游经历了跨越式发展，已经融入国家战略体系，旅游发展进入大产业时代，旅游在社会发展中发挥着越来越重要的作用，已经进入散客旅游、自主旅游为主的新发展阶段。旅游不再是"吃住行游购娱"六要素构建的小产业，呈现出边界模糊、产业泛化的特征，在原有六要素基础上，已逐步成为融合多产业的大产业，从产业发展转变为"文化、科教、信息、环境、制度、管理"多要素全域全产业协同的旅游地发展，旅游发展成为区域发展和地方综合发展的重要目标。

原有的旅游产业发展理念虽然把旅游业当成吃住行游购娱的综合性产业，但强调的是其他部门对旅游业发展的支持，旅游处于辅助的配角地位；现在的旅游地发展理念，旅游产业强调的是旅游产业与其他产业的融合发展，旅游发展不仅要抓经济、抓产业、抓结构调整，更要抓文化、抓精神文明建设、抓可持续发展、抓知名度、抓美誉度、抓品质生活等，旅游不再是服务中心、服务大局的边缘产业，已转向融入文化、纳入主流的更大空间域的融合发展中心。我国逐步转向以旅游业为优势产业，对区域内经济社会资

---

① 国务院关于加快发展旅游业的意见 [EB/OL]. 中华人民共和国中央人民政府网，http：//www. gov. cn/gongbao/content/2009/content_1481647. htm，2009－12－01.

② 战略性支柱产业是指对国家或地区发展具有战略意义、具有社会经济发展重要支撑力的产业，其本身具有相当规模，且发展潜力大，能对经济社会发展起广泛带动作用，从数量上来讲当某产业增加值占 GDP 的 5% 以上为支柱产业，占 8% 以上即为战略性支柱产业。

源尤其是旅游资源、相关产业、生态环境、公共服务、体制机制、政策法规、文明素质等进行全方位、系统化的优化提升，区域资源有机整合、产业融合发展、社会共建共享，以旅游业带动和促进经济社会协调发展的全域旅游发展时代。

（二）旅游从封闭的孤岛式发展转变为开放的全域发展

传统的旅游产业发展多从物质空间视角出发，忽视了其社会属性，导致旅游产业发展的孤岛效应明显。全域旅游发展在物质空间上从"景区"拓展到"全域"，结合市场需求、产业发展、旅游社会影响等特征从抽象空间上发挥社会关联性（安传艳等，2019），通过全域旅游发展扩大开发主体范围、激发社区居民活力、重置旅游设施布局、建立数字化防控体系、创新经营管理体制、发挥民间组织作用等措施（蔡瀚赓等，2017），突破了传统旅游发展的孤岛效应。在文旅发展实践中将物质和抽象空间统一于社区居民的生活空间中，将区域可持续发展和居民生活质量的提升，作为旅游发展的最终落脚点和价值诉求，体现了社会主义的人本价值追求。

当前，旅游融合发展加快，全域旅游上升为国家战略，旅游发展正在跳出单一经济诉求和刺激消费的传统定式、改变传统以抓点为特征的景点旅游方式，不再把旅游当成一个产业或部门看待，转向关注国民社会福祉的改善和提高，以全域旅游发展满足国民追求幸福健康的需要，使旅游服务更加泛化和社会化，更多突出旅游的事业功能。通过"旅游＋"的融合发展方式，以强大活力与多产业组合、融合，不断衍生出新产品、新业态、新供给，使旅游从封闭的孤岛式发展向开放的全域旅游发展，这既为旅游业自身发展拓展了广阔空间，也为带动其他产业发展提供了强大动力。

文旅融合发展采取"点—线—面—域"的发展模式，已不再简单地将发展空间局限于静态的景区景点，而是连点成线、点线成面、网络成域地与旅游地周边居民的生活融为一体，并把周边有特色魅力的吸引物作为旅游的外围节点纳入旅游发展战略体系中，以旅游地为中心的蜂窝式、基营式文旅发展模式（厉新建，2012）。用独特的文化符号和文化魅力包装、释放旅游，用特色、创新化的产品丰富拓宽旅游，通过旅游、文化、体育、医疗、养老、农业等产业的深度融合，发挥消费的"马车"拉动效应，通过相关产业的深度融合发展，弥补旅游业的短板，吸引更多的游客，增强旅游的核心竞争力。

（三）旅游业态从观光迈向游憩

旅游业态是指旅游企业或行业为适应市场的需求变化，对旅游经营的各要素，例如组织形式、经营模式、产品要素、服务形式等进行有效组合而产生的经营形式。按照功能划分，旅游业态有观光旅游、休闲度假旅游、康体健身旅游、研学教育旅游、科考探险旅游、商务会展旅游、节事节俗旅游、文化体验旅游等。旅游业态的形成遵循的是魔方原理，即要素全是老要素，而经过附加文化的创新转动后出现完全不同的新面孔。应开阔视野，开发新业态，瞄准新业务，实现多种经营，不断创新旅游项目，提升旅游内涵价值；打造个性化、差异化、特色化、有竞争力的产品体系；同时加强网上营销传播力度，增强旅游消费。

目前，旅游已经走完观光旅游一统天下的阶段，来到更加关注消费者意愿，体现普通民众休闲生活的游憩时代，此时的旅游发展，公众所喜爱的大众休闲越来越受重视，旅游活动的内容越来越泛化，越来越关注旅游者的身心健康和幸福感。游憩是离开居所一定范围进行的，能够带给游憩者生理上的满足和心理上的愉悦，有助于恢复其体力和精力的合法行为。此处游憩的范围涵盖旅游和休闲，其中旅游重视结果，强调具象景观，观光旅游需要有震撼力的景观，强调外部的"观"，观光旅游强调经历；休闲重视过程，强调虚化环境；休闲着眼于具有浸润力的环境，强调内部的"触"，休闲强调体验（厉新建，2012）。当下流行游客以主动的姿态发现旅游目的地之美，融入目的地生活中去共同创造目的地文化，获得与目的地共知的完美体验。

（四）旅游形式从中规中矩转向轻松活泼

没有旅游的文化没有活力，没有文化的旅游没有魅力，但文化不会天然地转化为旅游的魅力。的确，我国各地赋存丰富的历史积淀和文化传承，但没有旅游参与的历史和文化难免显得孤寂。所以，只有让各地有吸引力的历史积淀和文化传承通过恰当的方式让人们轻松体验，才会转化为游者的愉悦经历，而旅游就是最合适的转化方式，通过追求愉悦的旅游体验方式，游客浸入独特的生活氛围中，获得全面深入的难忘经历；当地居民以游客的身份享受改善了的品质环境，感受着"生活在景区中"的轻松惬意，主客共享共建的旅游浑然天成。旅游产业的多元和跨界融合，能够将旅游产业与其他产业进行融合交叉，相互渗透，从而形成新的产业体系。

当前，旅游业自身的发展并不是旅游发展的终极目标，而是更加关注旅游对国家的繁荣强盛、人民的安居乐业、生活环境的改善提升、民族信心和信念的坚定等的助力；旅游不再是以吸引外国人或外地人的参观游览为主要目的，而是为了"安居乐业、国泰民安"而为之。旅游更多地成为一种健康的生活方式，并作为居民休闲消遣不可或缺的项目，变成了人们换一个环境、换一下心情、换一种活法，"随心所欲""说走就走"的放松活动，旅游回归本真，变得轻松而自然。

未来就是要通过实施"旅游＋"战略，大力推进旅游与文化、农业、工业、林业、商业、教育、体育、健康等相关行业和生活的融合，通过"旅游＋"和"＋旅游"的方式促使旅游融入生活，提升居民幸福指数。

二、当代文旅发展的特点

我国的文化旅游经过 40 余年的发展呈现出新特性，体现在总体发展模式、发展要素、发展动力、发展矛盾、发展作用和发展研究上。李仲广、夏少颜（2017）进行了如下研究概括：总体发展模式，由原来的"政府主导，适度超前"，转变为"市场主体、生活导向"；发展要素，由传统的"吃住行游购娱"六要素，转变为全要素、新要素；发展动力，由市场需求驱动，转变为旅游经济运行，更具全面性。从经济基础来看，由原来简单分析入境市场、接待人次，到从国内、入境、出境三大市场、休闲度假，以及产业面、区域面和发展环境进行旅游经济运行宏观分析。文旅产业发展取得历史性成就的同时也出现了一些亟待解决的历史性问题。基本矛盾为日益增长且不断变化的旅游消费需求与相对落后的商业模式的矛盾，具体表现为散客与团体、国企与民企、国内与国外等具体矛盾。发展作用，从单一、较弱的带动作用，到全面、较强的综合功能。文旅研究已在官产学研用中全面出现。科技全面融入文化和旅游生产与消费的各个环节，全面赋能内容生产、产品和业态、商业模式、治理方式等各个领域，文化和旅游产品更加优质丰富；文化和旅游加快融合、相互促进，发展基础更加稳固，动力活力日益迸发。

随着交通、信息等技术的发展运用，旅游的便利程度逐步提升、旅游的运作范围逐步拓展，旅游产业政策密集出台、旅游产业地位逐步提升，各类投资主体日渐聚焦旅游，旅游项目规模越做越大、水平越来越高；旅游需求市场由小众到大众、由观光到游憩的转变导致旅游目的地旅游产品由观光型转向复合多元型；旅游供给企业由单纯服务型转向服务型与生产型并驾齐驱，政府调控由主导型转向多元合作型，多方利益博弈日渐均衡，这是旅游目的地产业转型的背景。

三、文旅融合实践的内容创新

文旅融合正在重塑时代，我国文旅融合以出精品、塑业态为创新发展的内涵，具体内容有以下几个方面。

在需求侧，围绕旅游权利，出现了文化旅游、红色旅游、乡村旅游、生态旅游、工业旅游、研学旅游、康养旅游、冰雪旅游、温泉旅游、体育旅游、会展旅游、民俗旅游、探险旅游、高铁旅游、自行车旅游、太空旅游、影视旅游、赏花旅游、夕阳红旅游、夏令营旅游、乐活旅游、数字旅游、虚拟旅游、大众旅游、全民旅游、国民旅游休闲计划、出境旅游、假日和黄金周旅游、散客化自由行、纯玩团、微度假、云旅游、小众游、无景点旅游、逆旅游、旅居、慢旅游、拓展旅游、自驾游、露营、反向旅游、新周末经济、免票潮、后备箱集市、周边游、囤旅游、定制游、线上游、卧游、居游、剧本杀、沉浸式体验、夜游、文化IP、非遗文化等，这些成为新型市场主体。消费侧更加偏重对生命、生活方式的感知体验，文化和旅游互融互促将带来旅游行业的升级和差异化创新，会成为旅游业未来发展的主题。

在供给侧，以企业为主体，创新塑造文旅运营新模式以集聚市场，例如旅游综合体、旅游装备制造业、景观房产企业、在线运营商、OTA（online travel agency，在线旅行社）、MTA（master of tourism administration，旅游管理硕士学位）、共享经济、智慧旅游、邮轮经济、体验经济、房车营地、旅游小景点、民宿、机票盲盒、电竞酒店、宠物酒店、会展旅游集团、家庭旅馆、主题餐厅、旅游产业园、旅游产业集群、嘉年华、文旅元宇宙等新业态；并催生了一批新职业，如民宿管家、民俗老板娘、研学旅行指导师、旅游规划职业师、旅行定制师、酒店万能工、宴会定制师、旅游主播、数字游牧民等新型职业。借助文化赋能、信息科技、规划设计、建设管理等的助力，文旅资源禀赋正在通过主题融合、内容植入、产业链深度延展等方式塑造一批新场景，形成异质化体验，这些产品模式、管理模式和商业模式等成为文旅业态创新的内核，通过旅游、文化、产业的融合实现更高的价值。

新的旅游消费方式和市场需求造就新的旅游族群，新的旅游经营方式和市场供给成就新的旅游业态，面对变化了的文旅市场发展条件，文化、创意越来越成为决定旅游发展的核心要素，需要转变观念，更加重视文旅融合、内容创新。文旅融合下的旅游，出售的是文化认同、认知体验和生活方式等异质化体验，这也成为文旅产品追求的目标。在文旅融合发展中，要转变观念、注重创新，但是也要警惕短视化、图谱化、同质化和粗浅化等行为，真正迭代升级文旅产业。

从微观层面看，为更好地满足大众休闲市场需求，旅游地供给内部分化越来越细、专业化趋势越来越强，产业外部边界越来越模糊、融合性趋势越来越强，客观上使产业结构由单一趋向多元，受需求拉、供给推双重作用驱动，产业形态由初级迈向高级，旅游产业组织结构日渐扁平化。从宏观层面看，旅游地市场调控机制逐步成熟、产业供需规模日渐增大、产业内外结构逐步优化、产业发展水平不断攀升、产业竞争环境更为公平，旅游产业的多元化发展趋势渐强，创新旅游产品、项目和新业态成为常态。旅游产业经过不断发展、演变、创新、融合，逐渐转型为大旅游业，因而为此亟须构建新的运作机制与平台。从企业微观层面需要保障旅游产品生产、经营、组织管理、商业运作、营销竞争、产权制度等的转型升级；从宏观层面需要规范旅游产业政策、发展模式、成长路径、功能目标、空间格局、管理体制等的转型升级。

第二节　文旅融合发展的中国方略

一、国家政策宏观引领

产业发展，政策先行。文旅部和国家有关部委连续下发数个关于促进文化和旅游消费及产业发展的意见或关联措施。利好的政策环境、巨大的消费潜力、科技的迅猛发展等因素，使得我国文旅融合迎来了前所未有的历史新机遇。中共中央办公厅、国务院办公厅下发的《"十四五"文化发展规划》中，推动文化和旅游融合发展的章节，从以下四方面对推动文化和旅游融合发展进行部署。

（一）提升旅游发展的文化内涵

依托文化资源培育旅游产品、提升旅游品位，让人们在领略自然之美中感悟文化之美、陶冶心灵之美。深入挖掘地域文化特色，将文化内容、文化符号、文化故事融入景区景点，把社会主义先进文化、革命文化、中华优秀传统文化纳入旅游的线路设计、展陈展示、讲解体验，让旅游成为人们感悟中华文化、增强文化自信的过程。打造国家文化产业和旅游产业融合发展示范区，建设一批富有文化底蕴的世界级旅游景区和度假区，打造一批文化特色鲜明的国家级旅游休闲城市和街区。推动博物馆、美术馆、图书馆、剧院、非遗展示场所、对社会开放的文物保护单位等成为旅游目的地，培育主客共享的美好生活新空间。坚持提升硬件和优化软件并举、提高服务品质和改善文化体验并重，在旅游设施、旅游服务中增加文化元素和内涵，体现人文关怀。

（二）丰富优质旅游供给

适应大众旅游时代新要求，推进旅游为民，推动构建类型多样、分布均衡、特色鲜明、品质优良的旅游供给体系，推动文化和旅游业态融合、产品融合、市场融合。提升旅游演艺、文化遗产旅游、文化主题酒店、特色节庆展会等品质，支持建设集文化创意、旅游休闲等于一体的文化和旅游综合体。依托革命博物馆、党史馆、纪念馆、革命遗址遗存遗迹等，打造红色旅游经典景区和经典线路。利用乡村文化传统和资源，发展乡村旅游。加强对当代社会主义建设成就的旅游开发，深入挖掘重大工程项目的精神内涵，发展特色旅游。加强对工业遗产资源的活化利用，开发旅游用品、特色旅游商品，培育旅游装备制造业，发展工业旅游。推动旅游与现代生产生活有机结合，加快发展度假休闲旅游、康养旅游、研学实践活动等，打造一批国家全域旅游示范区、A 级旅游景区、国家级旅游度假区、国家精品旅游带、国家旅游风景道、特色旅游目的地、特色旅游功能区、城市绿道、骑行公园和慢行系统。大力发展智慧旅游，推进智慧景区、度假区建设。

（三）优化旅游发展环境

以服务质量为核心竞争力，深入开展质量提升行动，推动提升旅游目的地服务质量，推进文明景区创建，持续深化厕所革命，完善游客服务体系，保障残疾人、老年人公共服务。加强旅游交通设施建设，提高通达性和便捷度。规范和优化旅游市场秩序，开展专项治理行动，加强在线旅游监管，建立健全旅游诚信体系和旅游服务质量评价体系。推进文明旅游，落实国内旅游文明行为公约和出境旅游文明行为指南，严格执行旅游不文明行为记录制度，建立信息通报机制，加大惩戒力度。

（四）创新融合发展体制机制

健全中央和地方旅游发展工作体制机制，完善文化和旅游融合发展体制机制，强化文化和旅游部门的行业管理职责。创新风景名胜区管理体制，探索建立景区文化评价制度。理顺饭店、民宿等旅游住宿业管理体制。

二、文旅融合的中国方略

在我国宏观的文旅融合体系中，如果说全国的战略是"总盘子"的话，各地对总战略的细化则是"大盘子"，扎实推进"大盘子"建设才能支撑起"总盘子"，我国 34 个省级行政区的文旅融合主题如表 6 - 1 所示。

表 6 - 1　　　　中国 34 个省级行政区文旅融合建设主题一览

文旅融合南方各省主题	文旅融合北方各省主题	文旅融合自治区/直辖市/特别行政区主题
美好安徽 迎客天下	北国好风光 尽在黑龙江	畅游新西藏·守护第三极
清新福建	温暖相约，冬季到吉林来玩雪	遍行天下 心仪广西
活力广东 心悦之旅	发现辽宁之美 感受辽宁之好 我在辽宁等你	新疆是个好地方
山地公园省 多彩贵州风	京畿福地 乐享河北	壮美内蒙古 亮丽风景线
云南只有一个景区，这个景区就叫云南	老家河南	塞上江南 神奇宁夏
江西风景独好	好客山东 文化圣地度假天堂	精彩上海
天府四川 熊猫故乡	华夏古文明 山西好风光	魅力北京
知音湖北 楚楚动人	交响丝路·如意甘肃	天天乐道 津津有味
锦绣潇湘 伟人故里——湖南如此多娇	塞上江南 神奇宁夏	山水之城·美丽之地 重庆——行千里·致广大
水韵江苏	大美青海	尽享·最香港
诗画浙江	文化陕西	感受澳门·无限式
阳光海南 度假天堂		台湾触动你的心

资料来源：笔者根据百度搜索的资料整理所得。

目前，我国文化旅游已融入人们的生活方式之中，成为人民幸福生活指数的重要标志，文旅产业呈现由支柱产业向先导产业培育的趋势，文旅融合在我国被提升到历史前所未有的高度加以重视，并不遗余力地持续推进。

第三节　文旅融合发展的驱动机理*

一、文旅产业发展影响因素

（一）旅游资源禀赋是文旅产业发展的基础

旅游地具有的对游客有吸引力的事物与因素越多，其吸引力就越大，其吸引的游客将越多，文旅产业才会越做越大。闻名中外的传统型旅游地都有核心旅游资源作为支撑，启动旅游地旅游发展的原动力是独具特色的旅游地资源。

（二）地理区位从时空双重角度影响文旅产业发展

区位是一地发展赖以存在的地理背景和依托，有利的地理位置与分布往往对一地发展起到助推作用；不利的地理位置与分布则阻碍或制约一地发展，区位从时间和空间双重层面影响文旅产业发展。

旅游区位是指旅游地与其客源地相互作用中的相关位置、通达性及相对意义，可以分为自然区位、交通区位、经济区位、旅游区位等（马勇、李玺，2012）。作为旅游现象的发生地，旅游目的地是与旅游客源地相对应而出现的。旅游地因其本身所在的地理位置以及与主要客源地的相对位置，旅游地内部及对外的交通通达状况，旅游地与区域内的中心城市的距离和相互

---

　　* 本节内容参考了吕俊芳．旅游目的地时空错位发展研究［M］．北京：北京理工大学出版社，2022：43 – 86.

依托关系，旅游地与相邻旅游地的时空关系等因素呈现出不同的发展状况。

旅游地旅游发展受地理区位因素中自然、交通、经济、旅游等多种因素的影响，两者呈现出一种正向变化关系，即地理区位越优良旅游发展越好，反之旅游发展则受阻。

（三）交通通道从时空双重角度影响文旅产业发展

交通是旅客实现位置移动的生产过程，交通运输是沟通地域之间、生产与消费之间经济联系的重要途径。旅游的异地性使得现代社会的所有旅游者必须借助交通支撑，才能实现从离开常住地到回到常住地过程中的所有空间位移。交通是旅游地时空演变的重要途径和发展的引擎。旅游地发展中的交通因子，主要涉及物理距离的远近、经济距离的大小等指标，此类指标随着交通状况的变化会发生改变。交通对旅游发展的影响具体体现在时间和金钱两个指标上，即从旅游客源地通过特定的交通工具到达旅游目的地花费的时间和金钱。交通状况的改善缩短了客源与旅游目的地的时间距离，交通费用的降低缩短了客源与旅游目的地的经济距离，交通从时间、金钱两个维度影响着旅游地客源多少，旅游中的交通主要有空运、水运、陆运和特种运输等，不同种类的交通相互补充共同作用于旅游地的发展。交通总体上对旅游地发展起支撑作用，是旅游地发展的先决条件，旅游地文旅产业发展和交通有密切的关联。

（四）宏观地理环境是文旅产业发展外部决定机制

旅游地不可能在真空中发展，其外围的宏观地理环境是不可忽视的因素，旅游地宏观层面的地理环境因素通常包括自然环境、经济环境、社会环境、文化环境、政治环境等方面，多项因素在不同时间复合营造了旅游地的地方感。

1. 自然环境

自然环境作为旅游地产生发展的物质基础和背景，其对旅游地的影响主要体现在三方面：从整体上影响旅游地的性质；从空间上影响旅游地的结构；从容量上影响旅游地的发展。

2. 经济环境

经济环境指旅游地内对其发展所要达成目标产生直接或间接、有利或不利影响的一系列外部经济因素的总和。经济环境是旅游地发展的外在经济背景，其发展水平从供给角度影响旅游地发展，旅游地进行旅游供给时，不仅要开发有特色的旅游资源、组合旅游产品、创新旅游项目，更要一定配套的基础设施、专门设施等，这一切都需要大量的资金。强大的外在经济环境可以为旅游地旅游供给提供强大的物质保障；旅游地能否根据客源市场的需求及时调整，尤其是扩大旅游供给的规模与结构，很大程度上取决于所在地的经济支撑能力。

当前全球发展旅游经济的大背景下，旅游经济发展是区域经济发展的重要组成部分。区域经济发展和旅游地发展存在相互促进、互相依赖的辩证发展关系，区域经济发展是旅游地发展的先导推力，区域经济发展可以在旅游地发展中得到充分体现，反过来旅游地发展对区域经济发展产生反推作用，之前我国旅游地发展的"超常之路"就是有力的证明，我国旅游在经济基础薄弱、不具备旅游发展条件的情况下，以政治导向率先形成国际入境旅游目的地，并逐步培育旅游经济发展，之后通过旅游地经济的反推作用走上国际、国内旅游全面发展的道路。

3. 社会环境

旅游地在受自然环境影响的同时，不可避免地受到其所处的社会环境和时代氛围的影响，缺少了社会环境因素与条件的支撑保障旅游地将不存在。社会环境对旅游地的影响具有隐蔽性和长远性，不如自然环境和经济环境的影响直接。社会环境对旅游地影响的层面表现为社会风气、家庭以及旅游地社区的旅游发展态度等。

4. 文化环境

文化是人类社会在长期的生产生活实践中建立起来的素养、信仰、价值观、理想、人生观、道德等因素的总和。狭义的文化环境指人类活动所创造的文化要素组成的和自然环境相对应的文化综合体；广义的文化环境是指旅游地人类创造的各种文化因素的综合，语言、宗教、习俗、建筑风格等文化符号是地域的基因被时代传承、沿袭，共同组成地域文化环境。正是因为文化环境的差异才导致旅游者离开惯常环境，去往旅游目的地体验不同文化。所有旅游者期望通过旅游从旅游目的地增长知识、扩大视野、陶冶情操，文化环境是旅游者最在意的因素，是旅游地产生和发展的基础与渊源。

旅游地的形象来自其文化环境的支撑，尤其是主流文化的强化，旅游地的文化基因是旅游者建构原初形象的依托。我国求全的文化传统使得旅游者出去旅游重观光而轻休闲，因此导致我国观光型旅游地曾经一统天下，但随着追求文化个性、文化特色的发展趋势，曾经火爆的观光型旅游地将逐步降温，不断转型发展成为体验休闲型的。文化环境在潜移默化中影响着旅游地的旅游发展，不容忽视。

5. 政治环境

政治环境是旅游地的政治现象和因素组成的氛围，其对旅游地发展的影响主要体现在三方面：旅游地的政治氛围和社会稳定状况，旅游地政府对待旅游业的态度与政策法规，旅游地与客源地的双向关系。

旅游地发展旅游一定程度上又可以促成其和平稳定的政治局面，因为旅游自诞生之日便承担着和平与发展的使命，每年 9 月 27 日 "世界旅游日" 的主题可以体现旅游对世界和平与发展的促进，具体时间历程如表 6 - 2 所示。

表 6 - 2　　　　　　　　　　　　世界旅游日主题一览

年份	主题	年份	主题
1980	旅游业的贡献：文化遗产的保护与不同文化之间的相互理解	1984	为了国际的理解、和平与合作的旅游
1981	旅游业与生活质量	1985	年轻的旅游业：为了和平与友谊的文化和历史遗产
1982	旅游业的骄傲：好的客人与好的主人	1986	旅游：世界和平的重要力量
1983	旅游和假日对每个人来说既是权利也是责任	1987	旅游与发展

年份	主题	年份	主题
1988	旅游教育	2005	旅游让世界受益
1989	旅行者的自由活动创造了一个共融的世界	2006	旅游为妇女敞开大门
1990	认识旅游事业，发展旅游事业	2007	对气候变迁挑战的旅游回应
1991	通信、信息和教育：旅游发展的动力	2008	旅游：庆祝多样性
1992	旅游促进社会经济一体化，是各国人民相互了解的途径	2009	旅游与生物多样性
1993	争取旅游发展和环境保护的和谐	2010	旅游：连接不同文化的纽带
1994	高质量的服务、高质量的员工、高质量的旅游	2011	旅游业与可持续能源：为可持续发展提供动力
1995	通过负起责任而受益	2012	旅游与水——保护我们共同的未来
1996	旅游业：宽容与和平的因素	2013	旅游和社区发展
1997	旅游业：21世纪创造就业和倡导环境保护的先导产业	2014	十亿名游客，十亿个机会
1998	政府与企业的伙伴关系：旅游开发和促销的关键	2015	人人旅游——促进无障碍旅游
1999	旅游业：为新千年保护世界遗产	2016	可持续旅游业如何促进发展
2000	技术和自然：21世纪旅游业的双重挑战	2017	旅游与数字化转型
2001	旅游业：和平和不同文明之间对话服务的工具	2018	旅游业和就业：人人享有美好未来
2002	经济旅游：可持续发展的关键	2019	旅游与乡村发展
2002	旅游：消除贫困，创造就业和社会和谐的推动力	2020	旅游促进包容性增长
2003	旅游拉动就业	2021	重新思考旅游业
2004	旅游与交通——从儒勒·凡尔纳的幻想到21世纪的现实	2022	经济旅游：可持续发展的关键

资料来源：笔者整理所得。

（五）旅游产业微观管理是旅游产业发展的内部决定因素

宏观环境系旅游地发展变化的外因，旅游产业系目的地发展变化的内因。按照马克思主义的观点，旅游地发展变化的主要原因是旅游产业发展本身，对旅游地旅游产业进行微观管理是其发展的关键，根据以往学者研究可知，旅游地的微观管理主要体现在旅游产业定位管理、旅游地营销管理以及旅游地内外竞合关系的管理等方面。

1. 旅游产业定位是旅游地发展的前提

产业是指其主要业务或产品相同的企业类别的总称。中国在传统计划经济时期称之为行业。旅游业在我国通常被称为旅游行业、旅游产业等，当前是我国国民经济举足轻重的支柱力量。产业定位是产业举措的根本和主要依据，对于促进国民经济的发展和产业结构的调整转换有着十分重要的作用；旅游地产业定位是指确定旅游产业在国民经济体系中的地位，不同旅游地的旅游产业地位不同。

作为国际旅游目的地，我国对旅游产业的定位随着时代发展逐步变化，改革开放之初我国旅游地位是从属于政治的外事接待业（关联产业），旅游没有独立的产业地位；1985 年我国首次明确了旅游的独立性经济产业地位，旅游产业的经济性作用初步凸显（潜导产业）；1992 年我国进一步明确了旅游业是第三产业的重点（朝阳产业）；1998 年我国把旅游业作为国民经济新的增长点加以培育（朝阳潜导产业）、发展，多个省份把旅游业定位为支柱产业；2009 年我国明确了旅游的战略性支柱产业地位。目前，我国旅游已融入人们生产方式和生活方式之中，成为人人享有的基本权利，旅游业增加值已占 GDP 的 5% 以上，旅游产业定位呈现由支柱产业向先导产业培育的趋势，旅游产业在我国被提升到前所未有的高度加以大力发展。不同旅游地旅游的不同产业定位，决定了旅游产业的发展机会和力度。

2. 旅游营销管理是旅游地发展的关键

我国迎来旅游爆发性增长，旅游地都在拓展旅游范畴，有资源的挖掘组合旅游产品，没资源的创新打造旅游项目，旅游可谓遍地开花，旅游地"酒香不怕巷子深"时代一去不复返，如今"酒香还怕巷子深"，即使"天生丽质"的旅游地也需借助营销，完成从产品向效益的转变。鉴于旅游产品的产地消费性，旅游地在旅游产品开发完成后，需要结合产品本身、产品的市场需求及竞争等状况，通过适当的价格、销售渠道，并借助广告、公共关系管理、人员推销、销售促进、网络营销等促销手段，将旅游产品传递给目标市场，这一过程即为旅游地的营销管理。旅游地最常用的营销战略有形象制胜战略、竞争优势战略、品牌支撑战略、产品升级战略、网络营销战略、营销组合战略、节事营销战略等。

节事营销战略是旅游地有计划地策划、组织、举行、利用有新闻价值的节事活动，通过运作吸引媒体和公众注意，达成塑造良好形象、提高知名度并最终促进产品销售之目的的营销战略。从1992年起到2018年中国国家旅游局每年推出一个旅游主题活动来塑造和推广我国旅游形象，不同时期旅游主题具体如表6-3所示。通过持续性常规的旅游主题年节事营销，"美丽中国之旅"这一形象在全球逐步被认可，为中国成为全球第一大旅游目的地起到了不可替代的作用。

表6-3　　　　　　　　　中国旅游活动年主题一览

年份	旅游主题	年份	旅游主题
1992	友好观光年	2006	中国乡村游
1993	中国山水风光游	2007	中国和谐城乡游
1994	文物古迹游	2008	中国奥运旅游年
1995	民俗风情游	2009	中国生态旅游年
1996	休闲度假游	2010	中国世博旅游年
1997	中国旅游年	2011	中国文化游
1998	华夏城乡游	2012	中国欢乐健康游
1999	99生态环境游	2013	海洋旅游年
2000	神州世纪游	2014	美丽中国之旅——2014智慧旅游年
2001	中国体育旅游年	2015	美丽中国——2015丝绸之路旅游年
2002	中国民间艺术游	2016	丝绸之路旅游年
2003	中国烹饪王国游	2017	美丽中国——2017丝绸之路旅游年
2004	中国百姓生活游	2018	美丽中国——2018全域旅游年
2005	中国旅游年		

资料来源：笔者整理所得。

我国各旅游地在进行市场推广的过程中，综合运用多种营销策略，不断创新营销理念与行为，具体体现在以下几个方面。

首先，借助旅游地的整体形象营销提升自我魅力，例如，首都北京，浪漫之都大连，购物天堂香港，休闲之都杭州，好客山东等整体形象营销。

其次，通过营销方式创新凸显多产业的融合，例如，张家界市与波司登联合举办"羽裳霓曲·魅力张家界"主题营销活动，长沙举办融合体育与旅游的"幸福长沙，骑乐无穷"主题环湘江自行车邀请赛，北京融合影视与旅游在《非诚勿扰Ⅱ》中植入背景旅游景点与文化，并推出"北京旅游非线路"产品，通过多产业融合营销取得较大的经济与社会效益。

再次，打造专业旅游营销联盟，例如，天津与上海签订旅游合作协议，三亚与黄山开展旅游品牌互推、客源互送的活动，河南成立"郑汴洛焦"旅游推广联盟并与"广深珠"协作推广各自旅游，福建与黑龙江合作成立省内各市的旅游营销联盟，促进区域旅游发展。

最后，境外营销专业成熟，例如，北京为打造世界城市，特联合搜狐推出融八种语言的"畅游北京"旅游公共服务门户网站；海南为建成国际旅游岛，构建韩国、俄罗斯、德国、日本、美国、加拿大等客源国的"海南旅游窗口网络"，采用"面对面、阵地式、经常性"营销战略。

3. 内外竞合关系影响旅游地发展

旅游地间的相互关系，主要表现为一定区域范围内的某旅游地在区域旅游客流分配中占据的地位，此地位往往受文化或地域相近的其他旅游地影响。旅游地与其他相近旅游地的相互作用按性质可以分为替代关系与互补关系，按作用的方向有单向作用与双向作用。其中作用的方向由旅游地等级决定，作用的性质由旅游地的性质决定。综合来看，旅游地复杂的内外关系不外乎竞争与合作两种，对旅游地竞合关系的分析可以帮助探寻自我特色、准确定位，优化并创新旅游产品与项目对接旅游市场，从而促进旅游地发展。

竞争使得旅游资源自发地从生产效率低的领域走向生产效率高的领域，旅游地因此需要认真分析研究竞争对手的竞争战略，有针对性地选择竞争手段，从而提高自我的经营与发展水平。

合作实现生产要素的互通有无，进而发挥区域的整体优势来提高旅游地的供给能力。对内部而言，合作利于统筹发展，凭借比较优势来实现地域分工；于外部而言，利于整合资源，发挥规模优势来提高竞争能力，同时避免形成重复建设、恶性竞争的局面。旅游业是典型的注意力经济，游客注意力系稀缺资源，其对旅游地的选择逐步趋于区域的整体形象，而非碎片化产品信息，而旅游地的合作是树立整体形象并吸引旅游者的必然选择，区域合作已成为旅游地发展的大趋势，从国际国内区域合作来看也都取得了显著成绩。

竞争与合作是一对"孪生兄弟"，旅游地发展既不能一味地竞争，也不可能绝对合作，往往是"竞争中有合作，合作前提下竞争"，在全球旅游地大发展的背景下，竞合就成为非常重要的战略思想。部分文化或地域相近的旅游地在进行激烈竞争的同时，为抵御共同面临的风险，常常以特定方式联合起来，形成既竞争又合作的"竞合"关系。竞合关系是竞争与合作并存，强调与竞争对手"抱团取暖"，双赢互利。国际旅游地或以共同的地脉，或以共同的文脉，或以一体化经济为基础的竞合已蔚然成风，例如，欧盟28个国家以政治和经济一体化发展为基础，已成立相当于"欧洲旅游局"的欧洲旅游委员会促进整体旅游，不仅欧盟各成员国公民可以完全自由地流动，而且作为一个整体，欧盟已同我国签订了中国公民自费赴欧盟国家旅游合作备忘录，基本实现旅游一体化。

4. 周期演变从时间角度影响旅游地发展

旅游地的经济活动存在波动和运动，其规律主要表现为旅游地生命周期的短期波动和周期演变。

（1）短期波动使旅游地发展充满挑战。旅游地短期波动指在一定时间内（一年），由于旅游地客流量的变化引起的实际接待量与门槛规模及最大规模之间的矛盾现象。表现为旅游地旅游经济运行中的过剩需求（旅游地最大接待容量无法满足旅游者需要的市场状态）与过剩供给（旅游需求规模无法满足旅游地门槛需求规模的市场状态）并存。旅游地的供不应求与供过于求两者可以随时转化，频繁变化且速度之快，所以很难找出旅游地短期波动的规律，这给旅游地管理提出挑战。

（2）周期演变使旅游地发展有章可循。从较长时间段内审视旅游地发展，可以发现其周期性的演变规律，旅游地产生、成长、成熟和均衡的发展演变周期性规律，为旅游地管理提供了一定指导。

客源市场需求千变万化，旅游地需全面地满足并随时跟进，否则会出现供需错位。旅游地应随时关注客源市场需求变化，及时改进旅游产品来满足市场需求。例如，随着互联网和智能手机终端的普及，旅游者越来越青睐主动出击的参与体验型旅游，一些在线旅游运营商适时推出"私人定制旅游"，例如，携程推出的"鸿鹄逸游"、中青旅推出的"耀悦"、众信旅游推出的"奇迹旅行"、驴妈妈推出的"飞驴湾"等旅游深受高端旅游者喜爱，取得了不错的经营效益。

综上系统分析可知，文旅产业发展的影响因素众多，文旅资源禀赋是发展基础，交通通道和地理区位从空间层面影响发展，宏观地理环境支撑保障发展，微观行业管理决定发展，多种因素共同影响文旅产业发展。

二、文旅产业发展驱动机制

（一）体制机制调节决定文旅产业发展大格局

1. 市场机制是调节文旅产业发展的核心机制

市场经济背景下，市场机制对旅游地资源有效配置起决定性作用。市场机制指旅游地各旅游主体在市场上围绕经济活动形成的多要素有机协调的运行过程，其中起主要作用的有价格机制、供求机制、竞争机制、风险机制等。旅游市场机制以价格、供求、竞争、风险等机制的交互作用调节旅游地的经济运行，具体表现为：通过供求机制把旅游供需连接起来，实现旅游产品交换以满足供需双方的利益；通过市场的多种机制促使旅游经营者及时调整供给数量与结构以适应需求和市场变化，在提高旅游经济效益的同时完成旅游资源、要素的优化配置；价格、供求、竞争等多种要素通过市场的信息传导和综合反馈形成旅游地经济活动的"晴雨表"，帮助各市场主体及时应对市场变化，继而促进了旅游经济的良性运转；在旅游市场出现供需不平衡时，通过价格波动、竞争加剧等途径，使得旅游市场供需趋向平衡，从而显现旅游市场机制对旅游经济活动的调节功能与平衡功效。

2. 行政管理是旅游地发展的保障机制

市场经济发展大背景下，市场机制是旅游地经济运行的主要调节机制，但是市场机制具有滞后性、局限性、条件不成熟造成的盲目性等特征，受旅游特性影响旅游市场的不完全性等因素影响，旅游地市场调节机制失灵现象比较突出。英国经济学家凯恩斯认为：弥补市场调节机制局限的最有效措施，就是建立健全政府和行业组织的宏观引导机制。

实践证明我国旅游地最成功的经验就是政府主导型发展战略。我国自1987年初步实施政府主导型发展战略；自1995年创建中国优秀旅游城市以来，我国旅游地逐步明确了政府主导的发展战略；1997年我国正式确立旅游地的政府主导发展战略。这一战略指政府借助规划或通过制定产业政策以引导旅游地成长与演进的发展战略。政府主导型发展并不是要排斥市场机制，相反是要更大限度地运用市场机制引导旅游地发展，使旅游发展效能更高。

（二）政策机制是旅游产业发展的宏观调节机制

1. 旅游发展受产业政策影响

产业政策是重要的宏观政策，是政府为实现特定的目标，就具体产业制定和实施的综合性政策体系。产业政策制定的主体是政府，产业政策是一系列政策组成的政策体系，产业政策实施的前提是市场经济，产业政策具有培育市场、引导、协调、服务、监控等功能。一直以来我国旅游地由于实行政府主导型发展战略，旅游产业的成长与发展主要是由政府的产业政策来驱动的，产业政策机制是我国旅游地发展的重要驱动机制。

（1）旅游政策对旅游地有决定性影响。旅游地发展最主要的是旅游基本政策，即旅游地旅游发展基本方针，以推动旅游业发展为总目标，以形成旅游地一定的旅游综合接待能力、实现旅游各方利益为具体目标，明确旅游在社会经济发展中的地位与作用而制定政策。2009 年出台了《国务院关于促进旅游行业发展的若干意见》；2013 年出台了《旅游法》和《国民旅游休闲纲要（2013～2020 年)》；2014 年出台了《关于促进旅游业改革与发展的若干意见》。地方性的例如 2009 年出台了《关于加快海南国际旅游岛建设的意见》；2012 年国家批复了《桂林国际旅游胜地建设发展规划纲要》；2012 年贵州提出了建设国家公园省的旅游发展之路等，此类旅游基本政策都是旅游地发展利好的政策，对旅游地的发展方向和结构起着建设性的影响。

旅游地的具体旅游政策是以发展个别部门、具体行为与活动为目标，为贯彻执行基本旅游政策而辅助制定的具体政策，其会从不同具体层面影响旅游发展效果。例如，旅游的相关税收、利率、价格等政策直接影响旅游地经营者的利润；双边的签证、航空、贸易等协议会影响旅游地的入境旅游收入；文化、环境、文物保护等方面的政策会影响旅游地旅游发展的深度、广度和强度；交通通信政策会影响旅游地的可进入性及广告媒介；最低工资政策、教育会影响旅游地的人力资源供给；休假制度会影响旅游地旅游业的发展周期；地方规划与议事程序会影响旅游地相关开发；公共服务政策会影响旅游地相关设施的供给能力；汇率、外币兑换政策会影响国际型旅游地的旅游供需，进而影响旅游业的经营效果；公共安全和法律保障政策会影响旅游地的形象和旅游业发展。以上不同的旅游相关政策从不同角度促进或阻碍旅游地发展。

（2）产业结构政策决定旅游地结构。产业结构政策是依据旅游地产业发展实际，为满足国民经济发展和产业结构优化之目标而确定的政策体系。由于旅游产业的综合性和高依赖性，决定旅游地产业结构政策层次，首先是旅游产业定位（我国目前的定位为"旅游是现代服务业重要的组成部分"），其次是旅游产业宏观方向（我国目前是积极发展入境旅游、全面提升国内旅游、规范发展出境旅游），最后是旅游产业配套（如北京、上海、沈阳等城市 72 小时入境免签政策，海南的境外游客购物离境退税政策等）。

旅游产业结构政策涉及旅游产业内外结构，主要体现在旅游产业与其他产业，以及旅游产业内部结构方面。旅游产业的高关联性使得相关产业，尤其是基础产业，例如交通产业的发展直接影响旅游产业发展水平，当基础产业发展滞后时，其往往成为制约旅游地发展的"瓶颈"，因此要保证旅游产业的战略性支柱地位，就必须协调旅游产业同相关产业的发展比例。旅游产业内部吃、住、行、游、购、娱等各环节的比例协调，旅游地观光、度假、休闲娱乐、专项等产品的比例也要恰当，避免旅游产业内部的重复建设和过度竞争，旅游地才能良性发展。

（3）产业组织政策决定旅游地市场效率。旅游地产业组织政策指为实现旅游产业组织优化目标，由政府制定的对旅游市场行为、旅游市场结构等的干预政策的总和。通俗来讲就是协调旅游中竞争与垄断的关系，在追求旅游地规模经济的同时，不丧失市场的竞争性。旅游产业组织政策和旅游地发展直接相关的政策有维护旅游竞争秩序的政策，例如《反不正当竞争法》《价格法》《旅游法》《旅行社管理条例》《导游人员管理条例》《反垄断法》等；促进有效竞争的政策，包括鼓励旅游地旅游企业并购来组建大型企业集团，鼓励旅游企业的联号经营、一体化等网络性发展，提高进入障碍或降低退出障碍避免小企业过度进入等。旅游产业组织方面的政策保障旅游地的有效运行。

（4）产业技术政策对旅游地有双重影响。旅游产业技术政策是指旅游地政府制定的引导或干预旅游产业技术进步的政策。现代社会技术进步与竞争力增强、生产力提高之间存在直接的线性关系，技术进步直接地降低旅游经济成本，提高旅游产业效率。例如，现代信息技术打造的旅游信息平台，大大地减少了旅游企业交易费用、降低了旅游者消费成本，促进了旅游产业繁荣，例如政府倡导的智慧旅游等政策；技术进步还可以推出新的旅游地产品与项目，从而繁荣旅游市场，例如主题公园型旅游目的地的诞生。技术进步在促进与繁荣旅游市场的同时，给旅游产业注入创新活力，例如互联网、云计算等技术催生了在线旅游、无景点旅游、地产旅游等诸多新业态，给传统旅游市场带来活力与创新。政府的产业政策善于利用技术进步带来的机遇，并细化为旅游产业技术进步的组织、指导、激励、创新等诸多政策。

（5）产业布局政策盘活旅游地比较优势。旅游地产业布局是旅游产业在旅游地空间上的发展与分布状态。由于受资源禀赋、区位交通等因素影响，不同旅游地旅游产业发展不均衡，具有比较优势的区域旅游产业发展要优于其他地域。产业布局政策就是在遵循国家宏观经济利益的前提下，充分发挥地区比较利益优势来使旅游地产业结构趋向合理之政策。我国旅游地的产业布局政策注重产业的区域性布局，兼顾产业的点、线、面布局。

旅游业在东、中、西部三大区域布局协调政策，受多种因素影响，我国东、中、西部旅游业非均衡发展现象明显，东部旅游业发展的态势和效益均好于西部，西部地区资源丰富但旅游发展效益不理想，旅游的空间错位现象突出，西部地区未能很好地享受旅游发展带来的增加收入、扩大就业、改善基础设施等好处，因此各级政府出台对西部旅游的扶持政策，例如扶贫旅游、红色旅游、生态旅游等政策，期望以此盘活西部旅游发展活力，缩小中西部旅游差异。

旅游的城乡空间布局也是政策引导的焦点，我国对此的政策多为强调城市在旅游经济中的带动作用，例如我国出台最佳旅游城市、优秀旅游城市、历史文化名城、旅游强县等系列政策；挖掘乡村旅游魅力，我国每年的中央一号文件均是针对农村、农民、农业的"三农"政策，例如针对"三农"旅游的如乡村旅游年等主题年，针对城乡统筹的如和谐城乡游等主题年活动。

（6）产业保障政策助力旅游地发展。保障旅游产业政策实施的一整套手段与方法体系即为产业保障政策。产业政策往往具有很强的针对性，所有的保障政策从系统、综合层面为旅游地各项产业政策的实施保驾护航。旅游产业政策的运行主要取决于保障措施，推行政策的方法不同，甚至会改变产业政策的属性。例如，我国休假制度保障了《国民旅游休闲纲要》的实施，中国"旅游日"的设立使旅游的战略性支柱地位深入人心等；我国通过实施旅游培训计划，加强对文化遗产旅游、红色旅游和乡村旅游在职人员培训，鼓励老教师、离退休专家从事导游工作等来提高旅游目的地人力资源的水平与能力；借助"家电下乡"政策支持从事"农家乐"等乡村旅游经营者批量购买家电产品，从而缓解乡村旅游在时空的错位。

（7）产业融合政策催生旅游地全域旅游。产业融合指不同产业或同一产业内部间，在发展中相互交叉、渗透、介入，在竞合中共生共荣，从而催生出新业态的产业拓展与升级现象。基于需求串联特点，旅游产业表现出很强的产业渗透性，使得旅游产业天然地与众多产业关联交叉，进而融合出若干新业态，旅游与第一产业融合出现体验农业、观光林业、休闲渔业等新业态，旅游与第二产业融合出现工业旅游，旅游与第三产业融合出现文化创意旅游、体育旅游、修学旅游、购物旅游等新业态。《国务院关于加快发展旅游业的意见》①指出旅游业与相关产业融合是培育成国民经济战略性支柱产业的重要途径，并提出大力推进旅游与文化、体育、农业、工业、林业、商业、水利、地质、海洋、环保、气象等相关行业的融合与发展。2012年国务院印发了《国家"十二五"时期文化改革发展规划纲要》指出要积极促成文旅结合，以上产业融合政策为旅游地产业融合提供了政策保证，从而在条件成熟的旅游地形成全域旅游的发展局面，例如海南国际旅游岛、贵州国家公园省等。

2. 投融资政策影响旅游地发展

旅游业是高投入、高产出、高创汇行业，旅游地发展无论旅游资源开发还是旅游配套设施建设，都需要先行注入资本，后期运作更是需要资金匹配，资金政策关乎旅游地的启动与发展。目前我国旅游投资模式是国资为主、外资为辅，呈现投资主体多元化，即国家、地方、个人、集体、部门、外资多元一体的投资格局。旅游融资渠道大体为：国家专项建设资金、各级政府的旅游专项整合调控、利用外资、募集社会资金等。

国家层面的旅游投融资政策如2012年中国人民银行会同发改委、国家旅游局、国家外汇局、银监会、证监会、保监会联合出台的《关于金融支持旅游业加快发展的若干意见》，此政策出台对我国旅游投资规模扩大、投资主体丰富将产生直接影响。地方层面的政策较多，例如《辽宁省旅游管理条例》从法律层面确定了旅游业在辽宁省国民经济中的重要作用，并从政策上

---

① 国务院关于加快发展旅游业的意见［EB/OL］. 中华人民共和国中央人民政府网，http：//www. gov. cn/gongbao/content/2009/content_1481647. htm，2009 - 12 - 01.

鼓励、支持境内外经营主体在辽宁依法投资经营旅游业，旅游资源开发实行谁投资、谁受益、谁保护的原则，从而在政策上保障了旅游地的发展。

目前，我国旅游地在投资理念、融资方式、合作对象与方式上逐步与国际接轨，主要表现在：投资的优惠政策广泛铺开，主要有土地、税收、金融、外汇兑换、财政支持等；国家在发行的国债中划拨部分用于旅游基础项目。旅游目的地通过招募入股、定向募股、整体旅游项目等方式融资；进行国内上市、信托融资、海外融资等资本市场融资；盘活存量资产融资包括产权融资、售出部分产权融资（例如分时度假）、租赁融资等融资方式，通过投融资政策措施从不同角度保障旅游地的建设。

3. 区域发展政策决定旅游地发展格局

区域发展政策指国家为协调区域发展，促进产业合理分布和协调地区利益等，针对全国不同区域制定和实施的一系列指导性的产业、投资、科技、劳动、环保等方面的政策（何伟，2007）。我国区域发展政策大体有三类：第一是国家总体发展战略重要组成的区域发展政策，例如东部率先发展、西部大开发、振兴东北、中部崛起等政策；第二是改革开放先行区和试验区政策，例如经济特区、经济技术开发区、高新技术开发区等各类开发区政策；第三是特殊功能和问题区域的政策，例如自然保护区、水源保护地、贫困区域、资源枯竭型区域的政策。

4. 土地政策决定旅游地发展格局

我国的土地资源是有限的，为保证粮食等农产品的正常供应，我国特制定了不少于18亿亩耕地的耕地红线制度，严禁农用地转化为建设用地等土地用途管制制度，旅游产品的产地消费性使得土地成为旅游地发展的重要制约因素，土地政策成为制约旅游地发展的重要政策。

我国旅游用地政策在2009年颁布的《国务院关于加快发展旅游业的意见》中规定为，年度土地供应要适当增加旅游业发展用地，积极支持利用荒地、荒坡、荒滩、垃圾场、废弃矿山、边远海岛和可以开发利用的石漠化土地等开发旅游项目；支持企事业单位利用存量房产、土地资源兴办旅游业

（邵琪伟，2012）。以往土地政策中并未单列旅游用地类型，对旅游目的地建设造成限制，2009 年以来国土资源部及时总结海南旅游岛，云南旅游省，桂林、秦皇岛旅游市等不同层面的旅游综合改革试验区经验，展开了旅游土地政策改革，2014 年颁布的《国务院关于促进旅游业发展的若干意见》中单列了优化旅游土地的政策，例如"按照土地利用总体规划、城乡规划安排旅游用地规模和布局"这一规定破解了我国旅游用地类型缺陷，"改革完善旅游用地管理制度，推动土地差别化管理与引导旅游供给结构调整相结合"这一规定折射出不同类型旅游项目给予不同用地供应政策，对优先发展项目给予优惠的土地供应、对限制发展项目设置土地供应约束，即借助土地供应政策优化旅游地的供给结构。其中"土地差别化管理"，例如"区别对待旅游设施用地和景观用地"有利于推动旅游地向观光与休闲双向发展，从而满足不同的旅游消费需求，休闲度假型旅游地的景观用地远大于设施用地，一方面景观用地不直接产生经济效益，另一方面景观用地却可以明显改善周边旅游环境（正外部性），景观用地与旅游设施用地同等定价造成休闲度假型旅游地投资方极难承受，转而投资于设施用地占比较大的观光型建设，区别地价则会促进休闲度假型旅游地出现与完善，因此现代旅游地建设中兼具观光与休闲度假复合功能的用地明显增加，利用方式呈现多样化，旅游地相关的土地政策在某种程度上决定了旅游地的时空发展格局。

（三）主体利益驱动机制是旅游产业发展的重要调节机制

1. 旅游地发展的利益导向决定了旅游地发展前进的方向

（1）政治利益导向奠定了旅游地产业发展的基调。改革开放之前我国主要依靠入境客源发展国际旅游，我国作为旅游地主要服务于国际友人，我国旅游业是以政治利益导向的，旅游业于国民经济的贡献基本可以忽略不计，我国旅游被完全当成政治的一部分，主要从属于外事接待业，旅游地资源与旅游地经济效益完全无关。例如，当时全国涌现出北京、西安、上海、南京、杭州、广州、桂林、大同"八大城市型旅游地"，长城、黄山、庐山等风景名胜在政府主导下发展了旅游，接待了大量来华客人，但却都与经营无关，对国民经济贡献微乎其微。

（2）经济利益导向成就了旅游地产业发展。1978～1987 年我国旅游业逐步由"外事接待型"转向"经济创汇型"，旅游业逐步起步，经济利益导向的旅游地逐步形成。改革开放之后，我国意识到旅游的经济性，但在计划经济时代旅游并未市场化，旅游属于计划配额，当时旅游地只有旅游资源，吃、住、行、游等基本设施匹配不够，例如当时航班严重不足，有时需要空军加以协助，购物、娱乐处于空白状态，旅游地属于求大于供的卖方市场。当时旅游地清一色发展"资源导向型"国际入境旅游，海外客源市场基本呈现"三为主、三为辅"的特征：以港澳台同胞和华侨为主、外国旅游者为辅，亚洲为主、欧美为辅，日本和美国等西方发达国家为主、周边中等发达国家和发展中国家为辅（于向东，1999）。旅游地主要承担依托旅游资源为国民经济创汇的重任，越是垄断性旅游资源其创汇能力就越强，例如陕西临潼县依托秦始皇兵马俑这一垄断资源积极创汇，由原来的贫困县一跃成为西安市辖区。在"资源导向型"时代，旅游地逐步呈现成规模的旅游产业。

（3）供给者经济利益导向聚焦了旅游地产业发展问题。1985 年我国正式确立了旅游的独立性经济地位，之后我国的旅游地发展进入快车道，直到 20 世纪末旅游的经济性质被无限放大，旅游业被称为"无烟工业""朝阳产业"，旅游被当成"无本万利"的经济产业，各行各业一哄而上开发旅游，旅游地不再是供不应求的买方市场，旅游业的供给迅速增加，旅游地旅游业竞争日益激烈，单一的旅游供给者经济利益导向下旅游地出现了完全依赖旅游资源的粗放式发展。对旅游供给者而言其经营好坏主要取决于可以重复开发利用的旅游资源，并且旅游资源的使用是无须付费的，因此旅游地的竞争主要体现在旅游资源禀赋层面，有无旅游资源，旅游资源的数量多少、质量高低、组合状况、空间布局等直接决定旅游的经济效益好坏，旅游地资源与旅游经济效益是正相关关系，旅游资源丰富的旅游地其旅游经济效益往往好，反之则不好。

（4）多元利益主体导向客观加剧了特定时空旅游地博弈。21 世纪以来，我国旅游客源市场不再是入境旅游一枝独秀，伴随五一、国庆等长假机制，国内旅游悄然兴起，加之旅游消费市场的成熟，旅游地一改以往的单一利益主体，出现了多方利益主体。旅游目的地利益相关者包括旅游目的地体验的需求方：旅游者；帮助旅游地体验实现的供给方：旅游地旅游企业、经营旅游的当地社区等；旅游地介入方：旅游行政管理者、旅游研究者、旅游产业参与者等。这些利益主体的利益高度关联，只有各方利益最大程度地满足，旅游地才能和谐运行。

2. 主体的利益矛盾建构了旅游地产业发展格局

旅游地的多方利益主体是影响旅游地发展的主体因素，不同主体其利益诉求不同，追求利益的途径也不同，在旅游地发展中存在复杂的相互关系，而主体的利益矛盾影响着旅游地的产业发展格局。旅游地发展需多方利益主体协同配合，既要研究旅游体验需求所提供的原动力，又要考虑社区和旅游企业供给提供的推动力，还需遵循市场机制、接受政府引导与调控，采纳专业研究建议。

第七章

东北民族走廊线性文化遗产旅游
开发利用研究

文化遗产是一个地区带有显著特征的身份证，其从文化意义上标识出地域个性和历史记忆，从不同层面展示国家特有的文学、艺术和社会格局。利用文化遗产开展旅游活动是实现遗产"保护、保存和展示"目标的重要手段（王金伟、韩宾娜，2008）。线性文化遗产旅游开发是对拥有特殊文化资源集合的线性景观进行有效活化利用的一种崭新方法（香嘉豪等，2018）。线性文化遗产可以发挥串联沿途地域，整合散落资源，再现历史文化交流，促进经济社会发展作用。东北民族走廊作为历史上东北地区对外社会交往、文化商贸交流、民族交融的重要通道，是我国线性文化遗产的典型，也是当前线性文化遗产活化利用的重要区域之一。线性文化遗产是一类特殊的旅游资源，准确地评价线性文化遗产的旅游发展潜力，对于有效保护和合理开发利用文化遗产资源具有重要意义。

文旅融合、全域旅游、创新驱动、整合开发给线性文化遗产的保护和开发带来了前所未有的机遇，东北民族走廊历史悠久、资源丰富，是人类文明的发展和社会进步的重要载体，是族群迁移、文化传播、经贸交流和边疆控制的重要通道和场域。作为重要的历史地理枢纽，它连接南北、沟通东西，历史上使内地与边疆、农耕与游牧、中国与世界实现了联结与互动，现实上它是中国华夏五千年文化的完整佐证，在中国乃至世界发展史上都具有重要的地位。东北民族走廊是兼具有形和无形文化遗产的线性民族廊道，由多条廊道复合叠加，主要包括：辽西走廊、北方草原丝绸之路、海上丝绸之路、东北亚洲际陆桥与冰上走廊（崔向东，2017）。这多条线路，影响了东北地区的历史与文化、经济与社会等诸多方面，奠定了东北地区文化探究的价值。目前区域拥有级别高、垄断性强、历史文化价值大、数量诸多的历史文化遗存。东北民族走廊旅游资源的全域性融合开发，是将东北地区民族、文化、历史融入更大的地理空间、文化场域、历史背景和国际环境下进行思考，以旅游产业的主导优势推动东北经济的振兴、文化遗产的可持续传承、地区文化的传播和发展具有重要的意义。

跨区域线性文化遗产是重要的文化旅游场域，虽具有和旅游线路相似的某些特征，但又不同于一般的旅游目的地，其具有遗产元素多样、大体量点—轴式带状空间结构、时空跨度大、文化多元复合、边界模糊、环境动态演变、旅游价值高、游览所需时间长等特点，容易产生基于地理特征的形象认知弱化、形象审美疲劳、内部形象竞争和区际形象利益博弈等形象问题；文化内涵价值不太容易被旅游者深入理解等情况。增进文化认同、构建景观综合体与多层级形象体系、建立利益平衡机制等形象策略顺应文旅融合发展和全域开发潮流，对线性文化遗产在旅游开发中应采取领先开发或重点开发、分区开发及加强遗产点历史文化挖掘与宣传普及等策略，跨区域文旅资源整合利用，共建重大项目、打造文旅融合示范区、共塑文旅品牌。

线性文化遗产的全域旅游开发需要从认识资源、产品项目、产业、市场等多层面展开：全新的旅游资源观，不仅包括旅游资源，还包括环境资源、社会资源和生活资源等；全新的产品项目观，不仅包括旅游吸引物和旅游服务，还包括社区居民生活；全新的产业观，旅游产业不再是边缘产业，而是融合建构格局的主流、中心产业；全新的市场观，旅游市场不再局限于外地人，本地居民也是需要考虑的客源群体。

第一节　旅游资源全域化

一、东北民族走廊线性文化遗产全域旅游开发战略

（一）全域旅游、旅游廊道与传统旅游开发

1. 我国全域旅游的发展模式

21 世纪，我国进入大众化发展阶段，在全民休闲动力的推动下，旅游业全年对 GDP 的综合贡献率达到 10% 以上，旅游需求已然发展成为人们的基本生活内容。当前旅游发展面临新的大格局、大机遇和大挑战，传统定点式开发与规划模式和发展理念已不能满足消费者的出行需求。旅游业的发展需要植根于实际，纵深探讨。供给侧结构性改革的一再深入，旅游业发展出现了新的思路，全域旅游应运而生。全域旅游的概念，空间界限逐渐模糊，产业链条不断延伸、整合，旅游产品的多样化，管理的复杂化，市场竞争的日趋白热化，使旅游业由内而外发生了巨大的变化。全域旅游是深化旅游供给侧结构性改革下衍生的新的发展理念和发展模式，它打破传统的小旅游空间限制，立足我国旅游产业发展的实际需求，成为带动区域统筹发展、促进城乡一体建设、推动国民经济发展的新范式。它是一种以旅游引领区域整体发展的范式，即以某一行政区为旅游目的地，整体区域共同推进旅游一体化发展，是实现旅游产业的全景化、全覆盖，实现资源优化、空间有序、产品丰富、产业发达的系统旅游（吕俊芳，2013）。全域旅游比较传统的旅游产业，是产业域、空间域、要素域、管理域的全新变革。

2. 线性文化遗产的发展

线性文化遗产是近几年来兴起的一种全新的文化遗产保护理念，它由文化线路理念演化而来。类似于 19 世纪中期发端于美国的"遗产廊道"保护模式，是一种区域化遗产保护战略方法，是"遗产区域"的线状形式。遗产

廊道保护模式伴随"绿线公园"—"国家保护区"—"绿道"思想进化而来，目的是在保护其历史文化时，带动对相关文化遗址的整体性保护。伊利诺伊和密歇根遗产廊道是诞生在美国的第一个国家遗产廊道，截至目前，美国国会已经通过了40多个遗产廊道或区域。有学者指出遗产廊道是美国国家公园系统未来的重要发展方向（陶犁、王立国，2013）。

相对来说，美国国家形成历史较短，历史遗存远不及欧洲国家。随着1993年桑地亚哥·得·卡姆波斯特拉朝圣之路被列入世界文化遗产名录，线性文化遗产开始受到普遍关注。1994年国际古迹遗址理事会在马德里召开"线路——我们遗产的一部分"专题会议，自此引发遗产廊道的系统性研究。

我国文化源远流长，拥有丰富的线性文化遗产资源，借鉴国外遗产廊道的保护模式，对我国文化遗产的保护具有重要的参考价值。

3. 两者的关联度分析

全域旅游与遗产廊道两者具有相同的功能和作用，在空间演进的动态上，文化廊道和全域旅游都是从"节点""线路"到"域面"的联合发展模式，但廊道理念更为突出以下三层含义：一是强调线性空间的特点；二是尺度可大可小，既可以是某一城市中的廊道空间，也可以是跨城市、跨国家的地理空间形式；三是强调区域内文化内涵的主题提炼，围绕特定历史活动、文化事件，把众多单体遗产串联成具有重要历史影响的廊道遗产区（王辉等，2017）。可以说全域旅游是廊道性遗产旅游开发的深入表现形式。传统景区采取"景观隔离"的孤岛式开发模式，文化线路本身就是经典的旅游线路，遗产廊道为全域旅游发展提供现实路线的支撑，对区域旅游资源的整合、资源的利用优化具有显著提升作用。

区别于传统目的地旅游的点状发展，全域旅游强调的是区域性的开发而非局部性。对于文化遗产的保护，全域旅游空间域的放大，从某种层面来讲即是通过重要遗址地景点地理空间的放大，引导客流向其他方向转移，对重要历史遗迹遗址同样发挥保护功能。遗产廊道建立在文化遗存保护的原则之上，本身就是对遗产保护、价值挖掘的新视角和新方式。因此，对文化遗存资源的保护和开发，应从整体性战略思考，强调对旅游地遗产区域内多种多样的自然、人文及生态系统进行保护和开发，重视文化内涵的提炼，全面整合廊道各段落资源，综合开发，整体保护，从而实现遗产资源的社会价值、经济价值。

（二）全域化开发的大旅游资源观

旅游资源的划分传统上划分为两大类，一类为自然旅游资源；另一类为人文旅游资源。这两方面的归类是观光旅游的思路，前者依托名山大川为旅游开发的核心，后者以历史文化遗址遗迹为基础展开，新时代下的大旅游概念还包括了社会资源，即环境旅游资源、生活旅游资源、产业旅游资源等。全域化开发的旅游资源是一种大旅游资源观，通常包括旅游景观、旅游设施、旅游服务及旅游环境等多个因素。魏小安、魏诗华（2012）认为大旅游资源观不仅包括传统的自然、人文旅游吸引物，还包括生活资源、环境资源、产业资源等各种社会资源，观光、度假、休闲、商务、休疗、专项等各类产品性资源，过程性、时间性资源等。厉新建（2013）认为旅游目的地发展应该借助于全要素、全行业、全时空、全方位、全社会、全部门、全游客等各方面。

二、东北民族走廊资源旅游开发的可行性分析

（一）遗产资源数量丰富

东北民族走廊是族群迁徙、文化传播、经贸交流和边疆控制等的重要通道和场域，历史的重要位置赋予了其博大精深的遗产旅游资源，古人类活动遗址、居住地遗产、生产地遗产、军事活动遗产、商贸类遗产、科教文化遗产、交通通信遗产、水利工程遗产、建筑遗产、非物质文化遗产等古迹比比皆是。历史文化遗产内容繁杂，类别众多，质量之高，例如，东北民族走廊的多条游憩路线中，"辽西走廊"在红山文化时期已见雏形，是中国古代文明的曙光，享有特殊的历史地位，具有发展科研独特的历史和人文环境，具

有发展旅游业巨大的资源潜力。

（二）人文旅游市场需求旺盛

文化为旅游之魂，是旅游开发的核心所在。随着人们出行广度和深度的增加，人们的旅游需求已然由传统观光，向探索地区文化、历史、社会发展等能带来精神学习的深度体验转变。过去热门的旅游城市、景区景点在这种背景下出现一定程度的退潮。文化遗产类资源承载着厚重的历史，以文化内涵的丰富性奠定了开发类型的多样性，人为的创造性奠定了开发的可塑性，旅游开发必然具有巨大的旅游吸引功能和开发价值。

（三）空间域的放大增加旅游体验度

传统定点式观光游存在景区扎堆拥挤、观赏停留浅层化、停留时间短等出游弊端，旅游的体验度明显不高。旅游活动更多的是在追求一种精神性活动，尤其考虑到后工业时代的情感诉求，线性空间、全域性空间在更大空间域上给围困于城市方块混凝土建筑的人群提供了追求更大自由度的旅游活动。

三、东北民族走廊旅游开发的挑战性分析

（一）走廊区域涉及面广、范围大

历史上的东北民族走廊主要路线有：连接东北与中原的辽西走廊，连接东北与蒙古及至中亚、西亚的北方草原丝绸之路，连接中国东北与俄罗斯远东、库页岛及日本北海道的"海西东水路城站路"，连接中国环渤海地区、朝鲜半岛和日本的海上丝绸之路，连接亚洲和北美洲的东北亚洲际陆桥与冰上走廊等。前述章节中有关资源的主要节点城市探查指出，东北民族走廊遗产具有大的地理空间尺度，涉及诸多国家、省份、城市，文化线路涵盖范围巨大，区域跨度较大。这在遗产廊道建设过程中，即便是就某一类型的资源

的挖掘与开发都带来一定的困难。

（二）跨区域间合作难度大

由于线性文化遗产的分布所属不同省份，出于经济发展保护的影响，跨行政区边界的各级地方利益制衡，合作往往存在以下问题：各自为营、各自为政的局面，竞争大于合作。廊道旅游一体化合作机制缺乏制度设计、有效安排，导致遗产旅游增长点进一步扩张的机会成本、制度成本增大，促使其更倾向于在本区域内谋求发展空间进行发展。遗产廊道旅游业呈现"山头效应"，尤其是在廊道市域旅游业发展层面。本位主义色彩浓厚，各自为政，遗产旅游同质化，重复建设凸显（文国繁，2017）。

（三）文化遗产的脆弱性和保护的紧迫性

东北民族走廊线性文化遗产旅游开发是时代发展的需要，也是文化遗产可持续传承与保护的需要。从历史价值上看，东北民族走廊代表早期人类的运动路线，是一条极具民族特色的历史文化沉积带，众多民族在此留下了宝贵的民族文化遗迹和景观，这些遗迹、景观是历史的见证，具有重要的历史价值。从文化遗产的属性上看，以物质为载体的资源随着科技的进步，部分遗产修复与再造成为可能，但以精神为载体的民族文化，具有长期性、不可再生性和不可替代性等特征，一旦破坏，便是灭顶之灾。目前诸多方面的原因使得很多民族文化遗产被毁坏散失，因此，从"旅游开发"视角出发，充分发掘东北民族走廊文化遗产的内涵、特点，抢救和传承民族历史文化，对推动廊道文化遗产的保护和利用，具有重要意义。

四、东北民族走廊遗产资源全域旅游开发对策

（一）深度挖掘廊道沿线资源，注重文化内涵的提炼

文化是旅游开发的精髓和灵魂，有着强大的生命力和影响力。东北民族

走廊文化研究起步较晚，文化遗产资源的发掘工作明显不足，如何挖掘利用文化是旅游开发的核心问题。从旅游开发角度看，避免就资源论资源，着重突出文化价值大的能够反映东北区域主题的跨区域文化资源的整合力度，发掘文化内涵，塑造东北民族走廊整体的文化形象。从资源的保护层面来讲，以开发促保护，以保护促发展，对部分濒临消失或遭受破坏的遗产资源进行修复或重建，注重东北民族走廊区域文化整体的挖掘与传承。从开发策略角度看，开发要具有针对性，分清主次，突出要点，把握整体性脉络，深入整理和挖掘文化，凸显卖点和创意，构建地域文化突出的、连续的"线性旅游空间"，塑造开展主题鲜明的旅游专线，更好地展现东北民族走廊文化。

（二）突出精品，打造世界级文化遗产廊道

根据东北民族走廊文化遗产的分布特点，考虑到本地区的旅游资源的分布情况和交通条件，在走廊区域构建旅游资源开发带。由于资源反映的主题与特色、旅游开发价值存在差异，在总体规划中，应以特品级及评分等级较高的资源作为核心加以重点开发和优先开发。以点带动增长极的形成，促进整个遗产的旅游开发。世界文化遗产和5A级旅游区是旅游者获取景区信任度、可游性及出游选择的重要参考值。可以世界文化遗产和5A级旅游区为核心吸引力优先开发、重点开发，以此为亮点开拓市场，进而促进和带动整个线性遗产区域的旅游开发。线性文化遗产的资源开发并非要遍地开花，而是应进行整体的战略谋划，挖掘利用文化遗产的主题价值，在旅游开发过程中，加强关联性遗产的挖掘与宣传，打造规模化精品旅游带，增强遗产的文化吸引力，促进遗产文化的传承与传播。

（三）构建东北民族走廊区域间的合作机制

全域旅游推进下，产业发展体制的束缚一直是关注的重点。遗产走廊内的遗产点归属不同行政区和旅游主管部门，开发存在一定的困难性。对于东北民族走廊区域而言，旅游开发关联面广、涉及层次多，要实现各行政区域间的横向联合发展存在更大的困难，因此构建完善的遗产保护和管理体系至关重要。应从以下三方面着手。

1. 制定旅游立法

确定文化遗产范围，深度研究文化遗产的具体走向、各遗产点方位和边界，通过规划与立法划定保护区域的范围，形成比较清晰的空间形象，发挥政府的主导优势，颁布资源及环境保护与开发的相关条例，实现市场的有序进行。

2. 建立完善的利益相关主体的共享机制

国际合作上，东北民族走廊旅游开发涉及中国东北地区、俄罗斯东部、日本、韩国、蒙古国、朝鲜六国地区，旅游开发首先应减少政治经济问题对国际旅游合作带来的影响，通过多边合作机制以旅游带动经济的一体化发展。国内涉及的众多省市县，以遗产归属地政府和旅游管理部门为开发的利益主体，以利益共享为合作目标，实现多方利益的共赢模式。

3. 建立共同的区域旅游合作组织

成立协调机构及行业协会、联合发展的基金组织，定期组织旅游协调合作会议。一方面实现人力、物力、财力及信息等的有效沟通；另一方面清除合作过程中的障碍，减少各方合作过程中的矛盾，降低相关开发成本。通过政府调控，市场化运作，区域合作机制，实现东北民族走廊区域旅游资源的联合开发。

第二节　旅游产品全域化

体验经济时代，游客的旅游需求不再拘囿于传统观光性的产品，进而向追求文化性、体验性、参与性的深度体验转变。东北民族走廊体现着人类长期活动的演进过程，累积了灿烂的文化旅游资源，地域内产生的不同功能的线性文化遗产类别，构成了特殊的文化遗产群落，为旅游提供了良好的文化背景和资源禀赋。但资源优势不等于市场优势，资源只有通过凝练和打造形成具有吸引性的旅游产品才具有市场价值。文化遗产类旅游产品不同于传统观光性旅游产品、度假型旅游产品等，它本身具有较高的消费弹性、发展阻力大、开发创新性、体验性要求较高。全域化发展格局是将东北民族走廊文化遗产资源推向市场的创新性策略，实现产品的全域化要立足新背景下旅游者需求的变化，未来旅游的发展趋势是拓展新的产品观念，更新发展的新思维和新内涵。

一、旅游产品全域化的概念

旅游产品是构成旅游业的基本元素，反射出旅游业的方方面面，凝聚着旅游经济的全部内容。全域旅游的产品观是对传统旅游产品概念的拓展延伸，过去旅游产品由旅游线路、旅游服务、旅游商品等构成，其旅游产品同相关产业和区域间的联系不够紧密，缺乏旅游目的地整体的吸引力和核心竞争力。全域视域下的旅游产品从单一性的产品转向满足游客多种需求的综合性的产品，即将生态、景观、文化、服务等环境因素同观光、休闲、度假有机融合。具体而言，东北民族走廊文化遗产开发，依赖于地区古文化场景的再现与设计，地区整体优质服务环境的提供，组织独具沁润力的生活环境的体验，目标是打造集综合性产品服务于一体的游憩综合体。

二、新背景下旅游产品的需求变化

1. 新奇需求

旅游者离开惯常居住地到异地谋求体验，追求的是一种新奇感。这种新奇感在不同时期会有不同的诉求，不同时期会有不同的表现方式，不同时期会形成不同的潮流。新背景下随着游客出游意愿的提升，市场上琳琅满目的旅游产品可谓数不胜数，所以东北民族走廊旅游产品必须能够呈现一种新鲜感，给人以耳目一新的感受，才能更好地打开市场。

2. 文化需求

高端的旅游需求在于文化，拥有丰富文化内涵的人文旅游产品在当下被旅游者寄予了更高的期望。旅游者通过造访异域文化的独特性和趣味性，来实现旅游的目的。旅游的追求并不在于获得系统的知识，文化需求的实现是让游客在感知的过程中，通过零七八碎的游赏，主观上获得深刻的文化感知。东北民族走廊沉淀的文化底蕴，不管是物质形态的建筑、传统民居、墓葬或是非物质形态的民族习俗、人文活动等都具有开发的独特优势，通过丰富多彩的文化产品塑造，让历史变得时尚，让文化变得轻松。

3. 精神需求

产品有物质产品与精神产品之分，旅游产品更多体现的是精神方面的属性。与物质产品满足人们的衣、食、住、行的使用价值不同，在形式上虽然都是被消费，但它却直接反作用于精神本身。旅游作为一种休闲性产业，所能提供的精神上的娱乐性要远比工作甜美。喜爱娱乐是人的一种天性，通过旅游一方面寻找精神的释放与愉悦，无论是个人自由行、朋友结伴游，还是家庭式外出都是在寻找超脱日常生活之外的娱乐性；另一方面，通过丰富多彩的精神活动，促进人们的理想境界、精神状态、品德情操及思维能力得到提升，旅游恰恰有助于充实时间和提升休闲的意义，使精神生活变得丰富多彩。利用东北民族走廊丰富的遗产资源，打造精神文化产业，从高层面去表征它、认识它并生产它。以深层次的文化提供给人们精神的享受，形成精神价值，进而会成为人们追寻历史、追寻自己祖先的一种人文地域。

4. 重视过程体验

伴随"80后""90后"游客消费模式的转变并成为市场的主导趋势，追求旅游活动的质量，从传统观光性旅游向有内涵、有感触的深度旅游体验转变，满足市场需求成为旅游市场竞争的关键所在。文化遗产类资源通常会产生两种旅游功能价值：一是观光性形式，二是深厚的文化价值。前者以视觉呈现效果为主，后者更多地表现为一种体验，不能通过简单的观光实现。体验是建立在产品的有形物质载体和无形服务上的一种内心感受过程，旅游体验强调的是通过旅游活动所能获得的愉悦感受。重深度体验的产品设计，将物质性建筑景观与当地风土人情、民族文化有机地结合起来，利用科技等手段重现，全方面展示民族走廊的丰富文化，强调过程性、创新性、体验性，更好地服务旅游者的需求。

三、东北民族走廊旅游产品开发的原则

1. 全域化原则

传统旅游"小产品"的开发思路已无法满足全民化的市场需求，全域化开发就是要立足"大旅游"的市场供给，从产品要素上，将"食、住、行、游、购、娱"传统六要素，扩大到"商、养、闲、学、情、奇"新六要素上，构建全方位、复合型、大视野、深层次的旅游产品（厉新建等，2013）。东北民族走廊文化具有相对稳定性的特征，文化遗产的生存环境也相对稳定，在呈现上较好保存了总体的文化遗产群落。这些资源时间特征鲜明，类型丰富，在东北民族走廊文化开发中，要能充分挖掘地域内观光、休闲、度假、科考等旅游产品的基础和潜力，重视当地居民的交流语言、生活态度、行为方式、文化取向等旅游文化（文国繁，2017）。整合区域范围内的全部吸引力要素，研究自己独有的主题文化，对资源进行统筹规划与开发，来保障旅游发展。

2. 体验性原则

"以身体之，以心验之"，旅游体验由个人感知、地方印象以及所消费的产品等众多复杂的因素构成，是旅游者通过消费、观赏、交往、模仿等方式获得的心理感受。开发的体验性原则是以实现人与人、人与物、身与心的和谐，强调旅游者与景观、外在世界的自然融合为目标（马勇、李玺，2012）。民族文化类旅游重在通过民族历史文化、风土人情等的展示，增加旅游者的地方文化知识、丰富阅历、愉悦身心。新型体验的旅游产品，必须将旅游产品与当地生活日常、民族习俗、地区环境及资源特色有机结合，发挥本地资

源的魅力，通过创意设计将本土特色的文化资源巧妙地融入旅游各大要素之中，提升旅游产品的内涵和价值。在产品生产的整个过程中植入文化，创新深度体验的方式，最大化地适应旅游者的需求。

3. 本真性原则

人文类旅游资源与自然资源不同，不具备靠"外形"就能引起市场的轰动效应，但文化内容丰富，可以开发的形式多样，所以文化更容易被商业化扭曲破坏。人文产品的本真性开发并不是绝对性的保护，并不是坚持排除经济利益来实现产品的本源保留。本真性开发是杜绝对文化、历史的无条件利用、无厘头篡改，是对文化资源的适度商业化、品质性商业化。真正构建一种"大自然、深生态、活文化、真生活"的旅游体验。

4. 可持续发展原则

在保护的基础上开发，通过开发促进保护，这是旅游产品开发必须注重的根本问题。从发展角度来说，一个好的产品的规划与开发必须是一个能够可持续发展的规划，必须是一个开发保护一体化的规划。从保护角度来说，民族历史、民族文化的传承是旅游发展所要考虑的另一个重要问题，这既是旅游发展必须承担的责任，也是因为文化的垄断性，而文化的垄断性恰恰是其发展的核心吸引力要素。可持续发展以发展优先，秉持可持续发展理念，遏制不文明行为和短期发展意识，利用传统技术和新科技手段保障可持续开发。

四、东北民族走廊旅游产品全域化的开发建议

1. 剖析旅游资源条件

目前，东北民族走廊文化资源的开发尚未全面展开，遗产地的资源数量、资源种类、资源特色、客源市场等数据不清，分类不具体，定位不明确。首先，全面普查东北民族走廊区域资源总量，以具有代表性的，如遗产名录中的遗产点或具有轰动效益的旅游景观为核心，挖掘资源数量，整合多

元要素。其次，深入剖析资源特点，明确开发与投入方向。旅游资源不等同于旅游产品，在对资源进行总体调查的基础上，充分分析和评价，以游客需求为导向，规划不同方向的旅游产品。转化适应消费者深度体验的遗产旅游产品。最后，以新思维、新技术促进旅游产品的转化与创新。

2. 打造精品化旅游产品

旅游者出行至今，已积累了丰富的旅游见识与经验，对旅游市场上的旅游产品要求将越来越高。同时，市场竞争的加剧使游客有了更大的选择空间。市场上现有的传统型产品已供过于求，而新产品明显不足。因此，特色化、精品化的吸引力产品在市场发展中至关重要。从我们旅游市场上供给的旅游产品来看，文化性产品缺乏对地区文化的挖掘，开发的产品大同小异，同质化严重；低层次的旅游产品较多，高品质的旅游产品缺乏；传统型产品占有很大市场，缺乏创新创意。精品化产品涵盖两方面层次的内容：一方面，代表性产品的推出，依托东北民族走廊五千年灿烂的文化、独特的民族风情等，寻求差异化、特色化，推出"人无我有，人有我奇"的具有地区代表性、轰动性的旅游产品；另一方面，高品质产品的塑造，考虑市场现有的产品体系单一，低层次的产品较多，能带来游客二次消费的深刻性产品较少，开发不能再单一地追求旅游产品总量的扩大而应转向关注产品质量的提高，树立"大旅游、大产品"理念，要把与游客旅游相关的所有产品和服务都视为整体的系统，从游客出行到完成旅游全过程所包括的一切产品，应都致力于为游客提供独特旅游体验而从系统的层面来立体化开发旅游产品（夏杰长、徐金海，2016）。

3. 多元化旅游产品开发

旅游资源通常界定为两类，一类是自然旅游资源，另一类是人文旅游资源。全域旅游视域下，新的旅游资源概念包括了二者之外的社会资源，如环境资源、生活资源、产业资源等。多元化产品开发，就是摒弃过去狭隘的旅游产品概念，要树立"大旅游、大产品"的发展理念。生产立足于游客的需求进行，开发出能够满足各个层次游客需求的旅游产品。我国社会越来越能容纳个性、特性的存在，针对国内游客多样化和个性化的需求，应着力提供除观光产品之外的新型产品、新型业态的开发。如依托地区的历史文化、民族文化、战争文化大力发展研学旅行产品，开发居住与建筑的民俗旅行、饮食文化旅行、婚姻民俗文化旅行、节庆文娱等，以尽可能大的旅游概念创新出多样的产品形式，满足不同游客的需求。

4. 过程性成品塑造

人文旅游资源不具备自然类资源，通过视觉就能获取资源的全部，在开发过程中有很多需要向旅游者展示的内容。传统上以文字、视频、语音等方式展示为主，但这种方式明显枯燥乏味，吸引力有限。文化的感知要通过具体的载体和某种表达方式去体验和感受，因此，寻找旅游者可参与或者可进入的氛围和载体是非常必要的。一方面，文化景观打造，要重点提炼民族文化的内涵，结合当地自然景观、旅游地现状，将民族、地域文化渗透在旅游产品和旅游设施中，开发需注重视觉呈现的效应，通过眼睛看、耳朵听能感受的美妙形象；另一方面，开展节庆活动，利用东北地区特有的文化资源和节庆形式举办各种旅游节、文化节、艺术节等，注重民俗活动的互动、体验、参与式开发，打造不同时间、不同季节的旅游产品。另外，生活型产品的打造。让旅游者融入当地的生活，让当地人融入旅游产品的开发与销售当中去，积极争取更多民族的参与，营造真实的场景，深度挖掘多样性和吸引力的文化内涵，注重古色、古韵、古香立体化感触的塑造。古色，为建筑等物质性景观的打造；古韵，为历史文化类软性产品的充盈；古香，为深度环境体验的渲染。

5. 更大产品体验空间塑造

"互联网＋"技术手段为全域旅游发展推波助澜，对于旅游者的出行而言，这种技术在旅游活动中的应用，使旅游者在旅游过程中占据了主动权，具体而言，旅游者获取信息的方式和途径更加灵活，出行的方式更加便利，出行形式自由度更大。对于旅游地来讲，亟须拓展新的产品观念和新的空间格局。线性文化遗产的全域性开发就是打破传统的景区景点开发模式，淡化景区、淡化开发，从地理空间上进行空间放大。现在的景区式门票经济，有种赶着客人离开的意味，很多景区白天看景要收费，晚上看夜景照旧收费，这种方式也只是获取了旅游经济中的一小部分，不能实现综合收入。高铁时代，自驾游时代，旅游者的出游决策本就自由、灵活，一天多个城市的穿梭都能轻松实现。如何把游客留下来，依托的不是传统的模式，是创新的驱动。通过差异化的环境，构造新的生活方式、新的体验空间，给游客意犹未尽的体验去留住旅游者。

第三节　旅游项目全域化

一、旅游项目的全域化理念

1. 旅游项目

旅游项目是以旅游资源为基础开发，以旅游者和旅游地居民为吸引对象，为其提供休闲服务、具有较为持久的旅游吸引力，以实现经济、社会、生态环境效益为目标的旅游吸引物。旅游项目主要有三方面特征：第一，能够为旅游者提供消遣以度过闲暇时间；第二，旅游项目点吸引力应该长久，并且其吸引的对象不能仅仅是旅游者，当地居民也应该是旅游项目的吸引对象；第三，旅游项目需要一定的管理，并通过经营创造经济效益（马勇、李玺，2012）。

2. 旅游项目的全域化

旅游项目的全域化是在全域旅游理念指导下，由传统开发模式向新的发展模式的转变。从需求方面来讲，游客新的体验需求，要求旅游项目提供给游客的必须是全方位的综合感受，游客可以通过感官的全方面触碰获得体验感。从供给方面来讲，要转变景区景点式的开发模式，更新旅游资源观念，整合区域文化遗产打造精品。具体而言，全域化背景下旅游项目的新特征具有综合性、体验性、创新性、服务性、融合性。综合性指旅游项目不再是满足游客某一方面的需求，而是综合考虑其吃、住、行、游、娱、购多个层面的需要；体验性指除观光性需求之外，满足游客集视、听、体验全方位感官于一体的需求；创新性，为满足游客求新求异的心理在开发理念、开发模式、资源类型、新型产品等方面作出的改变；服务性指项目的开发为实现旅游整体的服务功能，不仅包括旅游者服务的满足，还囊括了对旅游目的地居民的整体服务性；融合性指线性文化遗产在分布上属于不同行政区域，将不同类型、不同地理空间通过旅游业实现联结与融合。

二、旅游项目开发的新方法

1. 主题法

东北民族走廊现有的旅游项目知名度不高，代表性不强，从整体市场竞争来看，打造突出东北民族走廊文化主题的项目是重点。以丝绸之路为主题，围绕辽西走廊、北方草原丝绸之路、"海西东水陆城站"路、海上丝绸之路、东北亚洲际陆桥与冰上走廊，挖掘不同文化廊道的代表性资源，辽西走廊所在的辽西地区是中国古代文明起源之一，所有的"红山文化"，积淀深厚的战争文化，农牧交错的鲜卑三燕文化，契丹辽文化，蒙古族文化，满韵清风文化都可以通过文化的有机结合形成一系列主体。

主题性开发注意，项目要小题大做，以该地域独特的产品资源或文化特点刻画形象，发挥影响力；借助互联网衍生的创意设计，从静态展览品变成动态的消费品，让历史变得时尚；旅游开发的选址、选材要因地制宜，以该民族文化特点为主要考虑因素；根据游客自身特征和消费特征，确定旅游主题；分析市场环境，制定差异化的主题，合理定位。

2. 集聚法

资金上，实现资金来源的汇集。人才上，人才的聚集是项目开发之本，培育人才，吸引人才，形成完整的人才团队。产品聚集，整合资源特色，培育多元化、复合型产品。功能聚集，集食、住、行、游、娱、购等功能于一体。品牌聚集，打造不同功能、不同类型的产品系列，一并推向市场。汇小为大，汇细为精，汇文为彩，汇市为场。汇合丰富的文化符号、文化元素，形成有影响力的旅游项目。

3. 创新法

从某种层面来讲，全域旅游模式本身就是创新成果的最好体现，而创新本身，也是全域旅游发展的要求。在日趋激烈的旅游市场竞争中，创意创新对未来旅游的发展越来越重要。一方面，现代旅游业中游客的个性化需求总趋向于更新更奇的事物，创意可谓当今策划的灵魂，决定企业是否可以依靠自身的创新要素形成独立研发的团队和自主创新的机制，能否创造性地寻找市场，创新性地获取市场，是未来企业成败的关键；另一方面，行业岗位的融合、重组、升级始终处于一个不断变化的环境之中，必须能在全面掌控的基础上进行新的创造，以适应环境的不断变化。创新要素的生产并非凭空想象而来，它需要在现实的基础上进行改造和变动。旅游业的发展即是如此，从资源要素来讲，全域将旅游资源扩展为自然资源、人文资源、社会资源，社会资源则是结合许多人文要素和自然要素进行的整合创造；从产业要素来讲，旅游行业的新融合、新业态的衍生并非脱离传统行业实际，是在深挖传统业态基础上进行的创造升级。传承传统、弘扬传统文化是对外传播民族精神、提高民族形象、发挥旅游影响力和吸引力的决定因素。传承传统就是源源不断的精神源泉、价值基础。旅游项目的开发要在注重传统的基础上进行新的创新，全域旅游的发展要能妥善处理好传统与创新的关系。保持高水平的竞争力的重要途径就是不断地对旅游产品推陈出新。按照高起点、差异化的原则进行开发，将创意贯穿旅游发展的全过程。

三、东北民族走廊线性文化遗产项目开发的思路

1. 全力推动重点旅游项目的建设

文化廊道本身就是一种文化景观，其往往伴随着商品的交流、民族的迁

徙和融合、文化的传播和交流，在形成过程中塑造了沿线的景观、沿线聚落和城镇、道路和交通、建筑和遗迹、经济和环境。这种以通道文化为基础的线性文化遗产具有开发全域旅游的优势的条件。但旅游项目的开发并不能全线开花，市场的起步需围绕廊道文化主题来表达。

文化走廊是全域旅游开发最深刻的表现形式，具有鲜明的系统性特征，具有打造旅游精品项目的基础和优势条件。首先，依据线性文化遗产空间分布的区域特点与资源特色，以文化为主题，深度挖掘资源，串联影响要素。其次，综合筛选重要旅游节点，以旅游资源优质、区位优势明显、经济发展潜力大、基础服务较好、创新能力强的历史文化名城、名镇等为重要节点，集中人力、物力、财力集中打造文化品牌，培育旅游重点发展区。再次，线性文化区域内打造世界文化遗产名录、领袖项目，以重大旅游项目的建设来培育旅游增长极，结合点轴理论有步骤、有重点地推动区域产业自发性、联动式地发展，从而构建若干大型廊道区域旅游经济综合体，共同推进区域旅游影响力。

2. 智慧宣传，争取外界投资

项目市场即现实意义的旅游市场，是指一定时间、一定地点和一定条件下对旅游产品具有支付能力的消费者群体，也就是旅游客源市场。只有在市场上销售得出去，吸引游人，获得较好的经济效益才能称为好的项目。营销是产品销售的一个重要手段，是将产品和市场联结起来的一个纽带。面对激烈的市场竞争，只有通过多元化的营销手段，才能最大限度地增加效益。廊道宣传应利用各种营销渠道，主流营销与新型自媒体齐头并进，共同提高本地人文资源的知名度和影响力，拓展资源开发的资金来源。一方面，要积极争创国家 A 级旅游景区，A 级景区作为行业标杆，是城市对外旅游宣传的名片，是旅游者获取景区信任度、可游性及出游选择的重要参考值，建议对外主推世界文化遗产和 5A 级资源品牌，分头立项，对外广而告之，共同协作寻找投资商；另一方面，要善于利用现有的资源影响，如规模宏大的"文化大巡演"市场影响，结合新媒体传播推送，以深入人们日常生活的信息渠道，扩展地区影响力和知名度，吸引投资。

3. 加强旅游基础设施建设

全民休闲时代，自驾游式的散客出行，交通载体的联通是东北民族走廊旅游开发的先决条件。资源所在地政府应积极引导投资向旅游基础设施和信息服务方向转移，通过多元化的资金注入完善地域资源开发所需的硬件与软件供给。首先，构建旅游通行路网。建立市—县—乡景点之间、县与县景点之间、乡与乡景点之间的路网，方便旅游者区间无障碍转移。路网建设要在保护当地生态的前提下进行，要做到"因地制宜，入乡随俗"，要适当造景，不断挖掘途经地的民风民俗，农家风光。鼓励重点旅游节点城镇观光巴士、乡村直通车、地方特色载乘工具等的建设。同时，优化道路交通的引导标识，以交通路网的完善实现区域内各类资源的有效串联。其次，加强游憩接待设施的建设。估量旅游资源开发后所能带来的客源市场信息数据、景区的承载力度，合理规划县域开发所需具备的食、住、娱、游、购等配套接待设施的建设。注重地域环境的保护和治理，开展无污染水源和垃圾无害化处理等工程，保护好地域的碧水蓝天。最后，加强旅游信息服务建设。借力"互联网+"的技术手段，实现县域 5G、Wi–Fi 大范围的覆盖及卫星的精确定位。建立旅游服务中心、咨询中心、呼叫中心等信息咨询与服务节点，完善旅游信息查询与推送、网络预定与评价、旅游安全与救援功能，为游客提供本土化、实时化的服务，切实提升服务供给能力。

第四节　旅游产业全域化

一、旅游产业全域化解析

全域旅游是旅游业发展新的模式和方向，是经济发展新常态下旅游产业转型升级新的出发点。产业的交融，旅游产业的综合性带动效应显现，没有一个产业和旅游没有关系，旅游的发展对于每个产业都具有推动作用。旅游产业全域化改变单一旅游形态为主导的产业结构，凸显旅游产业的中心地位，构建起以旅游为平台的复合型产业结构，推动我国旅游产业域由"小旅游"向"大旅游"转型。

遗产廊道通过历史文化将单独的旅游景区景点、城镇聚落、道路桥梁、环境生态、设施服务联系起来，以廊道整体为吸引物，形成线状、带状和网状的旅游目的地。旅游廊道集聚各种产业要素，在发展过程中，旅游消费需求、休闲特征以及产品体系与传统目的地观光旅游存在较大区别，由"节点"到"线路"以及"域面"的联合发展区别于传统目的旅游节点孤岛式的发展方式，本就是全域旅游发展的表现形式（陶犁、王立国，2013）。东北民族走廊文化遗产全域化开发，把历史文化内涵提到首位，以旅游设施为主体，以线性的系统优势进行全域开发，兼顾资源、空间、功能等内容构建新的发展模式，形成规模综合性区域。

二、全域化特征分析

1. 全过程的旅游体验

项目功能完善，景点可进入性增强，景区景点间空间转换的过程被替换为过程体验，使游客全过程置身于旅游的享受中。

2. 产品体系更加完整

全域旅游放大的资源概念，将社会型资源纳入吸引力资源。特色产品、生活产品、保健产品成为重要产品，完善廊道旅游产品体系。

3. 空间层次放大

弱化景区与行政区域界限，扩展了目的地空间活动范围。廊道最大可能地兼顾了区域大多数景点，多种类旅游项目，多层次旅游需求，提高了廊道整体的旅游价值。

三、旅游产业全域化的发展过程

旅游产业的发展不可能一蹴而就，为实现东北民族走廊地区资源的高效利用，发挥旅游的优势产业带动作用，促进当地经济的发展，东北民族走廊文化遗产的开发需要分层次、分阶段逐步推动，包括以下三个方面。

一是初始的点状发展。培育精品旅游项目，围绕项目配套旅游交通产业、旅游餐饮产业、旅游住宿产业、旅游服务体系构建，培养政府、当地居民的旅游参与意识。

二是中期的线状发展。完善旅游基础服务产业、各类产品发展保障措施，引导相关产业向旅游产业集聚和融合，加快旅游要素向优势区域的聚集。培育一批有综合竞争力的旅游产业群，实现资源共享、设施共用、信息互通、功能互补，放大集群效应。

三是后期的域面性发展。提高全区域旅游意识，以旅游为优势产业，将相关企业、供应商、关联产业和专业协会等加以整合，建立多个项目要素链接，打造完善的旅游产业链和多业交融的旅游综合体。

三个阶段开发梯次推行，共同组成完整的东北民族走廊文化旅游产业体系。

四、旅游产业全域化建设的原则

1. 产业本土化

线性文化遗产廊道，从经济空间格局上看，资源地带分属多个地市、行政区，而廊道的形成是对空间经济学理论的灵活运用。它可以以某一乡村、某一城市、某一区域为地域节点，在某一线路的链接下，迅速实现物质、信息等的交换，逐渐形成点轴式空间结构，形成一系列交通线、信息流、动力线，促进沿线地区的发展，这是廊道与一般的遗产地开发最大的不同。因此，寻求城乡互动、区域联合对廊道发展至关重要，产业链依靠资源单体所在的城镇或乡村，依靠交通、信息网络等实现人力、资源要素、物质资本、商品的移动，对地方经济发展与社会进步具有重要作用。应就地取材、就地取人，资源互补、客源共享，形成市场，提高区域竞争力。

2. 经营共生化

对于走廊线性文化遗产而言，除了发挥遗产的经济价值外，还有一个重要使命就是保护。"保护"与"开发"存在一定的对立性质，如何开发是一部分，如何经营也成为遗产保护的主要内容。传统的旅游经营由旅游开发商主导，那么资源的保护就存在经济利益驱动下无限度的开发利用。由此建立经营主体的共生化，增加当地人和外来者的共同经营，实现二者共存。共生实现的方式有两种：一种是共同开发，即外来经营者和本地经营者共同参与旅游产品的开发，通过提供不同等级和类别的旅游产品吸引不同的旅游市场，共同促进旅游发展；另一种是合作经营，即外来经营者和本地经营者合作开发旅游，利益共享。通过对当地居民的再教育、再培训增加其从事参与地方经济发展的机会，以地方约束开发商的经营，以经济促进地区经济水平的改善。

3. 产业链循环性

一方面，产业链是产业要素的聚集，旅游的发展是为了带动区域经济的发展，因此产业链一定要长，最大化地发挥影响作用；另一方面，产业链要完整，要尽可能地囊括各种产业要素，带动综合产业的发展。另外，产业链要能实现产业的循环发展，既包括环境的可持续，也包括经济的可持续。

五、旅游产业全域化发展的建议

1. 统筹产业空间布局，实现景观全域化

旅游廊道既是文化的集合体，也以交通线路的形式实现了旅游集散与旅游休闲活动的高效衔接。遗产廊道本身的形成空间和发展模式恰恰是对"点轴"理论的灵活运用。廊道的空间结构在点（各级旅游节点）、轴线（交通沿线旅游经济带）的共同作用下完成。廊道旅游活动加速极核等级提升，极核（节点）吸引或辐射影响的腹地通过廊道轴线的连接形成点轴空间发展模式。伴随目的地廊道建设逐步完善，目的地点轴空间结构向网络化发展，进

一步完善目的地旅游系统。旅游廊道对旅游目的地经济、文化、生活各方面带来的影响以带状空间为轴心，向两侧辐射（鄢方正等，2017）。在前面提到，线性遗产廊道的构建正是全域旅游发展的深刻表现形式，这种"点轴"理论的发展模式为全域旅游空间布局提供了良好的借鉴。依托廊道线路的空间走势，挖掘优秀旅游资源，组织重点旅游项目，沿廊道空间布局，建立旅游活动发展极核点。通过条块联动、区域联动、内外联动的发展，使资源与要素得到综合利用。有步骤、有重点、有计划地实施景点、线路、域面的相互链接，构筑全地域旅游发展格局。

2. 实施"旅游＋"战略，完善产业结构

旅游产业结构包括了旅游产业各部门、各地区以及各种经济成分和经济活动各环境的构成及其相互的比例关系。旅游发展的全域性，实施"旅游＋"战略是最优的选择。旅游产业结构包含吃（旅游餐饮业）、住（住宿酒店业）、行（旅游交通业）、购（旅游商品业）、娱（旅游娱乐业）等要素，"大旅游"模式在传统六要素产业结构基础上增加了商（商务旅游）、养（养生旅游）、闲（休闲度假）、学（研学旅游）、情（情感旅游）、奇（探险探奇旅游）新的产业要素，把相关的产业内容都纳入了旅游产业的框架之中。通过"旅游＋"的战略，实现旅游产业与社会经济结构产生联动发展模式，发挥旅游产业主导带动作用，实现其他产业共同的发展。形成"旅游＋交通业""旅游＋民俗业""旅游＋养生业""旅游＋文化创意"等多种业态形式，共同辅助旅游产业发展，共同构建集社会、经济、文化、环境的整合产业。

3. 推进旅游产业技术化

"80后""90后"消费者禀赋的变迁，更新了旅游者主体的动机需求，一个突出的变化是团队出行向散客出行的转变，与传统定点、定线的出行方式不同，散客出行路径在空间上广泛展开。延伸的景点、随意变化的地理空间等，要求硬件设施与软件服务全部落地到位，显然不合乎实际。这就要求旅游要突破物理空间的约束，尝试借助科技等虚拟性终端进行服务。互联网及物联网等高新技术成为全域旅游发展的核心技术手段。借力"互联网＋"的技术手段，把区域内的各种吸引力要素、旅游产品、旅游地的碎片化信息联结成相应的旅游线路，实现产品的弹性配给和灵活组合与扩充；提供5G、Wi－Fi大范围的覆盖及卫星的精确定位，节约游客查询、规划安排的时间，实时实地为游客提供落地式的全城服务。东北民族走廊涉及区域众多，在全域旅游发展过程中，需要充分利用不同区域内的诸多资源。传统的资源可以独立，全域发展下则需建立开放式的产业信息共享平台，实现信息流、客户流和资金流信息的共享，以高品质、多样化的旅游服务，为消费者带来了全新的体验模式。

4. 加快产品创新，丰富产业结构内容

21世纪的旅游将会是创意的集合，现有市场上的产品、项目创意设计的同质化问题越来越严重，在激烈的市场竞争中，高起点、差异化、个性化的旅游产品占据越来越大的市场份额。廊道作为一种特殊的发展模式，不仅集合了产业要素，还凝聚了文化要素，文化的无形属性决定创新在廊道的发展中至关重要。文化创意要敢于打破常规，秉持无中生有、有中生好、好中生优、优中生特的理念，用多元异质的时空情景去构建新事物、新布局。在东北民族走廊现有景区的基础上构建不同的功能区，打造不同的特色化产品、特色化服务。在大层面上，立足交通服务产品、餐饮类服务产业、住宿类服务产业、购物类服务产业、观光游览类及娱乐类产业等基础性产业，创新业态、产业类型，改造、升级、丰富旅游产业结构内容，满足游客多样化和个性化的旅游需求。认真研究旅游发展新趋势，以开阔的胸襟、放眼四方的眼界和思维，构建新事物、新措施，适应旅游者消费需求的转变。

5. 创造条件培育旅游人才

全域旅游模式演变，无论是对旅游管理人才、规划人才，还是对从业人员素质等方面都提出了更高的要求。一是对人才的综合知识储备要求更高，二是更为细分化的专业知识涵养。民族走廊的旅游开发，归根到底不是用社会资金、政府权力来打造另一种房地产市场。走廊区域尤其是涉及的民俗浓厚的乡村地区，环境承载力本身就很脆弱，现阶段将城市规划的理念与方法复制到农村，改变县域以至更为深入的农村本质，是不科学也不道德的。旅游人才市场的现状是规模较大，但细分的专业性不强。现阶段迫切需要专门的县域乡村规划设计人才、建设与管理人才。各地政府应建立一种合作机制，制定具体规划，层层落实，把人才培养作为一件大事来抓。一方面，通过积极的政策引导，改善旅游人才的生存发展环境，以此来吸引人才留住人才；另一方面，与高校合作制定人才培育计划，重点培养民族民俗规划人才、城镇建设与管理人才、城镇环境资源的规划利用人才、旅游公共管理等领域人才，尽快培养一支贴近东北民族走廊需求实际的，具有综合性知识、专业化视角、较强创新能力的人才队伍。

东北民族走廊线性文化遗产在开发利用时，从资源、产品项目、产业、市场等角度统筹谋划，有以下几点需要注意（梅耀林等，2019）：首先，明确主题，东北民族走廊这一大跨度文化遗产涉及要素多，要分层分级分类逐一梳理分析，以点推线延展至面，抓重点、分层次、构体系、建网络、定计划、巧实施渐次体现价值；其次，统筹地域差异，尊重地区文化，综合研判，充分挖掘核心价值；再次，选择方法，尊重客观事实，将传统技法与现代技术相结合，因地制宜。

第八章

锦州市长城国家文化公园文旅融合开发利用实践

　　长城文化和精神是中华优秀传统文化的重要基因，长城国家文化公园是保护前提下合理利用长城文化的重要途径，是坚定中华文化自信的重要实践，为资源开发与利用和文化旅游发展提供了新机遇，也为长城周边区域经济社会发展提供了新动能，具有重要文化传承意义和巨大文旅经济价值，同时向世界传达优秀的中华文化和长城精神。长城文化是我国独特宝贵的优秀传统文化，是新时期教育的优质资源，其作为和谐文化载体被时代所弘扬，具有重大历史价值和当代价值；旅游是实现中华民族伟大复兴中国梦，助推经济发展的新模式，依托长城文化发展旅游是新时代的客观要求，也是实施可持续发展的必然趋势。当前，我国实施建设长城国家文化公园战略，锦州市是长城文化资源富集地，长城国家文化公园的建设为长城文化资源的保护与建设指明了方向，长城文化资源得遇国家文化公园建设东风，2021年锦州市长城国家文化公园建设正式启动，锦州市围绕实现长城文化和旅游深度融合、高质量发展目标，以文化为灵魂、以旅游为载体、以融合为路径、以产业为方向积极构建长城文化和旅游融合发展的大格局。文旅融合战略给长城国家文化公园建设注入新活力、带来新机遇，通过挖掘整合锦州丰富的文化资源，采用多重整合方式，积极挖掘长城蕴含的历史文化，重新认识长城彰显的时代价值和精神。

一、长城国家文化公园建设的时代意义

（一）国家文化公园战略为长城文化资源保护与建设指明方向

2019 年中共中央办公厅、国务院办公厅印发《长城、大运河、长征国家文化公园建设方案》，实施建设长城国家文化公园战略；2021 年，国家文化公园建设工作领导小组印发《长城国家文化公园建设保护规划》，高标准顶层谋划长城国家文化公园建设。长城国家文化公园建设为文化资源保护与建设指明了方向。

国家文化公园是大型文化遗产保护新模式及优秀文化展示新方式，旨在塑造国家象征、促进民族文化认同、建设多功能（公益性/大尺度）线性文化遗产。中央实施建设长城国家文化公园战略，分布于 15 省份 20000 多千米的长城文化遗产迎来前所未有的新机遇。长城沿线各地协同共建长城国家文化公园，积极挖掘长城蕴含的历史文化，重新认识长城彰显的时代价值，重温、再现长城沿线各民族民风民俗等集体智慧，将其呈现于长城文化公园中，按照管控保护区、主题展示区、文旅融合区和传统利用区四类主体功能区进行保护传承、研究发掘、环境配套、文旅融合、数字再现五大工程建设，叠加国家全域旅游发展战略，各地积极谋划长城文旅融合工程，构建特色游憩产品谱系，促进文旅价值共创。

（二）长城国家文化公园文旅融合区建设促进文化旅游双重发展

数千年来长城文化和精神已深度植入人们心中，成为中华优秀传统文化的重要基因，长城国家文化公园是在保护的前提下合理利用长城文化的重要途径，其建设是坚定中华文化自信的重要实践，为资源开发与利用和文化旅游发展提供了新机遇，也为长城周边村落、地域经济社会发展提供了新动能，具有重要的文化传承意义和巨大的文旅经济价值，同时向世界传达优秀的中华文化和长城精神。习近平总书记指出："在历史长河中，中华民族形

成了伟大民族精神和优秀传统文化，这是中华民族生生不息、长盛不衰的文化基因，也是实现中华民族伟大复兴的精神力量，要结合新的实际发扬光大。"① 长城国家文化公园建设积极融入地域文旅资源，展现出独特的地域风采，呈现出长城的文化丰富性和地域特色性，这既是长城国家文化公园建设的必要条件，也是向世界彰显博大精深中华文化的充分条件。

长城文化公园的文旅融合示范区是长城文化与旅游融合发展的新业态、新符号、新标杆，作为传承文脉、汇聚情感、提振精神的活态空间，是对遗产文化、古建文物的保护，对各地风貌风光、民俗民风和文化非遗的传播、传承。文旅融合是旅游产业发展问题，更是文化建设问题，积极挖掘长城蕴含的历史文化，重新认识长城彰显的时代价值和精神，重温、再现长城沿线各民族民风民俗等集体智慧，将其呈现于长城文化公园中，长城国家文化公园建设融入地域发展全局，将有效助推长城文化经济带文化和旅游的双重繁荣与发展。

在全民休闲、全域旅游的时代背景下对长城文化遗产的游憩利用，对长城国家文化公园文旅融合区和文旅融合工程的研究，值得探讨也尤为紧迫。当前，中国特色社会主义进入新时代，赋予长城游憩新的使命和意义，系统深化和探索长城国家文化公园文旅融合区建设具有重要价值。长城国家文化公园文旅融合研究，力图实现锦州长城国家文化公园建设从学术研究到科普推广、从展品解释到系统阐释、从走马观花到沉浸式体验、从考古复原到文化创意的四大转变，达成文显其境潜移默化、旅人体验共同创造、融入心意创意靠谱、合于地方营造共好的效果。

二、锦州长城的地位及现有长城文化遗产梳理

我国长城主要分布于西北、华北、东北等 15 省份，国家高标准顶层

---

① 如果没有中华五千年文明，哪里有什么中国特色？［EB/OL］. 新华网，http：//www. xinhuanet. com/2021－11/04/c_1128031858. htm，2021－11－04.

谋划长城国家文化公园建设，实行整体保护、分段管理，按照"核心点段支撑、线性廊道牵引、区域连片整合、形象整体展示"原则，遵照长城国家文化公园是凝聚中国力量的精神家园、传承中华文明的历史长廊、提升生活品质的体验空间的建设基调，以文旅融合为抓手价值共创，通过游憩利用，盘活长城文化遗产的文化价值、社会价值、经济价值，并在国家和地域层面以立项形式促进其发展，我国长城国家文化公园建设迎来新高潮。

从空间上看辽宁长城国家文化公园结构为"两带、四区、多点"："两带"即辽西长城文化带和辽东长城文化带，是辽宁段"万里长城"核心形象带；"四区"分别是以虎山长城和内外线堡城为核心的鸭绿江下游长城防御体系展示区、以绥中蓟辽长城交接段和兴城古城为核心的辽西走廊山海城岛防御体系展示区、以建平燕秦长城为核心的辽西北早期长城防御体系展示区，以及以北镇广宁城、镇边堡和凌海市龟山长城、大茂堡为核心的军镇核心段防御体系展示区，是辽宁段"万里长城"主题标识区；"多点"是指与长城重大历史事件存在直接关联，以及具有文化景观典型特征的多个标志性长城点段、关堡卫所等，共同作为辽宁段"万里长城"形象标志点。

锦州地处辽西走廊咽喉之地，历来是战略防御、民族文化交流、经济社会往来的重要之地，留存有汉代、明代长城遗存点段、城堡、烽燧等丰厚的长城文化遗产，是明代九边重镇——辽东镇下辖的长城点段，锦州得天独厚的长城文化优势，主要分布在北镇、义县、凌海和黑山等地。锦州长城是辽宁长城"两带"中的辽西长城文化核心形象带，"四区"中以北镇广宁城、镇边堡，以及凌海市龟山长城、大茂堡为核心的军镇核心段防御体系展示区的"万里长城"主题标识区，"多点"中与长城重大历史事件存在直接关联、具有文化景观典型特征的标志性长城点段、关堡卫所等"万里长城"的形象标志点（镇远关、锦州城、大市镇边堡、分水关、义州卫城等）。锦州段汉长城资源仅存烽火台，类型为长城以内的腹里接火台，反映汉长城列燧严密的组织体系，锦州汉代烽火台多为夯土筑造或沙土筑造，整体保存不好，部分地表遗迹已不存在，现有汉长城遗存 19 处，均为省级文物保护单位，类型为烽火台，分布于黑山县、北镇市、凌海市及义县范围内，具体分布如表 8 - 1 所示。

表 8 - 1　　　　　　　　　　锦州市汉长城文物

名称	文物单点序号名称	等级	分布范围
汉长城—黑山段	1. 年家烽火台	省级文物保护单位	黑山县
	2. 蛇山子烽火台		
汉长城—北镇段	3. 大亮甲烽火台		北镇市
	4. 王二台子烽火台		
	5. 头台烽火台		
汉长城—凌海段	6. 四台子烽火台		凌海市
	7. 五台子烽火台		
	8. 回兰庄烽火台		
	9. 兴隆峪烽火台		
	10. 欢喜岭烽火台		
	11. 杜山咀烽火台		
	12. 刘山咀烽火台		
	13. 城隍峪烽火台		
	14. 枣章烽火台		
	15. 孙家峪烽火台		
	16. 荒山堡烽火台		
	17. 鸽子洞烽火台		
汉长城—义县段	18. 东后台烽火台		义县
	19. 白庙子烽火台		

锦州明长城为明代"九边九镇"之一辽东镇的重要组成部分，也是辽东镇军镇卫戍体系保存最为完整的区段之一，体现了明代军镇卫戍体系的形成演变和工程技术演变历程，是中华民族创造精神的物质见证。锦州现存明长城遗存 2 处，其中全国重点文物保护单位 10 处、省级文物保护单位 31 处、

其他 1 处，其中有长城边墙 9 段、烽火台 6 座、城镇 1 座、路城 1 座、卫城 2 座、关隘 4 座、堡城 15 座、驿路站城 3 座、马市 1 座，分布于黑山县、北镇市、凌海市、义县、凌河区、太和区、古塔区等市县区范围内，具体分布如表 8-2 所示。

表 8-2　　　　　　　　　　　　锦州市明长城文物

名称	文物单点序号名称	等级	分布范围
广宁城	1. 广宁城	国家级	
	2. 镇边堡城址		
明长城	3. 北镇段	省级	北镇
	4. 分水关		
	5. 魏家岭关		
	6. 白云关		
	7. 马市堡		
	8. 壮镇堡城址		
	9. 二台子烽火台	国家级	
	10. 江台山烽火台		
明长城	11. 黑山段	省级	黑山县
	12. 镇宁堡		
	13. 镇远堡		
	14. 镇安堡		
	15. 镇静堡		
	16. 镇远关	其他	
明长城	17. 龟山长城	国家级	凌海
	18. 翠岩墩台		
	19. 台子沟长城 3 号敌台		
	20. 刘家沟长城 3 号敌台		
	21. 大茂堡		
	22. 凌海段	省级	
	23. 右卫城址		
	24. 石山城址		
	25. 大胜堡		

续表

名称	文物单点序号名称	等级	分布范围
明长城	26. 南树林子长城	国家级	义县
安泰门	27. 安泰门遗址	省级	义县
明长城	28. 义县段	省级	义县
	29. 石家岭长城		
	30. 大靖堡		
	31. 大宁堡		
	32. 大平堡		
	33. 大康堡		
	34. 大安堡		
	35. 大定堡		
	36. 东砖城子城址		
	37. 清河城址		
明长城	38. 紫荆山烽火台		凌河区
明长城	39. 太和段		太和区
锦州城址	40. 锦州城遗址		古塔区
明长城	41. 古塔段		古塔区
	42. 沙河堡		

三、锦州长城价值解读和长城国家文化公园建设方略

（一）锦州长城文化资源的价值解读

锦州长城文化资源丰富、有代表性，其彰显了三大文化价值。

1. 民族交融舞台突出彰显中华民族多元一体的民族意识和文化自信

锦州段长城是农耕、游牧、渔猎文化冲突时期自卫的产物，更是和平时期贸易通商的口岸，其见证了中央政权与东胡、鲜卑、匈奴、鞑靼、女真、朝鲜等多民族的交融，是东北亚复杂地缘政治环境下不同民族交往交流交融的前沿阵地。锦州段长城历经中央政权与兀良哈三卫及女真等少数民族边贸互市、万历抗倭援朝、东北抗战、解放战争等系列历史事件，见证过汉代中

央在东北地域展境拓边、传播文化的历史，亲历了明朝以中原文化为核心的中华文明在游牧、渔猎文化分布的边境地区传播的历程，见证了近现代中华民族坚强不屈抵御外敌入侵、争取民族独立和解放的艰苦卓绝的斗争，彰显了中华民族的多元一体的文化意识及高度的文化自信，深刻地诠释着中华民族不遗余力追求和平、维护和平的民族精神。

2. 丘陵地带长城因地制宜是人地互动的典范，凸显了中华文化特质

锦州段长城建在辽西丘陵地带，具有丘陵地带长城的典型特征，锦州段长城在长期人地互动基础上"因地形、用险制塞"创造出山峦蜿蜒、边墙环绕的辽西长城文化景观。锦州段长城多以山制险，建造难度极大，是我国古代劳动人民在辽西创造出的内容与形式兼备的城防建筑奇迹，具有极高的工程技术水平和造诣，展现了中华民族不畏艰险、自强不息、顽强拼搏的文化特质。

3. 军事卫戍体系样本完整存续，集中展现明军事防御体系建设成就

锦州段长城是明代"九边九镇"之一的辽东镇所辖长城段。为巩固统一，解决"元人北归、屡谋兴复"问题，明正统以后，修筑边防，派驻总兵，分地守御，重启汉代屯军守塞的防御部署，建立防御军屯并重的军镇卫戍防御体系，管理海陆屯兵、长城城防、交通驿传及军需屯田。明长城锦州段归属辽东镇广宁中屯卫、义州卫及广宁卫管辖，其中广宁分司城是总兵治所、辽东镇两座城镇之一，在辽东镇防御体系中具有举足轻重的地位。锦州段明长城类型齐全，镇、路、卫、所、堡、关、烽火台、边墙、驿城、马市等均有样本留存，体系完备，比较完整地展现了明代军镇卫戍体系的完整框架。锦州段明长城是明代军镇卫戍体系建设成就的重要实物例证，展现了我国古代高超的工程技术水平和完备的军事防御能力。

(二) 锦州长城国家文化公园建设方略

1. 锦州建设长城国家文化公园的意义

建设长城国家文化公园，是深入贯彻落实习近平总书记关于发掘好、利用好丰富文物和文化资源，让文物说话、让历史说话、让文化说话，推动中华优秀传统文化创造性转化、创新性发展、传承革命文化、发展先进文化等一系列重要指示精神的重要举措，是"十四五"规划及"十四五"文物保护和科技创新规划确定的国家重大文化工程。锦州建设长城国家文化公园是对长城国家文化公园（国家、辽宁段）的任务拆解，对传承弘扬长城精神，彰显文化自信；保护长城建筑文化遗产，延续长城文化，建设国家重大景观工程；服务国家战略需求，巩固脱贫成果，实现可持续发展；推动基础设施建设，推进产业转型，带动经济发展等，具有重要意义。是保护和盘活锦州长城文化资源，文旅融合利用长城文化资源的最佳方略。

2. 锦州建设长城国家文化公园的原则和目标

在保护优先，加强传承；规划先行，统筹建设；因地制宜，量体裁衣；文化振兴，产业振兴等原则指导下对锦州长城国家文化公园建设进行了保护与开发利用的总体定位。

（1）明长城军镇卫戍体系的集中展示平台。作为明长城军镇卫戍体系保存最完备的区段，统筹锦州长城的屯兵系统、烽传系统、驿传交通体系和屯田军需系统等文化资源，对锦州长城文化资源进行全面保护，对镇、路、卫、所、堡、关、烽火台、驿城、马市等典型样本进行体系性联动展示，全方位展示明代辽东镇的军事防御场景。

（2）辽西地区文旅融合、东北产业转型和乡村振兴的示范区域。锦州长城国家文化公园是国家、辽宁长城国家文化公园的重要组成部分，是响应我国新时代文旅融合发展的趋势、进行文旅融合实践的重要区段。深入挖掘长城文化资源，统筹整合周边乡村各类资源，通过创新性转换、创造性发展，发展特色产业，推动长城沿线城镇乡村产业转型升级，使长城国家文化公园的建设成为文旅融合引领产业转型、乡村振兴、脱贫攻坚的示范样板。

（3）中华文化永续传承和国家文化自信彰显的重要载体。找准长城文化资源和公众兴趣结合点，将文物和公园有机结合起来，满足人民对美好生活的向往。充分挖掘、全面彰显锦州长城蕴含的中华优秀传统文化、多民族融合文化和红色文化等，结合时代条件和东北地区长城赋存条件，发挥长城国家文化公园作为中华文化永续传承重要载体的作用，与其他长城区段文化资源共同彰显国家文化自信。

3. 锦州长城国家文化公园建设方略

（1）锦州长城国家文化公园空间结构解析。锦州市长城呈现"一带、两区、多点"的空间结构，"一带"是延续历史脉络的辽西长城文化展示带，锦州域内长城文化资源结合周边丰富的文化和自然资源、红色文化资源，通过线路串联形成综合展示利用体系，实现深度文旅融合的长城文化形成辽西长城文化带；"两区"分别是北镇—黑山长城文化展示区（以北镇广宁城、镇远堡为核心联系镇边堡、马市堡、分水关、镇远关等长城点段的文化展示区）和义县—凌海长城文化展示区（以南树林子长城、龟山长城、大茂堡等为核心，带动大茂堡、大胜堡等长城点段的文旅融合区），两区重点展示锦州段明代军镇卫戍体系；"多点"是表 8-1 和表 8-2 显示的锦州域内各长城点段区，重点是明代辽东镇镇城（广宁古城）、明代标志性关堡口（大茂堡、镇远关、锦州城址、镇边堡、分水关、义州卫城）等。

（2）锦州长城文化资源保护开发任务。首先，严格和全面保护长城文物本体。重点保护进入国家、省级重点文物保护单位名录的文物资源，明确全部长城构成要素的保护等级和保护措施，真实、完整地保存并延续长城的整体价值和历史信息。探索长城的抢险维护、预防性保护措施和数字再现方案，消除长城安全隐患，使长城保护惠及民生。落实长城文化遗产监测预警体系建设任务，实现技术检测与人工检测有机结合，充分利用长城资源信息平台进行数字化、精细化管理。

其次，有序梯次推进保护与利用并重建设。深入贯彻落实落地落细国家和辽宁省长城国家文化公园建设规划的各项任务，有序梯次推进长城国家文化公园建设。对锦州段长城本体及沿线各类文物和文化资源进行文化价值、保存现状和综合利用评估，识别最具代表性、资源分布密集、文化价值突出、主题鲜明并具有可行性的资源富集区域，划定为重点区段，确定其保护建设时序，分批分级落实建设保护任务。以四类主体功能区（管控保护区、主题展示区、文旅融合区、传统利用区）建设和五大基础工程（保护传承、研究挖掘、环境配套、文旅融合、数字再现）为重点，加强规划引领，统筹保护与利用，促进长城沿线社会、生态、经济、文化的共同发展。

最后，注重长城文化宣传教育和公众参与。通过挖掘并宣传锦州段长城是明长城军镇卫戍体系代表性区段和辽西丘陵地带典型长城类型的突出价值，联动区域内与长城有关系的中华优秀传统文化、红色文化、社会主义先进文化，探索以博物馆为载体的物质文化遗产展示、以传统节庆或文化艺术表演为载体的非物质文化遗产展示、以历史街区和城镇为载体的综合展示、以技术手段和主题空间为载体的创造性展示等长城文化展示体系，加强相关文化的综合展示和传承利用，增加锦州长城的知名度与影响力。

（3）锦州长城国家文化公园建设方略。锦州市结合长城文化资源实际，对标《长城国家文化公园建设保护规划》，围绕文物本体保护、文旅融合、数字化工程、考古发掘、重点标段基础配套、长城文化展陈提升等要求，梳理文物修缮、公共服务、旅游、产业、非遗、数字化建设等资源，细化《贯彻落实〈长城国家文化公园建设保护规划〉辽宁主要任务分解表》，围绕管控保护区、主题展示区、文旅融合区和传统利用区四类主题功能区建设，实施文旅深度融合工程，有效保护和利用锦州长城文化资源，其重点建设项目的具体情况如表8-3所示。

表8-3　　　　　　　锦州市长城国家文化公园重点建设项目计划

地点	近期	建设内容	中远期	建设内容
北镇	广宁城—北城墙	保护修缮工程	广宁城北城楼	复原研究
			广宁城非遗传承	基地建设
			广宁城及沿线长城	文化价值精神内涵挖掘
	广宁古城北镇庙	数字化保护工程	北镇医巫闾山	主体功能区
			北镇段长城遗址	遗迹保护利用
义县	义县南树林子段（石桥子—南树林子—石家岭）	保护展示项目	义县南树林子段	研究发掘、文旅融合与数字再现
			义县北沟—树林子段	保护展示
			义县大二台—杨孟沟段	保护展示
			南树林子至石家岭段	遗址遗迹保护利用
凌海	凌海大茂堡长城			文旅融合

为保障锦州长城国家文化公园文旅示范区建设的顺利推进，锦州市建立健全了领导机构、修订完善了建设和保护规划、突出重点确定了建设项目、积极有力实施项目建设、宣传持续升温。计划2023年完成打造大茂堡长城文旅融合景区，2025年完成依托大茂堡长城，结合东北野战军锦州前线指挥所旧址等红色革命遗迹，利用凌海红色英雄城、生态城等资源优势，推动大茂堡长城文旅融合区深度发展，创新谋划锦州长城国家文化公园的建设。

四、锦州长城国家文化公园建设模式

结合锦州长城文化资源的特征与价值，以全域旅游发展为切入点，对锦州文化旅游进行整合开发是关键，锦州市找准着力点，突破关键环节，依托长城文化遗产，助推文旅融合的"一二三四"模式。

（一）以长城文化为核心深耕文旅融合塑造一个品牌形象：山海福地锦绣之州

锦州市长城文旅融合应该深挖文旅资源优势打造"山海福地锦绣之州"品牌。锦州文化旅游依托众多，有笔架山天桥、东湖森林公园、锦州古玩文化节、锦州国际会展中心、道光廿五宫廷宴酒、宜州古生物化石、万佛堂石窟、辽代皇族墓群、阊山茶、锦州段长城、东方华地城湿地温泉、东方欢乐王国水世界、东北野战军前线指挥所、配水池战斗遗址、锦州苹果、北镇鸭梨和锦州市爱国主义教育研学基地、锦州帆板帆船运动基地、医巫闾山、北普陀山、南山、大凌河、小凌河、女儿河、凌海翠岩镇牤牛屯村、义县瓦子峪镇大铁厂村、凌海温滴楼镇边墙子村、锦州世博园、廉政苹果园、松山生态园、吴楚庄园、辽沈战役纪念馆、锦州市博物馆、凌河流域历史文化博物馆、黑山阻击战纪念馆、奉国寺古建、大广济寺古建、广宁城及崇兴寺双塔、北镇庙，食品、饮品、酒类、农副产品、工艺美术品、文创纪念品等锦州好礼，以及列入国家级非遗名录的医巫闾山满族剪纸、黑山二人转、辽西高跷秧歌、辽西木偶戏、锦州西城派东北大鼓、义县社火、满族民间刺绣等众多文化旅游资源。锦州通过整合开发、统筹利用遍布各地的长城和典型文旅资源，以人、事、物等连点组线、以点带线、拓线成面、以面成体、多体联网，在锦州地域空间内呈现内涵丰富的"山海福地锦绣之州"品牌。

（二）强化二个支持：政府政策支持和社会参与支持

锦州市长城国家文化公园文旅融合在秉持政府主导的同时，积极带动全社会的参与热情，积极融入当地居民的风土民情、精神风貌等原生态文化，激发老百姓建设长城国家文化公园的自豪感和主人翁精神，营造全民共建氛围，发起全民共建长城国家文化公园活动，最大限度挖掘锦城百姓潜能，合力共建锦州长城国家文化公园。

（三）倡导三种模式：全域旅游模式、社区保护模式、公共休闲模式

锦州市长城国家文化公园文旅融合倡导主客共建共享的全域旅游模式，当地社区从事文旅供给的社区参与模式，盘活民众公共休闲模式。

（四）突出四态融合创新项目：乡村创新业态、文化创新业态、旅游创新业态、体育创新业态

锦州市长城国家文化公园文旅融合在长城文化 IP 下，创新产品形式、融合多业共建，活化利用长城文化遗产和多元文化元素，以"长城文化＋"和"＋长城文化"打造四态融合的游憩创新项目，重点打造：（1）红色资政育人旅游项目；（2）山海林泉休疗旅游项目；（3）战山戏水健身旅游项目；（4）历史文化研学旅游项目；（5）节庆民俗体验旅游项目；（6）寻山探海猎奇旅游项目；（7）科考研修科普旅游项目；（8）祈福朝圣怡情旅游项目；（9）探秘美食农家旅游项目。

五、锦州市长城保护和开发建设路径

（一）设定四类主题功能区

锦州长城保护和建设，划定管控保护区、主题展示区、文旅融合区和传统利用区四类主体功能区。

1. 划定锦州长城管控保护区

对锦州现存的汉长城和明长城本体，以及长城本体两侧的历史环境设定管控保护区，严格保护长城文化资源。

2. 设立锦州长城主题展示区

主题展示区是长城文化遗产展示体验的主要区域，包括集中展示带、核心展示园、特色展示点等形态。其中，核心展示园有广宁城核心展示园和龟山长城核心展示园；集中展示带突出展示遗产最为丰富、价值最突出的辽西丘陵明长城部分；特色展示点集中展示龟山段、黑山路河段、大二台—杨孟沟段、义和屯江台段、北沟—树林子段、石家岭—石桥子等明长城点段，大茂堡、镇边堡、大胜堡、马市堡、分水关等关堡长城遗存。

3. 重点建设锦州长城文旅融合区

根据锦州现存长城遗产重点建设凌海龟山段的龟山野长城遗址公园和大茂堡文旅融合景区，黑山路河段的特色明长城旅游区，大二台—杨孟沟段的义县长城文旅融合区。

4. 划定锦州长城传统利用区

结合锦州传统文化生态，依托锦州长城周边的城乡居民和企事业单位、社团组织的传统生产生活区域，建设服务支撑锦州长城国家文化公园的传统利用区。

（二）建设锦州长城的五大基础工程

1. 保护传承工程

对锦州现存长城保护传承工程包括：整理发掘长城非物质文化遗产资源

全面提升非遗研究传承项目和非遗保护管理项目；重点建设广宁城—北城墙保护修缮项目，义县南树林子长城段保护展示项目，长城属地管控保护项目，国家和省级长城文保项目，长城全域文保抢险项目，广宁城—鼓楼、李成梁石坊保护修缮项目，镇边堡本体保护工程，大茂堡本体保护工程；全面提升镇远关、锦州城、分水关保护利用项目，镇边堡长城互市展示项目，马市堡城墙保护修缮项目，大胜堡城墙保护修缮项目等。

2. 研究发掘工程

依托锦州长城遗存实施龟山长城考古与文物保护研究项目，推出长城历史文化研究成果，举办长城精神文化主题展陈项目、广宁城及沿线长城文化价值与精神内涵挖掘项目、广宁城城门城楼研究项目、广宁城非遗传承基地项目、镇边堡及明清互市研究项目、明代辽东镇马市及边境互市价值研究项目。

3. 环境配套工程

根据锦州现存长城遗产，重视全面提升长城沿线生态治理项目、G1京哈高速公路绥中至盘锦（锦州）段扩容改造项目、长城旅游公共服务项目、长城风景道锦州段建设项目、交通及游客摆渡系统建设项目、广宁城环境综合整治工程、镇边堡环境综合整治工程、大茂堡环境综合整治工程等项目。

4. 文旅融合工程

锦州长城文旅融合工程：重点建设锦州段长城形象标识系统，规划推介东北长城古塞文化旅游线，推出涵盖长城重要点段的四季旅游精品线路，推出长城＋红色旅游精品线路，引导开发长城系列文创旅游产品、广宁城核心展示园建设项目、辽西丘陵明长城展示带项目、锦州地方特色文化展示带项目、大茂堡特色展示点项目、大茂堡长城＋生态文旅融合区项目、大定堡长城＋现代文旅融合区项目、大茂堡传统利用区项目，开展民间创作长城文化展示作品，开展长城主题群众文化活动，打造长城节庆活动；全面提升培育长城文化创意商品项目、文创产业园培育项目、锦州段长城国家文化公园具体形象标注项目、锦州段长城国家文化公园服务标准体系项目、锦州段长城文旅深度融合项目、北镇医巫闾山文化旅游深度融合发展示范区项目、大茂堡长城文化旅游深度融合发展示范区项目；远景打造锦州全域旅游项目、广宁城互动剧场项目、特色东北农产品交易市场等项目。

5. 数字再现工程

锦州长城段全面提升无线网络＋5G 通信网络覆盖项目、锦州市长城文化公园官网建设项目，重点建设广宁古城北镇庙数字化保护项目。

六、结论

长城国家文化公园建设具有时代意义：为长城文化资源保护与建设指明方向，促进文化旅游双重发展，梳理锦州长城的地位和现有长城文化遗产。锦州长城资源具有：民族交融舞台突出彰显中华民族多元一体的民族意识和文化自信；丘陵地带长城因地制宜是人地互动的典范，凸显中华文化特质；军事卫戍体系样本完整存续，集中展现明军事防御体系建设成就的文化价值；明确长城国家文化公园建设方略。提出锦州长城国家文化公园文旅融合产品谱系建构和建设模式：塑造"山海福地锦绣之州"一个品牌形象，强化政府和社会两方面的支持，倡导全域旅游、社区保护、公共休闲三种模式，突出乡村、文化、旅游、体育四态融合创新项目。在此基础上，提出锦州长城保护建设的四类主体功能区和五大基础工程建设路径。

第九章

渤海辽东湾历史文化遗产文旅融合开发研究

历史文化遗产是古今人类社会活动的积淀和文明的载体，也是人类文化的重要组成部分，更是不可多得的旅游资源。利用其发展旅游已成为我国经济发展的新抓手，也是地域文化繁荣和历史文化遗产保护的最佳途径，但随着时代的发展，历史文化遗产的可持续利用也面临诸多新问题，值得研究探讨。

一、历史文化遗产内涵、类别诠释

历史文化遗产泛指人类社会发展历史中各类社会活动所遗留下来的一切活动痕迹和遗物，包含除现代人类社会产物之外的所有历史时期、所有表现和存在形式的历史产物。历史文化遗产具有社会性、阶段性和文化性等内涵特征（马耀峰等，2005），人类发展过程中，通过生产、生活等的经济、文化、政治、宗教等活动创造了绚丽多彩的社会物质和精神财富，是人类特定社会活动的产物，彰显了社会性；人类社会历史阶段不断演替，在不同的阶段，人类活动的发展水平、表现形式和主观追求不同，历史文化遗产是人类不同历史发展阶段的具体反映，其阶段性突出；历史文化遗产是人类发展过程中积聚的物质与精神财富，其向人类传达了特定历史时期的物质文化状况（如生产技术、建筑水平等）和精神文化信息（如哲学理念、文学艺术、道德规范、社会习俗等），是人类文化的具体表现。

历史文化遗产内容繁杂、类别众多，就遗存形式可分为遗迹类、遗址类、遗物类和遗风类。遗迹类历史文化遗产具有一定的历史文化依托，空间地点较准确，但地面和地下历史遗存缺乏，没有较多痕迹和遗物可寻的人类活动场所；遗址类是人类遗留下来、地点准确，具有较为丰富地面和地下文化遗存的活动场所；遗物类历史文化遗产指固定文物，即为人类社会各个时期创造和使用、能够反映社会发展、保存至今的历史遗存器物；遗风类历史文化遗产指过去时代遗留与群众生活密切相关的文化特点或某个时代流传下来的风气。

二、历史文化遗产旅游价值的 ASEB 栅格解析[*]

历史文化遗产是我国旅游开发较早的领域，是游客了解中华文化的主要窗口。历史文化遗产或以独特的建筑风貌，或以丰富的文化遗存，或以深厚的人文底蕴，或以古朴优雅的环境受到人们青睐，那些保存较完整、有地方特色的历史文化遗产吸引大批旅游者前去参观，其旅游市场前景光明。运用 ASEB 栅格法可以较全面地解析历史文化遗产的文化旅游价值功能，如表 9-1 所示。

表 9-1　　　　　　历史文化遗产旅游价值功能 ASEB 战略矩阵

	活动	环境	体验	利益
优势	传统文化载体、现代文化源头，内涵深外延广，文化影响力大；凝聚时代独特美学内涵，具有传统文化传承发扬与审美体验双重特质	历史特定时空产物，传达历史信息，是文化演变脉络窗口，彰显时代科技水平、社会生活习俗、美学思想等，为人们提供体验历史平台	依托数量多、类型全、内涵厚的经典历史文化遗产，唤起人们历史记忆与探寻兴趣，开展修学、科考等深度体验游，产生综合效益	可以满足增长历史知识、体验传统文化、领略科技知识、了解社会生活习俗、观赏美景、体会美感、陶冶情操等利益诉求

---

　* ASEB 栅格分析法是将 SWOT 分析法的优势（strength）、劣势（weakness）、机遇（opportuni-ties）、挑战（threatens）分析，结合曼宁（Manning）—哈斯（Hass）—德弗莱（Driver）—布朗（Brown）的需求层次分析法的活动（activity）、环境（setting）、体验（experience）、利益（benefit）分析要素相互对应，按从活动优势（SA）到利益的威胁（TB）顺序交叉组合，形成的 16 单元代码矩阵。

续表

	活动	环境	体验	利益
劣势	数量大、类型多、时间久等致使脆弱性大，艺术欣赏价值易被忽视	时空跨度大、散布、不连续等开发、保护难度大，作为历史的产物推陈出新难	轻自然重人文导向下，出现文化精髓"曲高和寡"局面	难以同时满足观光者、休闲度假者和专项体验者的旅游利益
机遇	旅游业上升为支柱性产业的国家战略推高旅游热潮，文化雷同危机呼唤特色独具的文化旅游精品	现代科技发展为遗产开发提供了强大的支撑保障，使其潜在价值逐步显化，新功能发挥成为可能	现代社会文化体验氛围浓厚；多产业融合造就的旅游新业态为文化体验旅游提供了新捷径	知名历史文化遗产受热捧，文化旅游影响迅速扩张；满足旅游者利益的同时，推高了文化建设热潮
挑战	各地都有历史文化遗产，文化旅游进入门槛低，旅游开发易被效仿，另辟蹊径难	特色经典的文化精品非一夕之功，需长期培育，一哄而上的旅游难负盛名	实物不复存在与历史记忆原真性的两难境地，极易体验失真，拓展利用余地不大	开发主题、标准缺失，视野、规模和配套突破"自娱自乐"风险难度较大

历史文化遗产本身优劣势兼有，开发利用的外部机遇与挑战并存，结合消费需求方注重的活动、环境、体验、利益进行剖析（见表9－1），深刻认识历史文化遗产的价值，以现代眼光挖掘传统题材，赋予传统资源以当代主流文化价值，"旧瓶装新酒"使其成为承接文化的重要载体，以此传承创新地域文化，提升地域经济实力和影响力。

三、渤海辽东湾历史文化遗产梳理

辽东湾位于渤海东北部，广义的辽东湾是指西自河北省大清河口东到辽宁老铁山角以北的马蹄形渤海海域，为方便实证研究本书的辽东湾特指辽宁省的渤海海域，主要涵盖葫芦岛市、锦州市、盘锦市、营口市和大连市的西半部，共5市，这里文化底蕴深厚、历史遗产众多。现有"世界文化遗产"1处；国家级文物保护单位21处（辽宁省旅游局，2017）（葫芦岛的兴城城墙、崇兴寺双塔、姜女石遗址、九门口水上长城、中前所城、圣水寺，锦州的奉国寺、万佛堂石窟、广济寺古建筑群、北镇庙、北镇广宁城，营口的上帝庙、金牛山遗址、石棚山石棚、西炮台遗址，大连的中苏友谊纪念塔、旅顺日俄监狱旧址、俄罗斯建筑、中山广场近代建筑群、万忠墓、关东厅博物馆旧址等）；数量众多的国家级文物和古鱼雁故事等民间故事、剪纸、木偶、高跷、皮影等非物质遗产。并不是所有的历史文化遗产都适合旅游开发利用，只有那些具有历史典型性和代表性的历史文化遗产才适合旅游开发利用，辽东湾具有旅游开发潜质的历史文化遗产如表9－2所示。

表9－2　　　　　　　辽东湾具有旅游潜质的历史文化遗产一览

市	主要历史文化遗产
锦州市	北镇庙、万佛堂石窟、奉国寺、笔架山三清阁、辽沈战役纪念馆、大广济寺及其辽塔、锦州市博物馆、崇兴寺双塔、北镇鼓楼、李成梁石坊、佛教圣地北普陀山、龙岗墓群、青岩寺、黑山天主堂、义县八塔山、道光廿五贡酒工艺、沟帮子熏鸡工艺、锦州小菜、烧烤等工艺，医巫闾山满族剪纸、民间刺绣和民间遗风等，黑山二人转、辽西高跷、秧歌、木偶戏、西城派东北大鼓、义县社火国家级非物质遗产等
盘锦市	辽河碑林、辽河文化产业园区、张氏祖居祖坟、甲午战争殉国将士墓、南大荒农场、辽河油井塔林、古鱼雁民间故事、民间香蜡制作技艺等
葫芦岛市	兴城古城、九门口长城、碣石宫、姜女石遗址、觉华岛、祖氏石坊、文庙、首山、葫芦岛军港、中前所城、止锚湾、塔子沟双塔、莲花山圣水寺、灵山寺、朱梅墓园、人文纪念公园、塔山阻击战纪念塔、永安长城、兴城满族秧歌、建昌鼓乐、灯会等民俗
大连市	中山等近代城市广场、旅顺东鸡冠山及203高地、中日甲午海战和日俄战争遗址、中苏友谊纪念塔、日俄监狱旧址、旅顺世界和平公园、万忠墓、现代博物馆和自然博物馆、九一八事变策划地、俄日风情街，复州皮影戏、金州舞龙、东北大鼓、传统手工布艺等民俗
营口市	金牛山遗址、石棚山石棚、上帝庙、西炮台遗址、玄贞观、楞严禅寺及佛教寺庙音乐、袁派评书、盖州皮影戏和高跷等

资料来源：笔者根据室内文献结合室外调查获得。

　　这些历史文化遗产作为中华文化的瑰宝，蕴涵着丰富的历史文化价值和艺术欣赏价值，在旅游业迅速发展的今天，成为吸引国内外游客的重要旅游资源，对其进行旅游利用既能产生经济效益，又能产生社会效益，是开发保护的最佳途径。

四、辽东湾历史文化遗产文旅融合开发利用研究

（一）历史文化遗产文旅融合开发现存问题

1. 历史文化遗产的原真性、完整性破坏严重

在经济视域下历史文化遗产的旅游开发利用是主要途径，一哄而上的旅游开发使历史文化遗产的原汁原味氛围受到严重威胁：一是本身的风化、损毁、老化、遗失，年久失修；二是旅游业的逐步深入冲击人文环境；三是商业气息浓重，例如兴城古城的原真性正在受到冲击和破坏。

2. 开发利用方式单一，产品深度不够

辽东湾历史文化遗产开发以观光游览方式为主、休学旅游为辅，对遗产整体开发和整合不够，旅游产品不但单一，而且雷同，使旅游者很难体验到不同遗产旅游的差异性，例如九门口水上长城旅游就面临此问题。

3. 展示性差，停留时间短，重游率低

历史文化遗产通常的旅游开发模式是将其开发建设成为不同规模与档次的博物馆，对游人进行开放，以实现其旅游价值。博物馆核心功能是保护、研究和展示，同时受博物馆空间形态和展示方式等的限制，只能展示被割裂的信息符号，无法反映遗产全貌，难以向旅游者提供现场感和体验感，客观上降低了旅游者停留时间和重游率，例如辽沈战役纪念馆旅游等。

4. 开发混乱、方式雷同，文化内涵挖掘不深，规划和管理水平滞后

历史文化遗产内容丰富、地域分散与旅游开发利用普遍性存在矛盾，现实中旅游开发缺乏科学规划和管理，盲目开发、方式雷同，旅游开发成功率不高。以契丹民俗村为例，当地没有契丹村落和后人，也没有契丹的遗址、遗物、遗迹和遗风，只是在大凌河边修建了几座蒙古包和蔬菜水果园，就搞起了契丹民俗旅游，完全与契丹文化不沾边的"水上乐园"无法与民俗文化相协调，破坏了整体美感和历史性。

5. 旅游开发重物质遗产轻非物质遗产

随着工业文明和乡村城镇化模式的推进，使得城乡差异逐渐模糊，原来带有地域特征的历史文化遗产受到影响，发生了潜移默化的转变（鲁勋洲，2013），尤其是非物质历史文化遗产的生存环境彻底改变，例如满族剪纸、庙会等；非物质遗产的无形性，使得其展示性不强，不易被旅游者感知，旅游开发的可行性较差。辽东湾历史文化遗产旅游利用的主体是物质遗产，非物质遗产被边缘化，被旅游开发利用的往往是一些手工技艺类，加工生产形成旅游商品参与旅游活动，例如锦州小菜制作工艺等。

（二）历史文化遗产文旅融合开发利用对策

1. 保护原真性，完整展示历史文化遗产

历史文化遗产不可再生，一旦破坏将无法重现，所以对其进行保护是开发利用的前提。历史文化遗产的原真性是吸引旅游者的根本，首先要对其原真性进行保护，包括遗产本身和其遗存环境的保护。在旅游开发之前严格评估旅游活动方式的影响，尽量杜绝游客直接接触可能产生的破坏；为保护遗存环境，科学规划出绝对保护区、重点保护区、一般保护区和区域控制区（王景慧等，1999），维护环境原貌和自然状态，保持遗产特色和环境氛围的延续。通过保护遗留的全部历史信息来维持真实的历史原貌，有历史依据的适当情况下可以修复，但要修旧如旧，动作尽量慢，采用原材料、原工艺、原样式，注意自然、历史、人文和谐，使其能够保留下去，例如辽西古塔的修护。在非物质文化遗产保护方面，要积极培养传承人，使非物质文化遗产世代相传。

2. 丰富旅游产品，开创体验模式

旅游者已由被动接受变为主动参与，走马观花的旅游观光已经落伍，以文化为主要内涵的体验旅游是历史文化遗产旅游的最高层次，也是旅游开发的必由之路。所谓"体验"，就是以服务为舞台激活消费者内在心理空间的积极主动性，引起消费者心中的热烈反响，创造出让消费者难以忘怀的经历和活动。体验性要求旅游产品具有可参与性，让游客置身于精心展示的情境与场景中，通过自身的参与感悟，领略遗产的丰富内涵，解读遗产蕴涵的文化符号信息。旅游体验包括旅游观赏、旅游交往、旅游模仿、旅游游戏等，要尽可能地通过参与性较强的文化节目、场景模拟、角色扮演等来增强游客体验的深度与丰度。

3. 去博物馆式旅游开发，挖掘内涵做好文化展示

在历史文化遗产的开发利用理念上，突破传统的博物馆思维，改变以往以博物馆为核心的游览方式，实现去博物馆化，在有效保护的前提下，景区化、体验化和休闲化综合开发利用。多角度挖掘历史文化遗产的文化内涵，采用纵向与横向相结合的展示方式，根据遗产属性纵向展示某一方面文化的演替历史，依托遗产留存形式横向展示特定时代社会文化的各个方面，使旅游者立体化感受历史文化遗产演变进程。

4. 突出经典，做好甄选，精心设计，加强管理

并不是所有历史文化遗产都适合旅游开发，应突出重点，筛选出具有典型性和代表性的历史知名度大、遗存丰富、内涵深厚、文化展示性强的历史文化遗产和旅游开发负面影响低的旅游方式。从现代游客追求参与性和体验性角度出发，精心设计出形象鲜明、吸引力强、难以替代的特色旅游产品，通过复制品制作、场景模拟演示、亲自操作制作、专题内容展示等系列形式，设计开发新颖别致的新型旅游活动方式（马耀峰等，2005），提升开发的成功率。

5. 加大非物质历史文化遗产的旅游开发比重

非物质历史文化遗产虽然看不见、摸不着但却能真实地感受到，其蕴涵的文化信息更丰富，其现场消费的特点往往更能打动旅游者，从而留下深刻的体验经历，其旅游开发潜力更大，往往更需重视。通过对非物质遗产从静态到动态的环境营造、景观设计、活动安排等手段，合理加入休闲功能，增加历史文化遗产的吸引力和亲和力。

第十章

辽西走廊文旅融合开发利用研究

　　一国的文化自信依托教育，而文化他信则依靠旅游，旅游是文化传播的经典途径，是人类文明的重要载体。旅游 = 旅行 + 游览，旅游的先决条件是旅行，而旅行则离不开交通，因此交通每前进一步旅游才有划时代意义的发展。文化、旅游与交通水乳交融，三者是典型的共生关系，交通廊道作为文化、旅游交流的重要途径，不仅催生文明的产生，更支撑着旅游的发展，辽西古廊道正是这样的交通廊道。辽西古廊道是指位于燕山北，西拉沐沦河南，下辽河西，七老图山脉东区域内东北—西南走向的河谷谷地上的天然交通廊道，其不仅是地理交通廊道，更是一条承载文化的"诗书之路"。辽西古廊道传承着汉族、蒙古族、山戎族、东胡族、乌桓族、鲜卑族、契丹族、女真族等民族文化；沟通了中原大地、蒙古高原和东北区域，促成了中华民族与中华文化多元一体的格局；涵盖了社会组织形态发展、中心邑落形成演变、坛冢庙结合的祭祀以及崇祖尊王的礼制、文字的发明、青铜铸造、佛教的兴衰等文化内涵，此地率先出现人类文明的曙光，是中华文明的发源地之一，是典型的地域—民族—文化廊道（崔向东，2017）。辽西古廊道的学术研究和现实发展备受关注，将地域、民族、文化等要素整体融入辽西古廊道旅游发展之研究值得倡导。

一、辽西古廊道探源

辽西古廊道古已有之，其不单指傍海的通道，而是沟通中原与东北的多条古代交通孔道的总称。从中原到东北，一般是穿燕山关隘，沿青龙河等河谷北上，入大凌河流域重镇平冈并北上，沿老哈河可达赤峰；顺大凌河东北行越医巫闾山可抵辽东，北上入东北腹地。辽西古廊道在新石器时代的红山文化时期已具雏形，从目前的考古聚落遗址看，沿老哈河、大小凌河等河流流域，纵列于努鲁尔虎山、松岭、医巫闾山等山间，分布成线型；汉魏以后中原到东北逐渐出现海陆四条古廊道，前三条皆为陆路，在辽金以前此三条道路发挥重要作用（张满林、赵恒德，2013）。道一为平刚古道：从古北口（今北京密云）到平冈（今河北承德附近）再到柳城（今辽宁省朝阳市），此道最早与牛河梁红山文化同期；道二为卢龙古道：从北京出卢龙塞后沿滦河谷地北上白檀城（今河北滦平），东折到平冈，顺七老图山麓进入白狼水谷地，再到柳城、昌黎，此道大约东周时期开通；道三为无终古道：从燕都蓟（经今北京）出发，经无终（今天津蓟州区）进入滦河下游冲积平原，出榆关（今山海关）、抵碣石，而后北越松岭，进入白狼水谷地后下行，穿柳城，到达昌黎，折南由医巫闾山麓东行入辽东，此道大约在秦汉时期开通；道四为傍海古道：自榆关沿渤海湾东行到锦州，涉大凌河而穿过医巫闾山南麓，抵辽河之畔，进而达辽东各地，此道早在2000多年前已被人们发现（公元222年，燕国太子丹为逃避秦国大将的追杀，曾走此路），辽金时开发（锦州古塔建造是此路开启的明证）并日渐重要，明清时期成为中原通往东北的咽喉要道（付金纯、纪思，1994）。纵观辽西古廊道的发展演变，其范围主要涵盖辽宁省的朝阳、阜新、葫芦岛、锦州和盘锦等地。

二、辽西走廊历史文化遗产特点

1. 突出的民族性

辽西走廊历史和少数民族联系紧密，历史遗存的民族烙印深刻。自古辽西走廊就是少数民族活跃之地，少数民族不断崛起，有些曾以统治民族出现：如鲜卑族慕容族建立了诸燕地方割据政权历时 100 余年，留有龙城及龙腾苑遗址、鲜卑墓葬、佛教遗迹和大量文物；契丹族辽政权在辽西遗存有医巫闾山皇家墓群、朝阳的耶律延宁墓，以及大量佛教建筑如奉国寺、崇兴寺双塔、朝阳南北二塔、大广济寺塔等，还有大量辽瓷和竹马舞等民风民俗等。

2. 明显的地域性

辽西走廊地处中原文化和关东文化的过渡地带，历史文化遗产带有明显的地域特色。辽西走廊处于农耕文化和游牧文化的交叉地带，大量历史遗存受地理环境和地域文化的影响，既有农耕文化的含蓄细腻，又有游牧文化的粗犷豪爽。例如满族"口袋房、万字炕、烟囱出在山墙上"的典型民居，许多建筑都带有关东雄伟粗犷的特色，其装饰也无不体现了开放兼容的特性。

3. 时空的不均衡性

从时间上来看，辽西走廊历史文化遗产不是每个历史时期都有，如史前、魏晋南北朝、辽金、明清时期遗迹较多证明这里当时曾是历史重地。而隋唐在辽西走廊的有影响的历史遗存近乎空白，则说明隋唐的统治在辽西极其薄弱。从空间看，辽西走廊形成不可替代的几大标志性地域文化，如朝阳的红山文化、三燕文化；北镇的契丹辽文化、满族文化；阜新的蒙古族文化等。历史文化遗产在不同时期分布地域性的变化，是各地文化遗产旅游开发的基础。

4. 文物遗存的文化价值高

辽西走廊历史文化遗产是历代人类留存下来的遗迹、遗痕、遗物和遗风等，具有丰富的文化属性。例如，宗教文化中的万佛堂石窟、海棠山摩崖造像等深刻地阐释着辽宁的历史文化，民族文化中独具辽宁特色的满族和锡伯族文化，民俗文化中的满族旗袍、火爆热烈的大秧歌、二人转、满汉全席等价值之高、影响之大，不可多得。

5. 线性分布特征

特殊的地理位置形成辽西走廊历史文化遗产的线性分布地域特征。从交通的角度看，古代辽西走廊沿大凌河、老哈河和滨海地区形成多条廊道，文化遗产沿走廊呈线性分布。

三、辽西走廊历史文化遗产价值解析

（一）满足人们增长历史知识、了解人类历史演变的需要

辽西走廊地区历史文化遗产时间脉络清晰，史前文化最高水平的牛河梁红山文化遗址充分展示了高度发达的古人类文明，是燕山以北新石器时代农业文明的典型代表；春秋战国时期辽西走廊曾为燕地，秦统一后在此设郡置守，两汉时隶属幽州，辽西走廊现存的秦汉古迹众多，有东北地区最早的塔朝阳北塔、三燕故都遗址、秦汉碣石宫遗址等；辽河流域曾是契丹族的发源地，辽代的烽火台、古塔、古建筑、古墓葬和遗风遗俗遍布辽西地区；金朝几百年的经营为辽宁留存了大量的文化古迹，金代寺庙等验证着昔日少数民族文明的灿烂与辉煌；辽宁是清朝的龙兴之地，辽西走廊作为清帝东巡的必经之地留下大量的历史遗迹和辉煌的历史建筑，拥有特色浓厚、内涵丰富的民俗风情；近代辽宁战火硝烟弥漫，辽西走廊作为战略要地留存了以辽沈战役纪念馆为代表的大量革命遗迹。众多历史文化遗产是人类历史活动的真实写照，是现代人认识历史、了解历史的可靠媒介，通过历史文化价值挖掘能够满足人们思古、忆古、怀古之情，从而满足增长历史知识的需要。

（二）满足人们体验人类传统文化的需要

现代人们注重文化的体验和经历，传统文化是现代文化之源，理解现代文化须从传统文化入手，历史文化遗产忠实地记录了传统文化基本特征，是当今人们文化体验的重要途径。散布于辽西走廊的历史文化遗产，如国内保存最为完好明代的古城和古战场——兴城古城、绥中的水上长城等建筑文化、锦州的辽代墓葬和契丹族习俗文化、北镇庙等山岳崇拜文化、道光廿五酒文化，盘锦辽河碑林的书法文化、甲午战场军事文化，展露原始文明曙光、改写中华文明史的朝阳牛河梁红山文化遗址、喀左紫砂陶文化，我国阜新的玛瑙雕、玉龙文

化、海棠山瑞应寺佛教文化等，共同构成关东文化发展演变的史册，为人们体验传统文化的博大精深、恢宏灿烂提供了可能。

（三）满足人们探寻古代科学技术的需要

辽西走廊历史文化遗产门类齐全，我国唯一的一段水上长城——九门口水上长城，东方金字塔——牛河梁巨型坛庙冢，我国最北部的石窟群——万佛堂石窟，我国最大的单体木结构建筑——奉国寺"中华第一村"的查海遗址，满族宫廷宴酒——道光廿五酒等蕴涵丰富的科学技术价值，是古代科学思想、发明创造、技术进步的具体反映，凝聚了古代人民的聪明才智，展示了社会科学技术发展的历史进程。历史文化遗产为人们深刻了解古代科学技术的发展和内容，创造了具体的实证条件。

（四）满足人们了解古代人们生活方式的需要

辽西走廊历来是多民族聚居之地，满族、蒙古族、锡伯族等民风民俗独特，如居住、饮食、服饰、器物、礼仪禁忌、婚丧嫁娶等习俗与现代人生活方式已是大相径庭，通过民族民俗体验，人们可以更加具体地了解古人的社会生活方式，深刻体会古人的风俗习惯，满足好奇心和神秘感，获得相关的知识和文化。

（五）满足人们对景观美学观赏的需要

历史文化遗产凝聚着古代浓厚而独特的美学思想，如"天人合一"的环境意境、阴阳互补的哲学理念、对称与变化的空间思想、古朴与华丽的色彩运用、稳重与精巧的结构均衡，是历史上景观美学的形象化展示。辽西走廊的历史文化遗产的美学观赏性，成为吸引人们的亮点，满足人们观赏美景、熏陶美感的需求。

四、辽西走廊文旅融合开发研究

辽西走廊六市旅游资源组合特征良好，资源密集分布于辽西重镇锦州周围，距离均在几十千米以内，各有特色并相互补充。葫芦岛市以海滨旅游资源为主，并融合山、岛、泉、城等形成蓝色旅游板块；锦州市以红色旅游板块为主色调；盘锦市凭借苇海鹤乡红海滩等旅游资源主打绿色旅游板块；朝阳市是三燕故都和历史文物荟萃的紫色旅游板块；阜新市凸显藏传佛教闻名的黄色旅游板块和采煤工业黑色旅游板块（吕俊芳，2012）。辽西走廊区域内的六大旅游板块产品类型丰富，且在地域空间上聚集、旅游功能上互补，可以多元共生地满足游人的需求。

（一）挖掘旅游资源潜力，塑"五颜六色"文化创意旅游品牌，此为"三位一体"模式的前位

"五颜"是指用颜色指代辽西古廊道区域的葫芦岛、锦州、盘锦、朝阳和阜新五大板块，而"六色"则具体指明了葫芦岛的蓝色文化、锦州的红色文化、盘锦的绿色文化、朝阳的紫色文化、阜新的佛教东藏黄色文化和工业采矿黑色文化等色彩。实践证明渲染了颜色的旅游，为本来生产和消费同步性且无形性的服务型旅游产品赋予了物理特征，使其带给消费者如同实物产品一般的强烈视觉冲击力，强化了市场对旅游产品的消费认知（赖斌，2011）。辽西古廊道的"五颜"在地域空间上聚集、"六色"在文化功能上互补，形成"五颜六色"创意旅游品牌，即红色锦州、绿色盘锦和蓝色葫芦岛的三色核心旅游层（吕俊芳、李悦铮，2012），加上紫色朝阳和黄色＋黑色阜新的两色腹地旅游层，以及"五颜"偏远县市的"六色"，共生成"五颜六色"文化创意旅游品牌。并且"五颜六色"的创意文化大旗紧随"满韵清风、多彩辽宁"徐徐飘扬，用文化创意塑造核心旅游品牌。

（二）用"123"文化创意引领旅游消费，培养辽西走廊旅游新增长点，此为"三位一体"模式的中位

对辽西古廊道的人类曙光——红山文化、积淀深厚的战争文化、农牧交错的鲜卑三燕文化、契丹辽文化、蒙古族文化、满韵清风文化、粗犷豪放的二人转、大秧歌等以及契丹竹马、旱船舞非物质遗产民俗文化进行创新组合

开发，建 1 个综合性（五颜六色）文化创意旅游产业园，促 2 个文化创意旅游产业基地（传统手工业旅游商品制造基地、化石古玩文化基地），造 3 个特色旅游文化产业带（凤凰山—海棠山—医巫闾山等山岳宗教文化产业带，辽西古廊道军事旅游文化产业带，鲜卑、契丹、满蒙游牧民俗旅游文化产业带），以"123"创意旅游项目改变传统旅游产品的静态和单调，吸引旅游者的消费欲望，引领旅游消费新时尚，培养旅游产业新增长点（吕俊芳，2013）。

（三）用文化创意强化旅游营销，以促辽西走廊旅游产业结构升级，此为"三位一体"模式的后位

与自然资源一样，独特的民族文化资源也可以开发利用并转化为经济利益（温士贤，2014）。辽西古廊道整合开发地域民族文化资源，通过拍摄纪录片等途径打造核心文化旅游品牌，依托品牌通过创意营销行销于市，并视营销为系统工程，在营销方向、营销主体、营销时机、营销频率、营销手段及营销途径等方面形成完整方案，随取随用。用文化创意强化旅游营销：构筑产品竞争优势，用体验的思维创造旅游产品；选准旅游营销的载体和突破口，用发散的思维进行营销组合；建立目标市场顾客的品牌忠诚，用弹性的思维运用营销策略。通过文化创意营销提升古廊道文化创意产业，使其结构得到优化。

五、余论

在文化旅游大发展的背景下对辽西古廊道重新审视，置其于不同领域、不同科学、不同文化的交叉点上，将多种资源整合联系或混合在一起，酝酿出文化创意旅游品牌，建构"三位一体"的文化创意旅游发展模式，从而创造辽西古廊道的"美第奇效应"。

参考文献

［1］安传艳，李同昇，芮旸．社会空间视角下全域旅游空间正义性解读
［J］．人文地理，2019，34（5）：142－148．

［2］蔡瀚赓，明庆忠，吴建丽．旅游开发中动态"孤岛效应"表现、
成因及防控［J］．忻州师范学院学报，2017，33（5）：73－77．

［3］陈琳国．伟大的步骤：中华民族的形成、发展及其凝聚力［M］．
杭州：浙江人民出版社，1994．

［4］陈玉龙，杨通方，夏应元，等．汉文化论纲：兼述中朝中日中越文
化交流［M］．北京：北京大学出版社，1993．

［5］崔凤军，陈旭峰．机构改革背景下的文旅融合何以可能——基于五
个维度的理论与现实分析［J］．浙江学刊，2020（1）：48－54．

［6］崔俊涛．遗产廊道视野下的汉江乡村旅游开发的适宜性影响因素分
析［J］．农村经济与科技，2014（5）：84－87．

［7］崔卫华，胡玉坤．我国大型线状文化遗产的研究态势——基于核心
期刊的统计分析［J］．城市发展研究，2015，22（7）：92－100．

［8］崔向东．东北亚走廊与丝绸之路研究论纲［J］．广西民族大学学报
（哲学社会科学版），2017（9）：2－11．

［9］崔向东．东北亚走廊与丝绸之路研究论文集［M］．哈尔滨：黑龙
江人民出版社，2017：1－10．

［10］冯天瑜，何晓明，周积明．中华文化史［M］．上海：上海人民出版社，1990．

［11］冯永谦．东北燕秦汉长城的考古调查与研究［A］//辽宁省文物考古研究所．辽宁考古文集（二）［M］．北京：科学出版社，2010．

［12］冯子木．川藏"茶马古道"文化线路遗产保护框架与GIS技术应用研究［D］．重庆：重庆大学，2016．

［13］付金纯，纪思．辽西走廊史话［M］．沈阳：春风文艺出版社，1994．

［14］甘枝茂，马耀峰．旅游资源与开发［M］．天津：南开大学出版社，2000．

［15］龚道德，袁晓园，张青萍．美国运河国家遗产廊道模式运作机理剖析及其对我国大型线性文化遗产保护与发展的启示［J］．城市发展研究，2016，23（1）：17－22．

［16］顾江．文化遗产经济学［M］．南京：南京大学出版社，2009：150－161．

［17］韩民青．文化论［M］．南宁：广西人民出版社，2006．

［18］何伟．区域城镇空间结构与优化研究［M］．北京：人民出版社，2007：114－121．

［19］何星亮．中国图腾文化［M］．北京：中国社会科学出版社，1992．

［20］和军，谢倩．东北线型文化遗产保护与旅游开发［J］．国土与自然资源研究，2011（3）：50－51．

［21］侯天琛，杨兰桥．新发展格局下文旅融合的内在逻辑、现实困境与推进策略［J］．中州学刊，2021（12）：20－25．

［22］黄永美．西汉长城若干问题研究［D］．西安：西北大学，2013．

［23］霍艳虹．基于"文化基因"视角的京杭大运河水文化遗产保护研究［D］．天津：天津大学，2017．

［24］霍雨佳．遗产廊道视角下京杭大运河天津段旅游发展研究［D］．秦皇岛：燕山大学，2013．

［25］景爱．长城［M］．北京：学苑出版社，2008：68．

［26］柯彬彬，张镒．海峡西岸遗产廊道构建意义及谋略［J］．岭南师范学院学报，2016，37（1）：170－176．

［27］赖斌．旅游颜色与颜色化旅游［J］．社会科学家，2011（5）：68－70．

［28］李飞．廊道遗产旅游资源保护性开发研究［D］．北京：北京第二外国语学院，2008．

［29］李健才，刘素云．东北地区燕秦汉长城和郡县城的调查研究［M］．长春：吉林文史出版社，1997．

［30］李伟，俞孔坚，李迪华．遗产廊道与大运河整体保护的理论框架［J］．城市问题，2004（1）：28－31．

［31］李伟，俞孔坚．世界文化遗产保护的新动向——文化线路［J］．城市问题，2005（4）：7－12．

［32］李孝聪．中国区域历史地理［M］．北京：北京大学出版社，2004：462．

［33］李星星，张旭，罗勇．扩张与交往：区域历史文化简论［M］．成都：巴蜀书社，1989．

［34］李泽新，陈俐伽，周宏庆．基于线性文化遗产的蜀道保护模式研究——以剑门蜀道为例［J］．中国名城，2016（4）：72－77．

［35］李仲广，夏少颜．当代旅游发展理论：创新内容与研究方向［A］//中国旅游研究院．中国旅游评论（2017第2辑）［M］．北京：旅游教育出版社，2017：9－12．

［36］厉建梅．文旅融合下文化遗产与旅游品牌建设研究［D］．济南：山东大学，2017．

［37］厉新建，张凌云，崔莉．全域旅游：建设世界一流旅游目的地的理念创新［J］．人文地理，2013，28（6）：130－134．

［38］厉新建．旅游经济发展研究——转型中的新思考［M］．北京：旅游教育出版社，2012．

［39］梁钊韬，陈启新，杨鹤书．中国民族学概论［M］．昆明：云南人民出版社，1985．

［40］辽宁省旅游局．导游基础知识［M］．北京：旅游教育出版社，2011．

［41］林语堂．吾国与吾民［M］．北京：中国戏剧出版社，1990．

［42］刘庆余．国外线性文化遗产保护与利用经验借鉴［J］．东南文化，2013（2）：29 - 35．

［43］刘小方．文化线路研究的新进展［J］．旅游论坛，2007，18（6）：920 - 923．

［44］刘信君．吉林边疆历史知识［M］．长春：吉林文史出版社，2003．

［45］鲁勋洲．从泥娃娃的保护看非物质文化遗产理论及保护实践中的问题［J］．文艺理论与批评，2013（4）：141 - 143．

［46］吕俊芳，李悦铮．锦州湾三色旅游发展研究［J］．海洋开发与管理，2012（9）：129 - 132．

［47］吕俊芳，李悦铮．辽宁旅游资源整合开发研究［J］．辽宁师范大学学报（自然科学版），2014，37（1）：123 - 128．

［48］吕俊芳．渤海辽东湾历史文化遗产旅游开发研究［J］．海洋经济，2013（3）：24 - 28．

［49］吕俊芳．城乡统筹视域下中国全域旅游发展范式研究［J］．河南科学，2014，32（1）：139 - 142．

［50］吕俊芳．辽宁沿海经济带"全域旅游"发展研究［J］．经济研究参考，2013，65（5）：52 - 57．

［51］吕俊芳．辽西历史文化遗产的类别、特点与价值［J］．渤海大学学报（哲学社会科学版），2015（3）：26 - 29．

［52］吕俊芳．旅游规划理论与实践［M］．北京：知识产权出版社，2013（1）：257 - 266．

［53］吕俊芳．挖掘区域文化优势整体打造辽西六色旅游之构想［J］．渤海大学学报（哲学社会科学版），2012（2）：42 - 44．

［54］吕龙，黄震方．遗产廊道旅游价值评价体系构建及其应用研究——以古运河江苏段为例［J］．中国人口·资源与环境，2007（6）：95－100.

［55］吕舟．文化线路：世界遗产的新类型［J］．中华遗产，2006（1）：11－13.

［56］马耀峰，甘枝茂．旅游资源开发与管理［M］．天津：南开大学出版社，2013：225.

［57］马耀峰，宋保平，赵振斌．旅游资源开发［M］．北京：科学出版社，2005.

［58］马勇，李玺．旅游规划与开发［M］．北京：高等教育出版社，2012：26.

［59］梅耀林，周岚，张松，等．跨区域线性文化遗产保护与利用［J］．城市规划，2019，43（5）：40－47.

［60］孟月明，卢骅．辽西走廊线性文化遗产的保护与开发研究［J］．兰台世界，2012（35）：53－54.

［61］孟昭华，王明寰．中国民政史稿［M］．哈尔滨：黑龙江人民出版社，1986.

［62］欧阳杰．新疆哈阿航空线的线性文化遗产保护与利用研究［J］．遗产与保护研究，2018，3（1）：6－11.

［63］乔大山，冯兵，翟慧敏，等．桂林遗产保护规划新方法初探——构建漓江遗产廊道［J］．旅游学刊，2007（11）：28－31.

［64］曲枫．东北亚走廊与史前爱斯基摩文化中的中国因素［A］//崔向东．东北亚走廊与丝绸之路研究论集［M］．哈尔滨：黑龙江人民出版社，2017：432－440.

［65］任唤麟，刘梅．丝路文化遗产资源特征及其旅游开发策略［J］．淮北师范大学学报（哲学社会科学版），2016，37（6）：19－23.

［66］任唤麟．基于地理特征的跨区域线性文化遗产旅游形象策略研究［J］．地理与地理信息科学，2017，33（1）：95－110.

［67］单霁翔．大型线性文化遗产保护初论：突破与压力［J］．南方文

物，2006（3）：2 – 5.

[68] 沙迪. 遗产廊道构建研究 [D]. 长沙：中南林业科技大学，2012.

[69] 邵琪伟. 中国旅游大辞典 [M]. 上海：上海辞书出版社，2012：749，375.

[70] 沈祖祥. 旅游文化学导论 [M]. 福州：福建人民出版社，1989.

[71] 施然. 遗产廊道的旅游开发模式研究 [D]. 厦门：厦门大学，2009.

[72] 司马云杰. 文化社会学 [M]. 济南：山东人民出版社，1986.

[73] 孙泓. 东北亚海上交通道路的形成和发展 [A] //崔向东. 东北亚走廊与丝绸之路研究论集 [M]. 哈尔滨：黑龙江人民出版社，2017：322 – 336.

[74] 孙华. 论线性遗产的不同类型 [J]. 遗产与保护研究，2016，1（1）：48 – 54.

[75] 陶犁，王立国. 国外线性文化遗产发展历程及研究进展评析 [J]. 思想战线，2013，39（3）：108 – 114.

[76] 田广林. 论"草原丝绸之路" [A] //崔向东. 东北亚走廊与丝绸之路研究论集 [M]. 哈尔滨：黑龙江人民出版社，2017：116 – 146.

[77] 屠一帆. 线性文化遗产构成及其旅游价值评价研究 [D]. 上海：上海师范大学，2016.

[78] 汪德迈. 新汉文化圈 [M]. 陈彦，译. 南昌：江西人民出版社，1993.

[79] 王辉，陈光，魏斌. 廊道遗产传承与旅游利用基本问题探讨 [J]. 渤海大学学报（哲学社会科学版），2017，39（3）：63 – 66.

[80] 王建波，阮仪三. 作为遗产类型的文化线路——《文化线路宪章》解读 [J]. 城市规划学刊，2009（4）：86 – 92.

[81] 王建芹，李刚. 文旅融合：逻辑、模式、路径 [J]. 四川戏剧，2020（10）：182 – 184，200.

[82] 王金伟，韩宾娜. 线性文化遗产旅游发展潜力评价及实证研究

[J]. 云南师范大学学报（哲学社会科学版），2008，40（5）：120－126.

［83］王景慧，阮仪三，王林. 历史文化名城保护理论与规划［M］. 上海：同济大学出版社，1999.

［84］王景钊. 文化线路遗产价值评价与空间特征研究［D］. 昆明：云南大学，2015.

［85］王丽萍. 遗产廊道视域中滇藏茶马古道价值认识［J］. 云南民族大学学报（哲学社会科学版），2012，29（4）：34－38.

［86］王绵厚. 东北亚草原丝绸之路概说［J］. 地域文化研究，2020（6）：1－5，147.

［87］王绵厚. 辽西傍海道和大凌河古道的交通地理与相关史迹考察［J］. 渤海大学学报（哲学社会科学版），2015（2）：23－27.

［88］王肖宇. 基于层次分析法的京沈清文化遗产廊道构建［D］. 西安：西安建筑科技大学，2009.

［89］王影雪，王锦，陈春旭，况景行. 国内外线性遗产研究动态［J］. 西南林业大学学报（社会科学版），2022，6（1）：8－15.

［90］王志芳，孙鹏. 遗产廊道———一种较新的遗产保护方法［J］. 中国园林，2001，17（5）：85－88.

［91］魏小安，魏诗华. 全产业链视阈下的旅游发展［M］. 天津：南开大学出版社，2012.

［92］温士贤. 市场经济与怒族社会生计转型［J］. 广西民族大学学报（哲学社会科学版），2014（1）：94－100.

［93］文国繁. 基于游客体验的元江县哈尼族文化旅游产品开发与设计研究［D］. 西安：西北大学，2017（6）.

［94］翁独健. 中国民族关系史纲要［M］. 北京：中国社会科学出版社，1990：368.

［95］吴必虎，刘筱娟. 中国景观史［M］. 上海：上海人民出版社，2004.

［96］武安隆. 文化的抉择与发展：日本吸收外来文化史说［M］. 天

津：天津人民出版社，1993.

[97] 夏杰长，徐金海. 以供给侧改革思维推进中国旅游产品体系建设 [J]. 河北学刊，2016（5）：129 - 132.

[98] 香嘉豪，张河清，王蕾蕾."一带一路"背景下线性文化遗产旅游开发研究——以南粤古驿道为例 [J]. 当代经济，2018（17）：77 - 79.

[99] 谢彦君，于佳. 体验范式主导的旅游开发 [A] //林壁属. 旅游三十人论坛文集 [M]. 北京：旅游教育出版社，2021：26 - 28.

[100] 徐英. 欧亚草原丝路的贯通及意义 [A] //崔向东. 东北亚走廊与丝绸之路研究论集 [M]. 哈尔滨：黑龙江人民出版社，2017：212 - 238.

[101] 徐昭峰. 我国北方海上丝绸之路的产生 [A] //崔向东. 东北亚走廊与丝绸之路研究论集 [C]. 哈尔滨：黑龙江人民出版社，2017：316 - 321.

[102] 鄢方正，杨效忠，吕陈玲. 全域旅游背景下旅游廊道的发展特征及影响研究 [J]. 旅游学刊，2017（11）：95 - 102.

[103] 阎忠. 燕北长城考《社会科学战线》 [J]. 社会科学战线，1995（2）：181 - 186.

[104] 杨玲玲，魏小安. 旅游新业态的"新"意探析 [J]. 资源与产业，2009，11（6）：135 - 138.

[105] 杨旸. 明代东北亚丝绸之路与"虾夷锦"文化现象 [A] //崔向东. 东北亚走廊与丝绸之路研究论集 [M]. 哈尔滨：黑龙江人民出版社，2017：251 - 282.

[106] 姚雅欣，李小青."文化线路"的多维度内涵 [J]. 文物世界，2006（1）：9 - 11.

[107] 于海燕. 国内外线性文化遗产旅游开发研究进展评述 [J]. 旅游纵览（下半月），2015（10）：33 - 34.

[108] 于向东. 中国旅游海外客源市场概况 [M]. 大连：东北财经大学出版社，1999：25.

[109] 俞孔坚，李伟，李迪华，等. 快速城市化地区遗产廊道适宜性分

析方法探讨——以台州市为例［J］．地理研究，2005，24（1）：69-76．

［110］俞孔坚，奚雪松．发生学视角下的大运河遗产廊道构成［J］．地理科学进展，2010，29（8）：975-986．

［111］詹嘉．景德镇陶瓷遗产廊道旅游资源研究［J］．陶瓷学报，2014，35（5）：542-547．

［112］詹庆明，郭华贵．基于 GIS 和 RS 的遗产廊道适宜性分析方法［J］．规划师，2015（S1）：318-322．

［113］张定青，冯涂强，张捷．大西安渭河水系遗产廊道系统构建［J］．中国园林，2016，32（1）：52-56．

［114］张定青，王海荣，曹象明．我国遗产廊道研究进展［J］．城市发展研究，2016，23（5）：70-75．

［115］张辉，岳燕祥．全域旅游的理性思考［J］．旅游学刊，2016，31（9）：15-17．

［116］张满林，赵恒德．辽西走廊区域旅游发展研究［M］．北京：知识产权出版社，2013（1）：1-7．

［117］张猛，顾昕，张继宗．人的创世纪：人类文化学的源流［M］．成都：四川人民出版社，1987．

［118］张书颖，龙飞，刘家明，余文婷．线性文化遗产的管理保护与旅游利用：研究进展与启示［J］．湖南师范大学自然科学学报，2023（2）：1-14．

［119］赵世瑜，周尚意．中国文化地理概说［M］．太原：山西教育出版社，1991．

［120］周成．区域旅游创新研究［M］．北京：光明日报出版社，2021．

［121］朱尖，姜维公．黄河故道线性文化遗产旅游价值评价与开发研究［J］．资源开发与市场，2013，29（5）：553-556．

［122］朱立春．清朝北方民族赏乌绫与东北亚丝绸之路［A］//崔向东．东北亚走廊与丝绸之路研究论集［M］．哈尔滨：黑龙江人民出版社，2017：307-314．

［123］朱亚非．论古代北方海上丝绸之路兴衰变化［J］．山东师范大学学报（人文社会科学版），2019，64（6）：66－76.

［124］朱永刚．东北燕秦汉长城与早期铁器时代考古学文化研究的若干问题［J］．社会科学战线，2014（4）：122－130.

［125］CIIC. 3rd Draft Annotated Revised Operational Guidelines for the Implementation of the World Heritage Convention［C］．Madrid，Spain，2003.

［126］Searns R M. The Evolution of Greenways as an Adaptive Urban Landscape Form［J］．Landscape and Urban Planning，1995（33）：65－80.